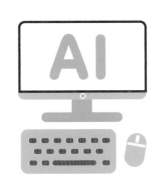
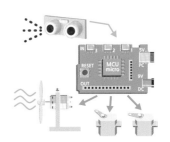

선생님들을 위한
인공지능
활용교육과 실제

Artificial Intelligence Utilization Education & Practice

[총괄 및 감수]

김미량

[공저]

김상연 · 신승용 · 오미자 · 이문호
임경희 · 조진숙 · 최나래 · 최미애

바로세움

선생님들을 위한
인공지능 활용교육과 실제

초판 1쇄 인쇄 | 2023년 2월 15일
초판 1쇄 발행 | 2023년 2월 15일

총괄 및 감수 | 김미량
공　저 | 김상연 · 신승용 · 오미자 · 이문호 · 임경희 · 조진숙 · 최나래 · 최미애
그림 및 일러스트 | ㈜아리수에듀 출판부, 아트반
북디자인 | 시대커뮤니티
펴낸이 | 최현혜
펴낸곳 | ㈜아리수에듀
출판신고 | 제2016-000019호

바로세움은 ㈜아리수에듀의 출판 브랜드입니다.

주　　소 | 서울시 관악구 은천로 10길 25, B1(봉천동)
전　　화 | 02)878-4391
팩　　스 | 02)878-4392
홈페이지 | www.arisuedu.co.kr

ISBN　979-11-92969-00-8　93370

이 도서의 국립중앙도서관 출판예정도서목록(CIP)은 서지정보유통지원시스템 홈페이지(http://seoji.nl.go.kr)와
국가자료종합목록 구축시스템(http://kolis-net.nl.go.kr)에서 이용하실 수 있습니다.

선생님들을 위한
인공지능 활용교육과 실제

이 책의 구성 및 활용 방법

인공지능에 대한 관심이 뜨겁다. 디지털 대전환(Digital Transformation, DT)에 핵심이 되는 지능정보기술, 예컨대 IoT, Big Data, Cloud Computing, Mobile Technology, Block Chain, Security Technology 등의 중심에 인공지능이 있을 뿐 아니라 인공지능으로 우리의 삶이 획기적으로 변화하고 있기 때문이다.

이러한 인공지능에 대한 관심은 교육환경에서 다양한 학습자를 대상으로 적용하고자 하는 움직임으로 연결되고 있다. 이 때에도 모든 학습자를 대상으로 인공지능 자체를 가르쳐야 할지, 아니면 이미 성숙된 인공지능을 활용하는 방법에 초점을 두어 학습 프로그램을 확장해 나가야 하는 것인지 등 그 적용 방법에 대한 다양한 견해가 있고 이해관계자들간에 이견이 존재하는 것 또한 사실이다. 인공지능에 대한 정의도 인공지능 교육의 방법에 대한 접근도 매우 다양하다. 인공지능의 태생이 교육을 위한 목적이 아니었기에 이를 교육환경에 접목하고자 할 때 유념해야 할 사항도 있을 것이다.

인공지능이 교육에 적용되면 어떤 변화가 일어나게 될까?

우리는 그동안 새로운 기술이 교육현장에 도입될 때마다 새로운 아이디어, 즉 혁신이 확산되는 전 과정을 거치며 교육의 이기로 자리매김한 기술이 있는가 하면 큰 변화 없이, 한 때의 유행처럼 사라져간 시도도 상당히 있었음을 기억한다. 따라서 인공지능이 교육의 맥락에서 유용한 기능을 하기 위해서는 교육적 목적에 따른 인공지능의 조작적 개념화, 인공지능이 교육에 필요한 이유, 인공지능에 대한 교육과 인공지능을 활용하는 교육의 차이에 따른 적용 방법의 차별화, 인공지능 기반 다양한 콘텐츠의 양과 질, 교수자들의 준비 등에 대한 깊이 있는 논의와 정책적 지원이 동시에 고려될 필요가 있다.

현재로서는 인공지능이 교육의 다양한 영역에 융합하여 활용된다. 기존의 교육과정에서 지향해 왔던 다양한 교육의 목표와 내용, 방법, 평가 등을 혁신하는 접근인 융합교육이 교육의 새로운 트렌드를 형성해 나가면서 인공지능을 다양한 교과에 융합해 나가는 교육도 기존의 개별 교과 중심의 교육을 뛰어 넘어 교과간 연계, 융합의 방법을 모색하고 이 과정에 인공지능을 어떻게 접목할 수 있을지를 찾아나가야 할 것이다.

해외 주요국에서도 미국의 AI4K12(http://ai4k12.org)를 시작으로 인공지능 교육과 관련하여 다양한 시도들이 진행되고 있다. 인공지능 기반의 다양한 테크놀로지를 적용하는 시도는 AI 교사, 챗봇(Chatbot), VR(Virtual Reality)/ AR(Augmented Reality)/MR(Mixed Reality)/XR(Extended Reality), 플랫폼 기반의 디지털 교과서, 메타버스와의 융합 등으로 구체화되고 있다. 학습자들이 이러한 경험을 할 수 있는 다양한 장비들이 구글 익스페디션(Google Expedition) 시스템, 영국의 VR 교육 플랫폼, 중국의 인공지능 기반 평가시스템 등으로 개발되고 있다.

우리 정부는 '인공지능 국가전략(2019.12)', 정보교육종합계획(2020.5.)', '인공지능교육 정책방향(2022.1)', '과학·수학·정보·융합 교육 종합계획(2020~2024)', '디지털 인재 양성 종합방안(2022.8)' 등을 발표하며 지능형 과학실 구축 등 인공지능 이니시어티브를 구체화해 나가고 있으며 전 국민이 인공지능 시대에 필요한 소양을 기르고 기초 역량을 습득할 수 있는 교육체계를 구축하여 인공지능 시대를 주도해 나갈 인재를 양성하고자 노력하고 있다. 이 인재양성에 가장 핵심이 교사이므로 교사 지원을 위한 다각적인 방안을 적극 강구해 나가야 할 것이다.

그런데 정작 인공지능을 자신의 수업에 접목하고자 하는 교사의 입장에서 참고할만한 전문서가 드물다는 문제가 제기되면서 동문수학한 전문 연구자들이 함께 고민하기 시작했다. 여러 번의 논의 끝에 현장 교사들에게 직접 도움이 될만한 실용서가 필요하다는 인식에 모두 동감하고 기획 회의, 세미나, 자체 워크샵 등을 통해 서로가 성장해 나가면서 이 결과물이 도출되었다.

우선 이 책은 (예비) 교사가 인공지능 자체에 대해서도 기본적인 내용을 알 필요가 있고 이를 기반으로 자신의 수업을 구성해 나갈 수 있어야 하기에 이 전 과정을 돕는 방향으로 구조화되었다. 인공지능을 가르치거나 인공지능을 활용한 수업을 설계하는 (예비) 교사, 인공지능에 관심을 갖고 공부하는 학습자, 인공지능을 이해하고자 하는 학부모들도 이 책의 내용에 관심을 가져보면 좋겠다. 교육대학원 인공지능융합전공 수업이나 일반대학원 인공지능교육 관련 수업, 교대 및 사대의 학부 인공지능 교육 관련 수업의 교재로도 활용될 수 있다.

본 교재는 5개의 챕터로 구성되어 있다.

1장은 인공지능 알아보기로 인공지능의 개요, 인공지능과 미래교육, 초거대 인공지능, 코딩, 윤리 등의 내용을 다루고 있으며 인공지능이 우리의 삶 혹은 산업, 교육 전반에 가져온 변화, 앞으로 가져올 변화에 대한 전반적 설명을 다루고 있다.

2장은 인공지능 이해하기로 인공지능에 대한 기초적 이론에 대한 소개 및 인공지능의 발달로 함께 이슈화되고 있는 로봇에 대해 소개하고 있다.

3장은 인공지능 융합교육 도구 활용하기로 인공지능 기술을 기반으로 서비스되고 있는 솔루션에 대해 소개하고, 각 솔루션에 대한 활용 방법 및 수업에서의 활용 tip에 대해 안내하고 있다.

4장은 인공지능 활용하여 초등 수업하기는 3장에서 안내된 인공지능 도구를 기반으로 초등 수업 현장에서 쉽게 적용해서 사용할 수 있도록 수업지도안 및 활동지, 수업방법을 안내하고 있다.

5장은 인공지능 활용하여 중등 수업하기 3장에서 안내된 인공지능 도구를 기반으로 중등 수업 중 창의적 체험활동에 쉽게 적용해서 사용할 수 있도록 5~6차시의 프로젝트 학습으로 구성되어 있으며, 수업지도안 및 활동지, 수업방법을 안내하고 있다.

4장과 5장처럼 초등 및 중등 수업으로 내용을 구분하기는 하였으나 학교급을 뛰어넘어 학습환경을 재구성하여 교차 적용도 충분히 가능하므로 활용 시 참고하면 좋겠다.

대학의 수업에서 사용할 때에는 8주차, 16주차 로드맵에서의 예시와 같이 수업 내용을 구성하면 도움이 될 것이다.

이 책이 집필되기까지 많은 어려움이 있었음에도 공저자 모두가 한 마음으로 인내하고 협조하여 멋진 결과물을 만들어낼 수 있었기에 서로에게 고마움을 전한다. 서로 다른 삶의 현장에서 제 몫을 넘치게 해 내며 일상을 살아내기에도 숨가쁜 저자들이 서로에 대한 믿음을 확인할 수 있는 좋은 기회가 되었다.

또한, 책의 기획에서부터 출판에 이르기까지 열과 성을 다하여 멋진 책을 만들어 준 바로세움 출판사 여러분들에게도 감사드린다.

2023년 2월 저자를 대표하여
성균관대학교 **김 미 량**

Profile
집필진 소개

>> 김미량 [총괄 및 감수]
- (現) 성균관대학교 사범대학 컴퓨터교육과 교수
- (現) 데이터기반행정활성화위원회 위원장
- (現) 한국지능정보사회진흥원 및 국가평생교육진흥원 비상임이사
- (前) 공공데이터전략위원회 위원

>> 김상연
- 성균관대학교 컴퓨터 교육학 박사(Ph. D. Education)
- (現) 이천사동초등학교 교감
- (前) 성균관대학교 겸임교수
- 경기도교육청 ICT활용, SW교육 선도 교원

>> 신승용
- 성균관대학교 컴퓨터 교육학 박사(Ph. D. Education)
- (現) 벌말초등학교 교감

>> 오미자
- 성균관대학교 컴퓨터 교육학 박사(Ph. D. Education)
- (現) 건국대학교 대학교육혁신원 교수
- (現) 한국인터넷윤리학회 이사
- (前) 한국교육학술정보원 연구원

>> 이문호

- 성균관대학교 컴퓨터 교육학 박사(Ph. D. Education)
- (現) 서울발산초등학교 교사
- 서울교대, 이화여대, 한양사이버대학교 강의
- 서울시 초등교사 디지털콘텐츠 연구대회 다수 입상
- 초등 컴퓨터 교육 관련서적 3권 집필
- 초등 SW선도학교 운영

>> 임경희

- 성균관대학교 컴퓨터 교육학 박사(Ph. D. Education)
- (現) 단국대학교 SW중심대학 강의전담조교수

>> 조진숙

- 성균관대학교 컴퓨터 교육학 박사(Ph. D. Education)
- (現) 수원대학교 교수학습개발센터 연구교수
- (現) 한국인터넷윤리학회 부회장
- (現) (사)대학교육개발센터협의회 기획위원

>> 최나래

- 성균관대학교 컴퓨터 교육학 박사과정
- (現) 단국대학교 교육대학원 강사

>> 최미애

- 성균관대학교 컴퓨터 교육학 박사(Ph. D. Education)
- (現) 성균관대학교 겸임교수
- (現) 한국교육학술정보원 AI교육기획부장

CONTENTS
목차

IV. 인공지능 활용하여 초등 수업하기

V. 인공지능 활용하여 중등 수업하기

※ 강의상황에 따라서 일부 주차 및 내용을 수정해서 활용

주	챕터	강의 내용	단계
1	1-1	• 교과목소개 • 인공지능의 개요(개념, 역사, 분야, 필요성)	이해
2	1-2 1-3 1-4	• 인공지능과 교육 • 인공지능과 미래	
3	2-1	• 인공지능과 데이터	이해
4	2-2 2-3	• 지도 학습 • 비지도 학습	
5	3-1	• 티처블 머신 활용법 • 티처블 머신으로 (이미지, 포즈) 학습모델 실습	활용
6	3-2	• 엔트리 활용법 • 엔트리 인공지능 블록 활용하여 학습모델 실습	
7	4,5	• 교과 속 인공지능 수업 지도안 작성	적용
8	4,5	• 발표	

※ 강의상황에 따라서 일부 주차 및 내용을 수정해서 활용

주	챕터	강의 내용	단계
1	1-1	• 교과목소개 • 인공지능의 개요(개념, 역사, 분야, 필요성)	이해
2	1-2 1-3	• 인공지능의 발전(초거대AI) • 인공지능과 교육	이해
3	1-4 3-2	• 인공지능과 코딩 • 엔트리 활용법	이해 활용
4	1-5 3-15	• 인공지능과 윤리 • 모럴머신	이해 활용
5	2-1 3-4 3-5 3-6	• 인공지능과 데이터 • 공공데이터 활용 분석 (공공데이터목록, 플루오리시, 구글트랜드, 네이버데이터랩)	이해 활용
6	2-2 3-1	• 지도 학습 • 티처블 머신으로 (이미지, 오디오, 포즈) 학습모델 실습	이해 활용
7	2-2 3-1	• 지도 학습 • 개별 주제 선정 및 티처블 머신으로 학습 모델 실습	이해 활용
8		• 중간고사	
9	2-2 3-2	• 지도 학습 • 엔트리 인공지능 블록 활용하여 학습모델 실습(분류, 숫자)	이해 활용
10	2-3 3-2	• 비지도 학습 • 엔트리 인공지능 블록 활용하여 학습모델 실습(군집)	이해 활용
11	1-4 2-5	• 인공지능과 코딩 • 인공지능과 피지컬 킴퓨딩	이해 활용
12	3-7 3-8 3-11	• 인공지능과 도구 I (오토드로우, 퀵드로우, 스케치)	활용
13	3-9 3-10 3-14	• 인공지능과 도구 II (듀엣, 쉐어드 피아노, 세미 컨덕터)	활용
14		• 교과 속 인공지능 수업 지도안 작성	적용
15		• 발표	적용
16		• 기말고사	

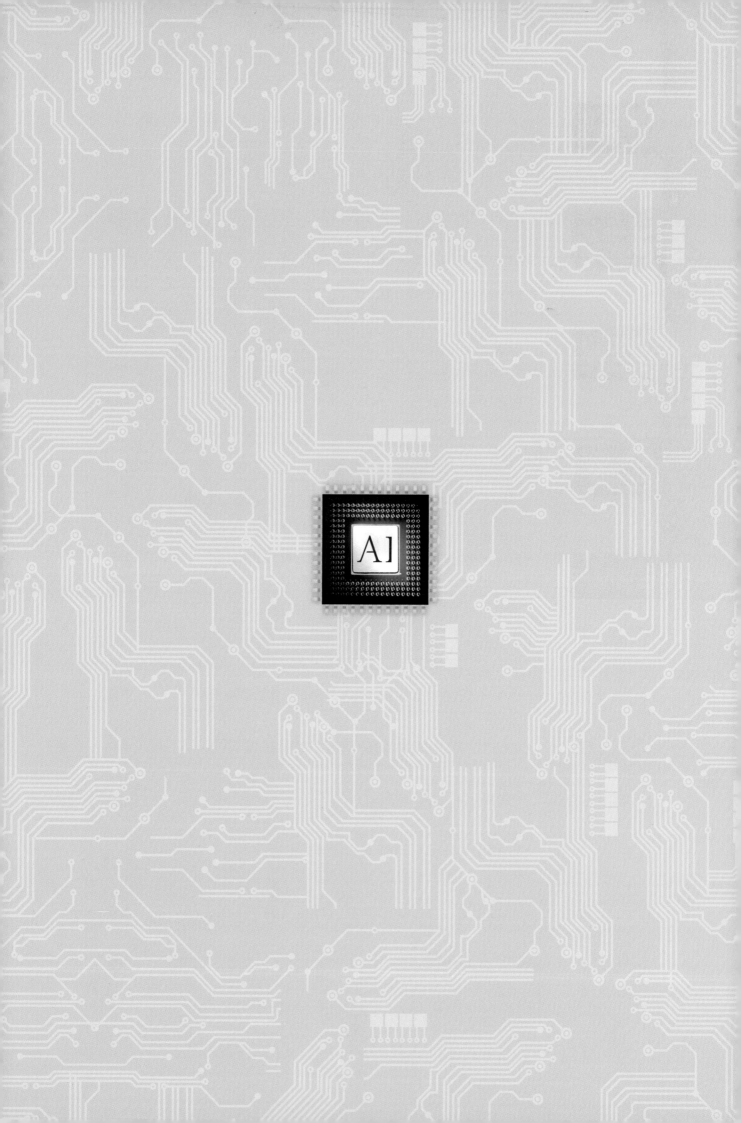

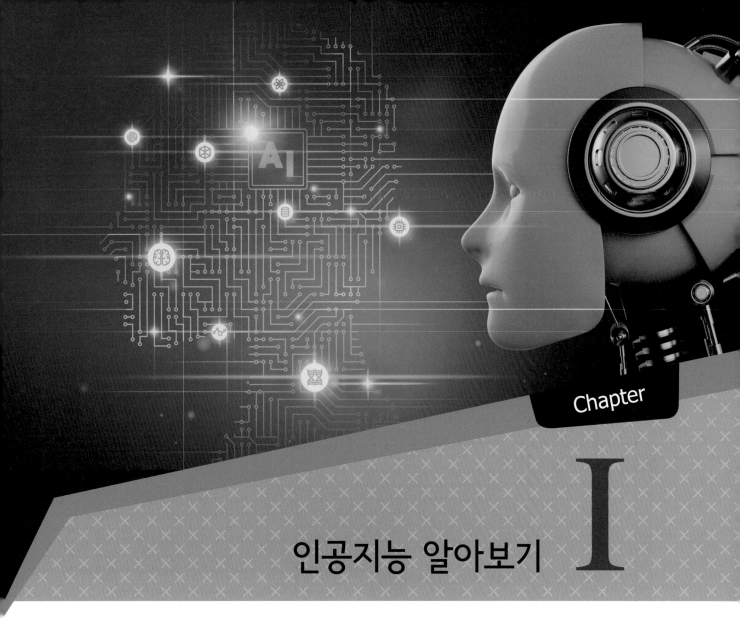

! 인공지능 기술은 이미 우리 삶의 매우 가까운 영역에 적용되어 생활의 많은 부분에 변화를 가져다 주었다. 많은 사람들은 인공지능이 학교 교육에서도 새로운 지향점을 제시해 줄 수 있으며, 그에 따라 새로운 미래 교육의 한 형태로 자리매김할 것으로 기대하고 있다. 이 장에서는 인공지능의 개념, 역사, 최근 이슈에 대해 살펴보고 인공지능 발전에 따른 미래 교육, 코딩, 윤리에 관련된 내용에 대해서 살펴보기로 한다.

1. 인공지능(Artificial Intelligence, AI)의 개요

 인공지능의 개념

인공지능이라는 단어는 1956년 다트머스 컨퍼런스(Dartmouth Conference)에서 인지과학자인 존 매카시(McCarthy, J.)에 의해 처음 사용되었다. 매카시는 '인공지능 하계 연구 프로젝트'(McCarthy, Minsky, Rochester, & Shannon (1955))를 기획하였는데, 20여 명의 과학자가 두 달 동안 공동으로 인공지능 연구를 수행할 것을 제안하였다. 회의에 참석한 과학자들은 '인공지능이란 무엇인가?' '무엇을 하는 인공지능을 만들 것인가?' 등을 토론하였다. 여기서 "인공지능 기술은 인간의 지각, 추론, 학습능력 등을 컴퓨터 등의 기술을 이용하여 구현함으로써 문제를 해결할 수 있는 기술"이라고 정의하였다.[1]

<그림 1-1-1> 인공지능 관련 다트머스 학술대회 지원 관련 록펠러 재단 기금 요청 공식 제안서
출처: https://www.kaggle.com/general/246669

---

[1] McCarthy, J. et al.(1955). A proposal for the Dartmouth summer research project on Artificial Intelligence. AI Magazine, 27(4), 12-14.

1956 Dartmouth Conference: The Founding Fathers of AI

John MacCarthy   Marvin Minsky   Claude Shannon   Ray Solomonoff   Alan Newell

Herbert Simon   Arthur Samuel   Oliver Selfridge   Nathaniel Rochester   Trenchard More

<그림 1-1-2> 1956년 다트머스 컨퍼런스 인공지능 워크숍 참여 연구자 출처: https://www.kaggle.com/general/246669

<그림 1-1-3> Stuart J. Russell
출처: https://assets.weforum.org/article/image/responsive_big_
webp_7ZEdRFTeB6OC gdpPe_XmGzxZJJTojYdckhXFaOllKr8.webp

<그림 1-1-4> Peter Norvig
출처: https://eecs.berkeley.edu/sites/default/files/news_image/peter_
norvig_speaking _at_university_of_california_berkeley_2013.jpg

Russell & Norvig (2021)은 인공지능에 대한 여러 연구자의 정의를 [표 1-1-1]과 같이 4가지 방식으로 분류하였다.[2] 인간 중심적 접근법은 인간행동에 대한 관찰 및 가정에 관한 실증 과학의 한 부류에 속해 있으며, 합리주의 접근법은 수학과 기술을 통합한 것에 속해 있다.

첫째, 인간처럼 생각하는 인공지능은 기계가 내면을 성찰하고, 심리적 실험을 수행하며, 뇌 형상화를 하는 등 인간의 마음이 작동하는 방식과 같아지는 것으로 인지모델 접근법과 관련 있다.

둘째, 인간처럼 행동하는 인공지능은 인간이 기계와 사람의 응답을 구분해낼 수 없는 튜링테스트(Turing Test) 접근법과 관련이 있다.

셋째, 합리적으로 생각하는 인공지능은 아리스토텔레스의 삼단논법과 같이 항상 정확한 결론을 도출하는 논리 분야에 해당하는 사고의 법칙 접근법과 관련이 있다.

---

2)   Russell, S. & Norvig, P. (2021). Artificial Intelligence: A Modern Approach, global 4th Edition.

넷째, 합리적으로 행동하는 인공지능은 불확실한 상황에서 최선이라 기대되는 결과를 얻기 위해 행동하는 합리적 행위(Rational Agent)접근법과 관련이 있다.

<표 1-1-1> 인공지능 정의에 대한 4가지 분류 방식 (출처: Russell & Norvig (2021))

인간처럼 생각하기(Thinking Humanly)	합리적으로 생각하기(Thinking Rationally)
"컴퓨터가 생각하게 하는 흥미로운 새 시도... 문자 그대로의 완전히 완전한 의미에서 마음을 가진 기계" (Haugeland, 1985) "의사결정, 문제해결과 같은 활동, 즉 인간의 사고와 관련된 활동의 자동화" (Bellman, 1978)	"계산적 모델의 사용을 통한 정신적 능력에 관한 연구" (Charniak & McDermott, 1985) "지각, 추론, 행동을 가능하게 하는 계산에 관한 연구" (Winston, 1992)
인간처럼 행동하기(Acting Humanly)	**합리적으로 행동하기(Acting Rationally)**
"계산적 모델의 사용을 통한 정신적 능력에 관한 연구" (Kurzweil, 1990) "인간이 더 잘하는 것을 어떻게 하면 컴퓨터가 하게 만들지 연구하는 것" (Rich & Knight, 1991)	"지능적 에이전트를 설계하는 것에 대한 연구 (계산 지능-computational Intelligence)" (Poole et al., 1998) "인공물에서의 지능적 행동" (Nilsson, 1998)

사전적으로는 인공지능은 "인간을 대신하여 자율적으로 결정을 내리고 행동을 수행하는 방법을 배울 수 있는 기술을 구축하고 관리하는 데 중점을 둔 컴퓨터 과학 분야"라고 할 수 있다(Techopedia, 2022)[3]. 하지만, 현재 지속적으로 기술이 발전하고 인공지능의 실제 적용사례가 늘면서 인공지능의 개념은 더 복잡하게 진행되고 있다. 인공지능은 "어떠한 목표를 설정해 논리적으로 접근하고, 서로 접근방법을 비교할 수 있으며, 더 나은 방법을 찾을 수 있는 지능 시스템을 연구할 필요성"을 제기하면서 더욱 구체적으로 정의되었다(정재승, 2021)[4].

최근에는 '특별한 임무 수행에 인간 대체, 인지능력의 제고, 자연스러운 인간의 의사소통, 복잡한 콘텐츠의 이해, 결론을 도출하는 과정 등 인간이 수행하는 것을 모방하는 기술'로 정의하고, 데이터, 모델, 컴퓨팅, 인공지능의 효율적인 사용을 통해 생성형 인공지능(Generative AI)과 같은 새로운 형태의 혁신적인 콘텐츠까지 생성할 수 있는 잠재력을 가지고 있으며 의학에서 제품 생성, 엔지니어링에 이르기까지 여러 분야에서 연구 혁신과 개발 과정을 거치고 있다(Gartner, 2022)[5].

---

3) Techopedia (2022). Artificial Intelligence(AI).
   URL: https://www.techopedia.com/definition/190/artificial-intelligence-ai. (검색일: 2022.7.28.).
4) 정재승 (2021). 열두 발자국(큰 글자 도서).
5) Gartner (2022). https://www.gartner.com/en/information-technology/insights/top-technology-trends. (검색일: 2022.7.28.)

21세기에 들어서 기계학습과 딥 러닝이 가능해지면서 과거에는 상상으로만 있을 법한 것들이 인공지능을 통해 현재에는 구현을 목전에 두고 있다. 위에서 살펴본 연구 결과와 국내외에서 연구된 인공지능의 정의를 정리해서 살펴보면 아래 [표 1-1-2][6]와 같다.

<표 1-1-2> 인공지능의 정의 (출처: 예광호, 이서경, 김종배 (2018) 표 재구성)

연구자 또는 기관	년도	정의 내용
McCarthy, J. et al	1955	지능적인 기계를 만드는 공학 및 과학
Charniak & McDermott	1985	여러 계산모델을 이용하여 인간의 정신적 기능을 연구하는 것
Rich & Knight	1991	컴퓨터가 특정 순간에 사람보다 더 효율적으로 일을 할 수 있도록 하는 연구
Luger & Stubblefield	1993	지능적인 행동의 자동화에 관한 컴퓨터 과학의 한 부문
한국정보화진흥원	2010	인간의 학습능력과 추론능력, 지각능력, 이해능력 등을 실현하는 기술
한국과학창의재단	2020	인간의 지능적인 행위를 흉내 낼 수 있게 하는 소프트웨어 시스템
정재승	2021	어떠한 목표를 설정해 논리적으로 접근하고, 서로 접근방법을 비교할 수 있으며, 더 나은 방법을 찾을 수 있는 지능 시스템
Gartner	2022	특별한 임무수행에 인간 대체, 인지능력의 제고, 자연스러운 인간의 의사소통, 복잡한 콘텐츠의 이해, 결론을 도출하는 과정 등 인간이 수행하는 것을 모방하는 기술

이러한 인공지능의 개념을 살펴보면 다음과 같은 특징을 살펴볼 수 있다.

첫 번째는 시간이 지날수록 개념이 구체적으로 변하고 있다는 것이다. 즉, 과거에는 인공지능이 구체화 되지 못하여 개념이 모호하고 비슷한 경우가 많았지만, 최근에는 이러한 개념이 조금 더 구체화 되고 있다.

두 번째는 인공지능의 적용 가능 부분이 소프트웨어 또는 하드웨어, 구체적으로는 로봇이 되고 있으며 요구되는 기술도 점점 구체적으로 변화하고 있다.

이러한 특징을 살펴보았을 때 앞으로 인공지능의 개념은 꾸준히 구체적이고 인간에게 점점 직접적인 기술로서 적용될 것이다.

---

6) 예광호, 이서경, 김종배. (2018). 인공지능 기술 활성화를 위한 정보화사업 제도 개선 연구. 한국 IT정책경영학회논문지, 10(3), 805-812

인공지능의 역사

인공지능 용어가 처음으로 등장한 것은 앞서 언급했듯이 1956년이었으며, 이후 60여 년 동안 많은 발전을 이루어 현재에는 상용화 단계까지 왔다. 인공지능은 여러 현실적 한계에 직면했지만, 딥 러닝을 필두로 하는 알고리즘의 개선, 빅 데이터와 컴퓨팅 기술의 발전과 함께 재 부흥기를 맞고 있다.

현재는 보고(이미지 인식), 듣고(음성 인식), 읽는(문자 인식) 기술이 시장에 보급되는 수준으로 발전하였으며, 현재는 학습 및 추론 기술이 성장 중이다(김성민, 정선화, 정선영, 2018)[7].

인공지능 역사는 4단계로 구분하고 있다(이재호, 정소윤, 강정석, 2019)[8].

첫 단계는 태동기(1950년~1970년)이다. 이때 튜링(Turing)이 사고하는 기계를 제안했으며 1955년에 인공지능 단어가 탄생하게 되었다. 말 그대로 태동기인 이 시기에는 인공지능에 대하여 열정이 있었으며 이 때문에 과열된 분위기가 함께 존재했다고 볼 수 있다.

두 번째 단계는 제1차 인공지능 산업(1970년~1990년)시대이다. 세부적으로는 1969년에는 국제 인공지능 공동회의(International Joint Conferences on Artificial Intelligence, IJCAI)가, 1980년에는 전미 인공지능학회(Association for the Advancement of Artificial Intelligence, AAAI)가 창립하면서 학문 분야에서 인공지능에 첫발을 내딛었고, 지식기반 전문가 시스템이 산업 분야에 도입되기 시작했다. 하지만 PC의 등장으로 인공지능 분야는 빙하기(AI winter)를 맞이하기 시작했다.

세 번째 단계는 과학적 방법론의 도입(1990년~2010년) 시대이다. 이 시기에 신경망(Neural Network)과 기계학습이 연구되기 시작했으며 베이지안넷과 확률적 추론 연구가 시작되어 발전하게 되었다. 그리고 지능형 에이전트와 로보컵 대회 등 다양한 분야에서의 인공지능 개발이 도입 및 진행되었다.

네 번째 단계는 제2차 인공지능 산업화(2010년~현재) 시대이다. 인터넷, 웹, 소셜 데이터와 기계학습이 산업화를 가속화 하였으며 자율주행차, 왓슨, 시리 등을 통하여 다양한 분야뿐만 아니라 일상생활에 직접적인 인공지능 기술로 다가오게 되었다. 그리고 딥 러닝 기술의 산업화가 본격적으로 진행되고 있다.

인공지능은 몇 번의 침체기를 겪긴 했지만, 현재 중요한 이슈이며 국가적 차원에서도 그 중요성이 높아지고 있어 그 발전 정도를 예상할 수 없을 정도로 빠르게 진행되고 있다. 그리고 이러한 인공지능의 발전은 계속 현재진행형이라는 것에 주목해야 할 것이다.

---

7) 김성민, 정선화, 정선영 (2018). 세상을 바꾸는 AI미디어AI미디어의 개념정립과 효과를 중심으로. 「ETRI Insight Insight Report」 2018-07. 한국전자통신연구원 미래전략연구소.

8) 이재호, 정소윤, 강정석. (2019). 인공지능 기술의 행정분야 활용에 관한 탐색적 연구. KIPA 연구보고서 2019-02. 한국행정연구원.

A.I. TIMELINE

1950
TURING TEST
○컴퓨터 과학자 Alan Turing은 기계 지능에 대한 테스트를 제안
○기계가 인간을 속여 자신이 인간 이라고 생각하게 만들 수 있다면 지능이 있다고 함

1955
A.I. BORN
○'인공 지능' 이라는 용어는 컴퓨터 과학자인 John McCarthy 가 "지능형 기계를 만드는 과학 및 공학"을 설명하기 위해 만든 용어

1961
UNIMATE
○최초의 산업용 로봇인 유니메이트가 조립 라인에서 사람을 대신해 GM에 투입됨

1964
ELIZA
○MIT의 Joseph Weizenbaum이 개발한 혁신적인 챗봇인 ELIZA는 인간과 대화를 나누게 됨

1966
SHAKEY
○스탠퍼드대 에서 개발된 '최초의 전자인' SHAKEY는 스스로 행동을 추리하는 범용 이동로봇

AI WINTER
○여러 오류와 기술적 진전이 없는 시기로 인해 AI가 정체기 를 갖게됨

1997
DEEP BLUE
○IBM의 체스 게임 컴퓨터 Deep Blue가 세계 체스 챔피언인 Garry Kasparov를 꺾게 되었음

1998
KISMET
○MIT의 Cynthia Breazeal은 사람의 감정을 감지하고 반응하는 감성 지능 로봇인 KISmet을 선보임

1999
AIBO
○소니는 시간이 지나면서 발전하는 기술과 개성을 갖춘 최초의 소비자용 로봇 애완견 AiBO(AI 로봇) 출시

2002
ROOMBA
○집을 탐색하고 청소하는 방법을 배우는 iRobot의 최초 대량 생산 자율 로봇 청소기 ROOMBA

2011
SIRI
○APPLE에서는 음성 인터페이스 가 있는 지능형 가상 비서 Siri를 iPhone4S에 통합시킴

2011
WATSON
○IBM의 질의 응답 컴퓨터인 Watson이 인기있는 100만 달러 상금 TV 퀴즈 쇼 Jeopardy에서 1위를 차지함

2014
EUGENE
○Eugene Goostman 라고 하는 챗봇은 Eugene이 인간이라고 믿는 심사 위원의 1/3로 Turing Test를 통과하게됨

2014
ALEXA
○Amazon에서는 쇼핑작업을 완료할 수 있는 음성 인터페이스 지원 지능형 가상 비서 Alexa를 출시함

2016
TAY
○마이크로소프트 의 챗봇 TAY는 소셜 미디어에서 선동적이고 공격적인 인종차별적 발언을 하는 악당이 되었음

2016
ALPHAGO
○구글의 ALPHAGO는 바둑 게임에서 프로기사 이세돌 을 4대1로 이겼음

2018
ETHIC - GUIDELINES
○EU에서는 인공 지능 윤리를 다루는 가이드 라인을 제시함

2020
GPT-3
○OpenAI에서 만든 딥 러닝 언어 처리 체계
○번역과 대화, 작문을 할 수 있으며 인간이 쓴 글처럼 보임

<그림 1-1-5> 인공지능의 역사 재구성

🤖 인공지능의 최신 동향

인공지능과 같이 짧은 주기로 발전을 거듭하는 분야에서 시의성있고 효과적인 정책 수립을 위해서는 종합적인 관점에서 최신 동향을 빠르게 파악하는 것이 중요하다. Benaich와 Hogarth(2021)는 "인공지능 현황 보고서(State of AI Report)"[9]에서 다양한 분야의 글로벌 인공지능 최신 이슈들을 상세히 기술하여 발표하였다. 이를 기초로 향후 국내 인공지능 분야에서 발생할 일들을 예측할 수 있을 것이다.

◇ 환경 보건 안전(Environment, Health and Safety, EHS) 분야

산업 현장에서 인공지능을 활용하여 근로자의 안전을 확보하고자 하는 환경 보건 안전 (Environment, Health and Safety, EHS) 분야의 발전이 확대되고 있다. 튀르키예 Intenseye 회사의 컴퓨터 비전 모델은 그동안 사람이 실시간으로 관측하기 어려웠던 35가지 유형의 환경 보건 안전(EHS) 관련 사건을 학습하여 최근 3년 동안 약 180만 건의 위험한 현장을 발견하는데 활용되고 있다. 인공지능 기술을 활용해 3,000건 이상의 환경 보건 안전(EHS) 검사를 디지털화하여 연중무휴로 계속된 운영이 가능하다. 또한, 작업장 분석 및 근로자의 행동 변화를 통해 부상을 줄이고 보험료를 줄이며 회사 생산성을 전반적으로 높이는 협업 워크 플로를 만들 수 있게 되었다.

<그림 1-1-6> 튀르키예 Intenseye 회사의 컴퓨터 비전 모델 적용 사례
출처: Benaich, N., & Hogarth, I. (2021). State of AI Report. stateof.ai.

◇ 신약 개발 분야

인공지능 기반 신약 개발 회사 성장이 두드러지고 있다. 영국의 인공지능 기반 신약 개발 회사인 Exscientia는 세계 최초의 인공지능 기술로 설계된 3가지 약물을 개발하여 기업 가치를 끌어올렸으며, 2021년 10월 1일 나스닥에 30억 달러 이상의 가치로 기업 경영 정보 공개

---

9) Benaich, N. & Hogarth, I. (2021). State of AI Report. stateof.ai.

(Initial Public Offering, IPO)를 완료하여 막대한 기업 가치를 끌어올리는데 성공하였다. Exscientia는 현재 영국에서 GSK 및 AstraZeneca사에 이어 가장 큰 생명공학 기업이자 영국에서 3번째로 큰 바이오 제약 회사가 되었다.

또한, 미국 유타 지역에 소재한 인공지능 분야 제약 회사인 Recursion Pharmaceuticals 회사는 고처리량 스크리닝(high-throughput screening) 및 컴퓨터 비전 기반 현미경을 사용하여 약을 개발하였다. 이 제약 회사는 2021년 4월 NASDAQ에서 기업 경영 정보 공개(Initial Public Offering, IPO)를 통해서 4억 3600만 달러를 투자받아 빠르게 성장 중이다.

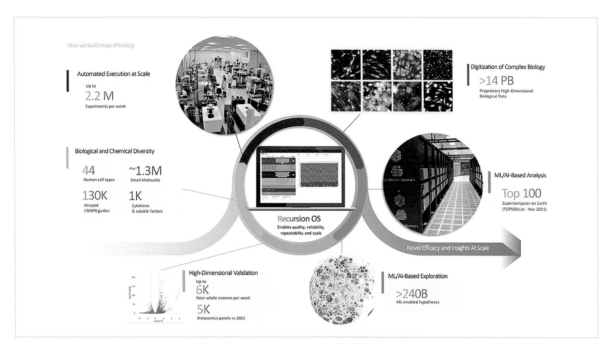

<그림 1-1-7> Recursion Pharmaceuticals 회사의 개발 분야
출처: https://ir.recursion.com/download/rxrxLetterBusiness2021YE.pdf

◇ 자연재해 및 각종 사고 복구 지원 분야

인공지능 기술은 자연재해 및 각종 사고로부터 빠른 복구를 가능하게 도와주는 분야에도 활용된다. 영국의 유니콘 스타트업 회사인 Tractable은 시각 평가 및 재난 복구용 컴퓨터 비전 및 인공지능 시스템 등을 개발하고 있다. 이 회사의 인공지능 증강 시스템을 활용하여 주택 소유자들은 본인 재산에 대해서 사전에 사진으로 기록하여 저장해 둘 수 있다. 이때 자연재해(예: 허리케인)가 발생하였을 경우, 가정의 피해를 조속히 파악하여 복구 비용을 예측하고 보험 청구금을 최대한 빠르게 보상받을 수 있도록 지원받을 수 있을 것이다. 현재 이 솔루션은 일본 대형 보험사에서 사용 중이며 2021년 3분기/4분기에 수천 가구가 태풍 민들레(예: 20,000 가구에 1억 달러 피해)로 인해 발생된 피해를 신속하게 복구하는 데 도움을 주고 있다. Tractable은 우박, 폭풍, 홍수로 부터 발생된 피해 복구를 지원하고, 주변에서 나타날 수 있는 화재 위험에 노출된 주택을 식별하기 위해 시스템을 더욱 확대 개발 중이다.

<그림 1-1-8> 영국 트렉터블(Tractable) 회사의
인공지능 차량 이미지 인식 기술

출처: https://media.graphassets.com/gfDWM8cT3ml8vAuBdzfA

<그림 1-1-9> 영국 트렉터블(Tractable) 회사의
자연재해 복구용 인공지능 증강 시스템

출처: https://media.graphassets.com/WG3nVFPeTKNxYiu7xABk

◇ 코로나 19 검사 선별 분야

그리스 국경(공항, 항구 등)에서는 인공지능 강화 학습(Reinforcement learning) 시스템인 Eva를 통해 효율적이고 선별적인 방법으로 코로나 19 무증상 감염자를 기존 방식보다 최대 4배 더 많이 찾을 수 있었다.[10]

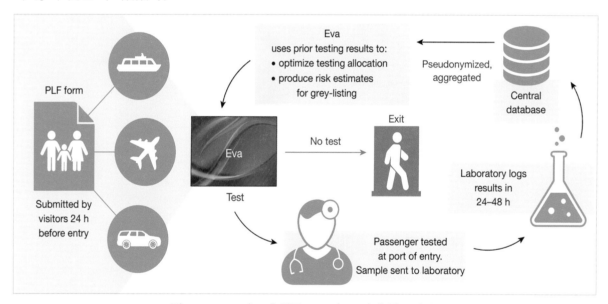

<그림 1-1-10> 그리스 출입국 코로나 19 검사 알고리즘 Eva

출처: https://www.nature.com/articles/s41586-021-04014-z.pdf

그리스에 방문하는 외국인 여행객은 공항, 국경 검문소, 항구에 도착하기 하루 전, 방문자 위치 정보지(Passenger Locator Form, PLF)를 작성해야 한다. 방문자 위치 정보지(PLF)란 일부 국가에서 외국인 여행객에 대한 세부 정보를 얻기 위해 사용하는 양식이다. 일반적으로 성별, 연락처, 입국 목적, 숙박 세부 정보 등을 기재하게끔 하였다. Eva는 저장된 방문자 위치

10) Bastani, H., Drakopoulos, K., Gupta, V., Vlachogiannis, I., Hadjicristodoulou, C., Lagiou, P., Magiorkinis, G., Paraskevis, D., & Tsiodras, S. (2021). Efficient and targeted COVID-19 border testing via reinforcement learning. Nature, 599(7883), 108-113.

정보지(PLF) 데이터와 과거 승객 검사 결과를 가지고 여행자별 코로나 유병률을 측정한다. 이를 바탕으로 누구를 검사해야 하는지 직접 선별한다.

연구를 주도한 서던캘리포니아대학교(USC) 드라코폴로스(Drakopoulos) 교수는 "코로나는 우리가 예측할 수 없는 질병이다.… 수집된 데이터는 무의미할 수 있겠지만, 향후 유용한 데이터가 될 수 있다"라고 말했다. Eva가 볼 수 없는 '데이터 사각지대(Blind spot)' 발생과 공공의료에 미칠 악영향을 미리 예방하자는 차원의 주장이다. 하지만, 현재 Eva는 많은 데이터를 모아 더 높은 유병률을 예측할 수 있음에도 불구하고, EU의 일반 데이터 보호 규정(General Data Protection Regulation, GDPR)의 개인 정보 보호 관련 규정 때문에 제한된 수의 데이터만 사용해야 하는 어려움이 있다.

◇ 데이터 중심 인공지능 시스템으로의 전환

스탠포드대 교수 Andrew Ng(2021)은 모델 중심(model centric) 인공지능에서 데이터 중심(dada centric) 인공지능으로의 전환이 이루어지고 있다고 주장한다.[11] 최근 기계학습 연구자들은 인공지능 시스템의 성능을 높이기 위해 모형 또는 알고리즘의 개선보다 양질의 데이터를 지속해서 수집, 구축, 관리하는 것에 초점이 맞춰지고 있다. 강철 불량품 검출(Steel defect detection), 태양광 패널 검사(Solar panel), 표면 검사(Surface inspection) 결과 비교를 통해 데이터 중심의 개선 효과가 모형 중심의 개선 효과보다 정확도 면에서 더 효과적임을 발표하였고, IT 기술 분야 대기업 역시 같은 흐름을 이어가고 있다.

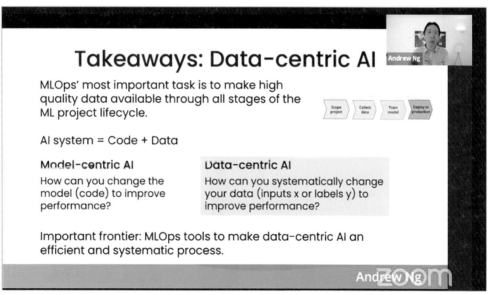

<그림 1-1-11> 모델 중심 AI에서 데이터 중심 AI로의 변화(Andrew 발표, 2021.3.24.)
출처: https://www.youtube.com/watch?v=06-AZXmwHjo

---

11) Ng, A. Y. (2021). A Chat with Andrew on MLOps: From Model-centric to Data-centric AI. https://www.youtube.com/watch?v=06-AZXmwHjo (검색일: 2022.8.4.)

◇ 사이버보안 및 데이터 플랫폼 자동화 분야의 발전

　인공지능 기반 사이버보안 기업과 데이터 플랫폼 자동화 관련 기업의 성장세가 두드러지고 있다. 사이버보안 기업의 경우, 미국 텍사스 오스틴에 위치한 회사인 CrowdStrike는 지난 12개월 동안 시가총액이 600억 달러로 거의 두 배 증가했으며 연간 순이익(ARR)은 13억 달러에 달했다. 캘리포니아주의 SentinelOne (124%)과 CrowdStrike (120%)는 SaaS 기업의 고성장 순 달러 보유 상위 부문에 확고히 자리 잡고 있어 여러 관련 기업들이 매년 지출을 확대하고 있다.

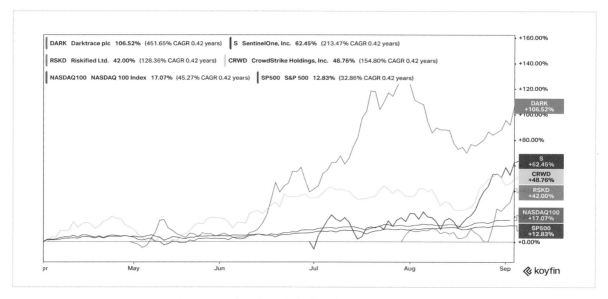

<그림 1-1-12> 인공지능 기반 사이버보안 기업의 성장 현황

출처: Benaich, N., & Hogarth, I. (2021). State of AI Report. stateof.ai.

　데이터 플랫폼 기업의 경우, 로봇 프로세스 자동화 (Robotic Process Automation, RPA) 전문 기업 UiPath, 클라우드 데이터 플랫폼 기업 Snowflake, 데이터 스트리밍 기업 Confludent는 2021년 1,380억 달러의 공공 시장 가치를 창출하였다.

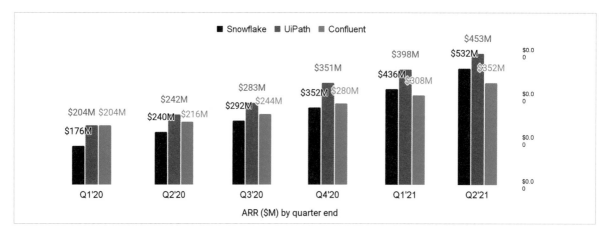

<그림 1-1-13> 인공지능 기반 데이터플랫폼 기업의 분기별 순이익 현황

출처: Benaich, N., & Hogarth, I. (2021). State of AI Report. stateof.ai.

<그림 1-1-14> UiPath / Snowflake / Confludent

◇ 일상생활 속 컴퓨터 비전 추론 기능 분야

현재 Google은 더 많은 비즈니스 및 소비자 애플리케이션 부문에도 인공지능 기능을 도입하고 있다. Gmail에서 사용되는 Smart Reply 기능을 넘어서, 인공지능 기반 문법 체크 기능이 Google Sheets, Docs, Slides 등에 적용되며, 특히 Sheets에서는 맥락을 파악하여 자동으로 수식을 예측하는 기능을 활용하고 있다. Google Maps에서는 증강현실(Augmented Reality, AR) 기술을 적용한 실내 네비게이션 기능뿐만 아니라 연료 소비량 및 탄소 배출량을 줄일 수 있는 경로를 안내하는 기능을 적용했다.

<그림 1-1-15> Google Maps의 증강현실 기반 네비게이션
https://cdn.pocket-lint.com/r/s/660x/assets/images/147956-apps-feature-what-is-google-maps-ar-navigation-image5-v38hn9bgme-jpg.webp?v1

또한, Google은 빠른 추론 컴퓨터 비전 기능을 통합하기 위한 크로스 플랫폼 툴킷인 MediaPipe를 공개했다. MediaPipe의 객체 인식은 일상에서 볼 수 있는 객체를 위한 실시간 3D 객체 감지 솔루션이다. 2D 이미지에서 객체를 감지하고 객체 인식 데이터 세트에 대해 훈련된 머신러닝(ML) 모델을 통해 객체의 위치 및 포즈를 추정한다. 객체 감지는 광범위하게 연구된 컴퓨터 기술이지만 대부분의 연구에서는 2D 물체 예측에 초점을 맞추고 있다. 이 기술은 현실 물체의 크기, 위치나 방향을 캡처할 수 있어 로봇, 자율 주행 차량, 이미지 검색과 증강 현실 등에서 다양한 방법으로 사용될 수 있을 것이다.

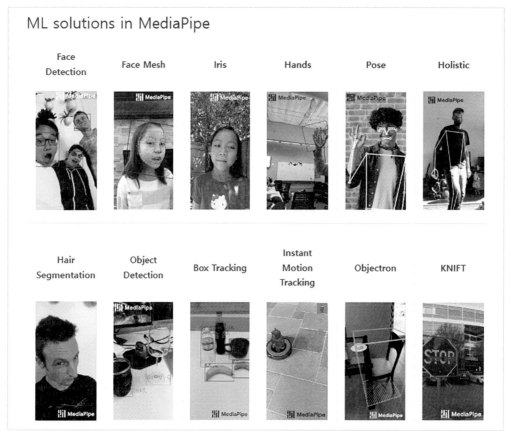

<그림 1-1-16> Google MediaPipe 서비스
출처: https://google.github.io/mediapipe

◇ 대형 언어모형 모델(Large Language Models, LLM)의 개발

　최근 대규모의 텍스트 데이터를 활용한 언어모형(language model)에 대한 각국의 언어별 수요가 급속히 증가 되면서, 다양한 개발과 검증 시도들이 이루어지고 있다. 한 종류의 언어를 학습한 결과가 다른 언어의 학습에도 정적인 영향을 미칠 것이라는 다중언어모형(multilingual model)의 가정이 실제로는 언어별 변동, 데이터 불균형 문제, 컴퓨팅 자원 공유로 어려움을 겪는 원인이 되는데, 구글에서는 모형의 규모와 용량을 유의미하게 증가시킨다면 해결될 수 있음을 증명하고 있다. 실제로 언어모형에서 가장 중요한 것은 특정 언어에 대한 많은 양의 언어 자원을 투입할 수 있느냐 없느냐의 문제에 해당하기 때문에, 영어 사전학습 모형인 GPT-3(Generative Pre-trained Transformer 3) 이후 각국에서 자국의 언어를 활용한 대형언어모형(LLM)의 개발과 공개에 노력을 기울이고 있다.

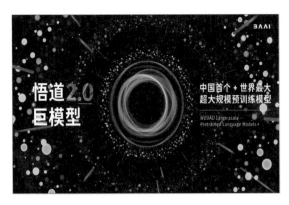

<그림 1-1-17> 중국 NLP 모델 Wu dao 2.0   <그림 1-1-18> 한국 NLP 모델 HyperCLOVA

◇ 디지털 바이오마커 활용한 질병 분석 분야

디지털 바이오마커(Digital biomarker)를 사용하여 약물 개발을 위해 정확하고 빠른 질병 실험을 추진할 수 있다. 질병에 걸린 동물과 건강한 동물을 약물로 치료하고 컴퓨터 비전을 사용하여 행동을 지속적으로 추적하고 분석하였다. 동물 연구를 통해 행동 패턴은 학습되고, 약물 효능 및 부작용과 관련된 디지털 바이오마커로 기능화되고 있다. 디지털 바이오마커의 활용 예로는 호흡수를 들 수 있으며, 이는 임상 연구에서 더욱 적극적으로 활용할 수 있었다.

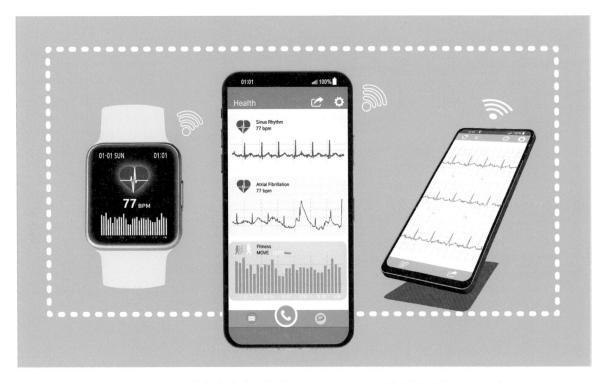

<그림 1-1-19> 디지털 바이오마커(Digital biomarker)를 통한 임상 연구 사례

2. 인공지능 미래교육

인공지능과 미래교육

◇ 사회 구조의 변화

　4차 산업혁명으로 대두되던 AI, Big data, Cloud 등 기술, 산업 분야의 변화는 2020년 코로나가 인류를 위협하며 등장한 이후 더욱 가속화되었으며 코로나는 기술, 산업은 물론 정치, 경제, 사회 및 교육에 이르기까지 모든 영역에서 변화를 가속화시켰다. 특히 교육 분야에서는 '미래교육'이라는 이름으로 수　십 년간 시도되었던 많은 숙원 과제들이 아이러니하게도 코로나 대응 과정에서 해결 되는 결과를 낳았다.

　이미 우리나라의 저출산 문제는 세계에서 가장 심각한 수준으로, 2020년을 기점으로 합계출산율[12]은 0.84로 떨어져 세계 최저를 기록했으며, 2021년에는 합계출산율 0.81명(OECD회원국 38개국의 평균 합계출산율 1.61명)으로 우리나라에서 출생아수 통계작성을 시작한 1970년 이후 최저치를 기록했다.

　이로 인한 학령인구 감소는 교육영역의 구조적 변화를 야기하고 있다. 또한 지속적인 다문화 학생 비중 증가는 다문화 사회로의 진입 속도를 가속화시키면서 기존의 교육환경 및 구조 변화가 불가피한 상황이다.

<표 1-2-1> 미래교육 패러다임 변화의 주요 요인[13]

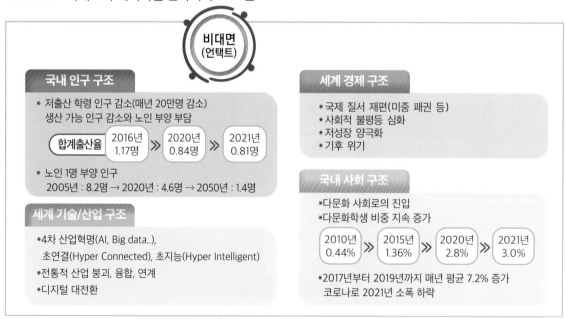

---

12) 합계출산율 : 여성 1명이 평생동안 낳을 것으로 예상되는 평균 출생아 수를 나타낸 지표로서 연령별 출산율(ASFR)의 총합이며, 출산력 수준을 나타내는 대표적 지표
13) 통계청(www.kostat.go.kr)

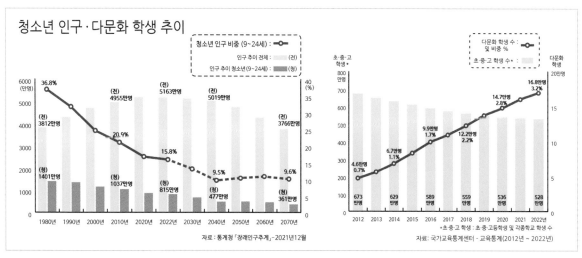

청소년 인구·다문화 학생 추이

자료: 통계청「장래인구추계」-2021년12월

자료: 국가교육통계센터 - 교육통계(2012년 ~ 2022년)

<그림 1-2-1> 청소년 및 다문화 학생 인구추이[14]

◇ **교육환경의 변화**

우리나라는 '한강의 기적'이라는 이름으로 전쟁을 겪은 뒤 반세기 만에 비약적인 경제 성장을 이루며 국제적인 지원을 받던 최빈국에서 도움을 주는 공여국으로 위상이 바뀐 세계 유일의 나라이다.

1980년대까지 우리나라의 공교육은 성실한 산업역군을 길러내는 것을 목표로 추진되었으며 그 당시 많게는 60명 이상의 학생들이 교실에 모여 교과서와 칠판을 보면서 교사의 강의를 듣는 것으로 수업이 진행되었다. 물론 그 시절의 교육은 교과별 특성이나 학생 개개인의 관심과 흥미는 전혀 고려되지 않았으며, 정해진 정답을 최대한 많은 학생이 맞추도록 하는 것이 유일한 교육의 목표이자 성과였다.

<그림 1-2-2> 1970년대 교실 풍경[15]

<그림 1-2-3> 1980년대 컴퓨터실 풍경[16]

그러나 1990년대 우리 교육은 정보화의 물결 속에 PC, 인터넷 등을 적극적으로 활용하며 ICT 및 교육 정보화라는 이름으로 도약하는 계기를 맞이하였다. 이 과정에서 등장한 사이버가정학습, EBS 수능 인터넷 서비스, 에듀넷, NEIS, 디지털교과서, K-MOOC 등은 교육 정보화의 산물로써 디지털 강국의 위상을 떨치는데 기여하였다.

---

14) 통계청(www.kostat.go.kr), 한국교육개발원 연도별 교육통계연보
15) https://www.hani.co.kr/arti/PRINT/890981.html (2019-04-22)
16) https://www.itworld.co.kr/slideshow/95125 (2015.08.21.)

교육정보화 연대표

<그림1-2-4> 출처:2021교육정보화백서의 재구성(KERIS)

기본계획

1987	1996	2001	2006
학교 컴퓨터 교육 강화 방안	1단계 교육정보화 기본계획 (1996~2000)	2단계 교육정보화 기본계획 (2001~2005)	3단계 교육정보화 기본계획 (2006~2010)

추진계획

1970	1989	1997	1999	2001	2004	2007
전자계산기 교육계획	학교 컴퓨터교육 지원 및 추진계획	교원정보활용능력 활성화계획	학생정보소양인증제 시험계획	학교컴퓨터 교육 강화 방안	이러닝 지원체계 종합발전 방안	디지털교과서 상용화 추진계획

인프라 구축 1970~1990

시청각교육 〉 컴퓨터 활용 교육 〉 인터넷 활용 교육 〉

2000   ICT 활용 촉진 2005

〉 ICT 활용 교육   〉〉〉   이러닝 〉

초·중등

2000 초·중등학교 정보통신기술활용 교육지침개발

2002 전국 교육정보공유체계 구축

2006 이러닝 품질 인증제 실시

1996 에듀넷 서비스 개시

2001 전국 초·중등학교 정보인프라 구축 및 인터넷 연결

2004 ▽사이버가정학습체제 구축 ▽EBS 수능 인터넷 서비스 개시 ▽중앙교육학습지원센터 · 에듀넷 통합서비스 개시

고등 · 평생 · 국제

1999 진로 · 직업 정보화 서비스(커리어넷) 개시

1998 학술연구정보 종합서비스 (RISS)개시

2000 사이버대학 인가

2003 권역별 대학 이러닝센터 지정

2005 교류협력국 이러닝 인프라 지원 및 ICT선도교원 초청연수 시작

2007 KOCW 서비스 개시

지원인프라 · 시스템

2007 지방교육 행·재정시스템 (에듀파인)구축 및 서비스 개시

1996 학교생활기록부 전산화 프로그램 구축

1997 학교 종합정보관리 시스템 구축

2003 교육행정정보 시스템 (NEIS)구축

2006 홈에듀(Home-Edu) 민원서비스 개시

2008
교원연수
종합정보제공체계
전략계획

2009
유아교육
선진화 추진계획

2010
4단계 교육과학기술 정보화 기본계획
(2010~2014)

2011
▽스마트교육 추진전략
(2011~2015)
▽장애학생 스마트러닝
지원계획

2012
클라우드 교육서비스
기반조성 정보화
전략계획

2013
디지털교과서 개발 및
활성화 계획
(2013~2014)

2014
5단계 교육 정보화 기본계획
(2014~2018)

2014
초·중등 SW교육
활성화 방안

2015
초·중등 SW교육
운영지침

2016
SW교육 활성화
기본계획

2018
과학·수학·정보
교육 진흥법 시행

2019
6단계 교육정보화 기본계획
(2019~2023)

2019
인공지능 국가전략

2020
▽한국판 뉴딜
▽정보교육 종합계획

서비스 고도화 (2010)
> 유러닝 >>> 스마트 교육 >>> 소프트웨어 교육 >

지능정보학습체제
> SW·AI교육 >>>

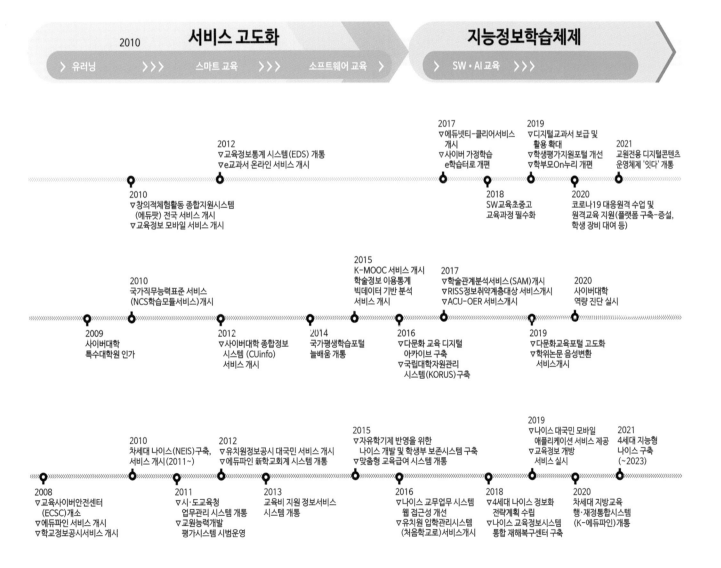

2010
▽창의적체험활동 종합지원시스템
(에듀팟) 전국 서비스 개시
▽교육정보 모바일 서비스 개시

2012
교육정보통계 시스템(EDS) 개통
e교과서 온라인 서비스 개시

2017
▽에듀넷티-클리어서비스
개시
▽사이버 가정학습
e학습터로 개편

2018
SW교육초중고
교육과정 필수화

2019
▽디지털교과서 보급 및
활용 확대
▽학생평가지원포털 개선
▽학부모On누리 개편

2020
코로나19 대응원격 수업 및
원격교육 지원(플랫폼 구축-증설,
학생 장비 대여 등)

2021
교원전용 디지털콘텐츠
운영체제 '잇다' 개통

2009
사이버대학
특수대학원 인가

2010
국가직무능력표준 서비스
(NCS학습모듈서비스)개시

2012
▽사이버대학 종합정보
시스템 (CUinfo)
서비스 개시

2014
국가평생학습포털
늘배움 개통

2015
K-MOOC 서비스 개시
학술정보 이용통계
빅데이터 기반 분석
서비스 개시

2016
▽다문화 교육 디지털
아카이브 구축
▽국립대학자원관리
시스템(KORUS)구축

2017
▽학술관계분석서비스(SAM)개시
▽RISS정보취약계층대상 서비스개시
▽ACU-OER 서비스개시

2019
▽다문화교육포털 고도화
▽학위논문 음성변환
서비스개시

2020
사이버대학
역량 진단 실시

2008
교육사이버안전센터
(ECSC)개소
▽에듀파인 서비스 개시
▽학교정보공시서비스 개시

2010
차세대 나이스(NEIS)구축,
서비스 개시(2011~)

2011
▽시·도교육청
업무관리 시스템 개통
▽교원능력개발
평가시스템 시범운영

2012
▽유치원정보공시 대국민 서비스 개시
▽에듀파인 新학교회계 시스템 개통

2013
교육비 지원 정보서비스
시스템 개통

2015
▽자유학기제 반영을 위한
나이스 개발 및 학생부 보존시스템 구축
▽맞춤형 교육급여 시스템 개통

2016
▽나이스 교무업무 시스템
웹 접근성 개선
▽유치원 입학관리시스템
(처음학교로)서비스개시

2018
▽4세대 나이스 정보화
전략계획 수립
▽나이스 교육정보시스템
통합 재해복구센터 구축

2019
▽나이스 대국민 모바일
애플리케이션 서비스 제공
▽교육정보 개방
서비스 실시

2020
차세대 지방교육
행·재정통합시스템
(K-에듀파인)개통

2021
4세대 지능형
나이스 구축
(~2023)

이렇듯 우리 교육은 끊임없이 변화를 시도하며 진화 발전해왔으며 이제 다시 코로나를 거치며 시도되었던 많은 도전들을 토대로 새롭게 도약을 해야 하는 시점이다.

이미 2016년 WEF(World Economic Forum, 세계경제포럼)에서 4차 산업혁명이라는 개념이 등장한 이후 핵심 기술 중 하나인 인공지능이 주목받으면서, 교육과 학습을 도와주는 인공지능 기반 교육, 인공지능 교육 및 인공지능 활용에 대한 관심이 높아졌으며 많은 연구가 추진되고 있다.

사실 인공지능 기반 교육이라는 개념이 등장하기 이전인 2010년 스마트 교육 이라는 이름으로 스마트 학습과 스마트 학습 환경에 대한 많은 연구가 진행되었다. 그럼에도 불구하고 스마트 학습에 대해 통일된 정의는 없으며 대체로 스마트 디바이스를 활용한 맞춤형(개별화) 학습이라는 의미로 통용되었으며(교육과학기술부, 2011; 이수희, 2010; 임정훈, 2011; Zhu & Bin, 2012) 대부분 물리적인 공간에 제한되어 있다는 한계가 있었다.[17]

그러나 코로나 이후 우리 교육환경이 수업 공간은 물론, 수업 활용 도구, 수업 운영 방식, 수업자료 등 모든 부분에서 그간의 한계를 극복하고 교육환경의 확장과 변화의 가능성을 제시하였다.

그 대표적인 것이 바로 블렌디드 러닝이라는 이름으로 추진되었던 온오프라인 융합 교육 방식이며, 코로나 상황에서 맞이한 4번의 개학 연기로 인해 온라인 교육과 온오프라인 융합 교육이 실현되었다. 또한 비대면 수업 운영을 위해 수 십여년간 많은 연구자들에 의해 필요성이 제기되었던 1인 1디바이스 정책도 현실화 되었는데, 서울시교육청의 경우 '디벗'이라는 정책으로 2022학년도 중학교에 입학한 1학년 학생 전원에게 스마트기기를 지급하였다. 나아가 2025년까지 중·고등학생과 교사 모두에게 스마트기기를 지급할 예정이다.[18] 서울 이 외에도 부산, 경남 등 많은 시도교육청에서 1인 1디바이스 보급 정책을 추진 및 확대 중이다.

또한, 수업 공간은 기존의 집합교육 중심에서 온라인과 메타버스까지 확장이 되었으며, 수업 운영 방식에 있어서도 기존의 강의, 협력, 토의/토론 등이 온라인 환경과 접목하며 무한한 가능성을 열어주었다. 이 외에도 수업 활용 기기, 수업자료, 교육과정 등에서 현실적, 경제적, 법/제도적 장벽으로 인해 풀지 못한 많은 과제들을 일시에 해결해주는 계기가 되었다.

<표 1-2-2> 수업환경변화

구분	과거	코로나 이후
수업 공간	교실(집합교육 중심)	기존+온라인+온/오프라인+가상 공간
수업 방식	강의, 협력, 토의 등	기존+(온라인) 개별 학습…
수업 활용 기기	전자칠판, PC, 패드	기존+(1 to 1)디바이스+HMD…
수업자료	교과서, 보조자료 등	기존+교육 및 미디어 플랫폼(유튜브/게임 등)
교육과정	국가교육과정	기존+교육청/학교 재구성

---

17) 임철일 외(2021). 포스트 코로나 시대의 스마트 학습 환경 연구 발췌 및 재인용
18) https://news.mt.co.kr/mtview.php?no=2022083108460383284

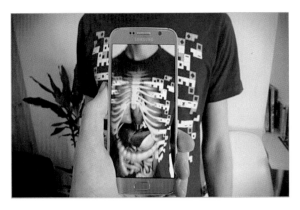

<그림 1-2-5> 수업자료 및 활용 기기의 진화_증강현실 및 홀로그램 등의 활용 사례[19]

그러나 코로나 이후 새롭게 등장한 문제들도 적지 않았다. 특히 준비 없이 맞이한 온라인 개학과 비대면 수업으로 인해 학생들의 학력 격차는 더욱 심화되었으며 그 과정에서 발생한 기초학력 부족 문제는 국가가 가장 시급히 해결해야 하는 최우선 과제가 되었다.

특히, 코로나로 맞이한 원격학습 상황에서 디지털 리터러시 격차는 고스란히 학습 격차 및 학습 접근성의 문제로 이어지면서 디지털 리터러시의 중요성이 더욱 대두되었다.

2021년 OECD가 발표한 보고서[20]에 따르면 한국 학생들의 디지털 리터러시(문해력)는 OECD 회원국 중 하위권으로 나타났다. 일례로 '온라인에서 사실과 의견을 식별하는 문제를 맞히는 정답률'이 한국 학생들은 25.6%로 나타난 반면 OECD 평균은 47.4%, 미국의 경우 69.0%에 이르렀다. 스마트폰의 대중화로 우리나라 학생들의 디지털 기기 접근성은 지속적으로 높아졌으나 디지털 리터러시는 여전히 낮은 수준으로 나타났다.

또한 디지털 리터러시 함양을 위한 학교 교육 경험과 관련한 질문에서도 우리나라 학생들은 OECD 평균보다 낮은 인식 수준을 보이고 있으며, 특히 '학교에서 온라인 정보의 편향성 여부를 식별하는 교육 경험'을 묻는 질문에 한국 학생들의 49.1%가 경험이 있다고 응답한 반면 OECD 평균은 54%, 미국, 캐나다, 덴마크, 호주 학생들은 70% 이상에서 교육 경험이 있다고 응답하여 큰 차이를 보였다. 디지털 역량은 미래사회를 살아가는 데 있어 반드시 필요한 핵심 역량으로 디지털 역량 강화를 위한 체계적인 교육과정 개발 및 교육 추진은 물론 생애주기에 맞는 교육 정책 추진이 필요하다.

19) "폰 갖다대면 몸속 장기가"…증강현실 티셔츠 화제 https://zdnet.co.kr/view/?no=20160303092518
고인이 된 스타 AI로 되살리기, 윤리 문제는 없을까http://news.kmib.co.kr/article/view.asp?arcid=0924173327
20) OECD(2021). PISA 21세기 독자 : 디지털 세상에서의 문해력 개발

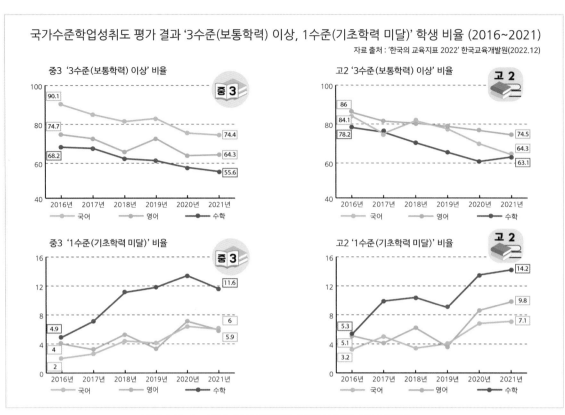

<그림 1-2-6> 국가수준 과목별 학업성취도 평가 비율

◇ 인공지능 교육의 필요성

인공지능 기술은 교육분야의 학습 격차 문제를 해결할 수 있는 가장 적합한 대안으로 주목받고 있으며, 특히 인공지능 기술을 활용한 개별화된 맞춤형(수준별) 학습서비스들이 속속 등장하며 그 가능성을 보여주고 있다.

【인공지능 활용 교육적 효과】[21]

▶ '15~'17년 애리조나주립대의 민간 AI 활용 학습 지원 효과
: (생물학) 탈락률 20% → 1.5%, (미시경제학) C학점 미만 38% → 1%

▶ 중국의 AI 기반 맞춤형 교육 시스템인 Yixue는 학습 및 평가자료를 지식 점수로
나누어 학생의 성취도를 분석함으로써 맞춤형 학습계획과 1:1 개인지도 서비스를 제공

▶ 핀란드 초등학교에서 23개 언어를 지원하는 외국어학습 보조 로봇을 활용한 결과
: 학생들의 학습불안을 낮추고, 긍정적 학습 태도를 배양

▶ UIA(미대학혁신연맹)은 예측분석을 통해 저소득층 학생의 중도탈락 위기에 조기 대응
: 4년 만에 저소득층 학생 졸업률 30% 증가

▶ PEG writing은 빅 데이터 기반의 인공지능 자동 첨삭 프로그램
: 미국 내 70% 이상의 점유율을 확보하고 있으며, 대학입시 준비나 공인 평가시험
(TOEFL) 준비 영어 글쓰기 등 대규모 인원의 작문 과제를 효과적으로
관리 가능하여 1천여 개 학교와 3천여 개 도서관에서 활용

---

21) 관계부처 합동(2020. 11). 인공지능시대 교육정책방향과 핵심과제:대한민국의 미래 교육이 나아가야 할 길

UNESCO가 발간한 '인공지능과 교육'에 따르면 교육 분야에서 인공지능의 활용은 2024년까지 60억 달러 규모에 이를 것이라고 전망하며, 인공지능은 오늘날 교육이 당면한 문제를 해결하고, 교수-학습 관행에 혁신을 선도하여 궁극적으로 SDG4로의 발전을 가속화 할 수 있는 잠재력을 지니고 있다.[22]

또한, 구글 CEO Sundar Pichai(순나르 피차이)는 2020년 WEF에서 인공지능이 역사상 가장 큰 파괴력을 가지고 있으며 영향력은 불·전기보다 크다고 말한 바 있다.

McKinsey에 따르면 2030년까지 전 세계 기업 70%가 AI를 활용하게 될 것이며, 이로 인한 글로벌 GDP 13조 달러 추가 성장이 예상된다. 이러한 흐름에 따라 AI 선두 기업의 경우 현재 대비 2030년에 122%의 경제적 가치 창출이 예상되나 하위 기업의 경우 23% 하락이 전망된다는 예측을 내놓은 바 있다.(McKinsey & Company, 2018)[23]

AI를 적극적으로 활용할 경우 2030년에는 GDP가 최대 14%(15.7조 달러) 더 향상될 수 있을 것이다[24](PWC, 2017).

AI는 의료, 노동 및 교육 등의 분야에서 겪고 있는 각종 사회 문제 해결에 기여할 수 있으며, 문제 해결을 통해 궁극적으로 인간 삶의 질을 향상시킬 수 있는 대안이라고 평가받고 있다. 따라서 AI는 국가 및 기업 경쟁력의 핵심으로 부각되며 기술적 발전의 차원을 넘어 산업, 사회, 경제 및 노동 구조의 변화까지 모든 영역에서 패러다임의 변화를 촉발하고 있다.[25]

이는 세계 시가총액 10위 기업의 순위변화를 통해서도 증명된 바 있다. 2006년 세계 10위 기업 내에 디지털/AI 관련 기업은 1개에 불과했으나, 2017년 7개로 급증하였으며 2020년에는 1개 기업을 제외한 9개의 기업이 디지털/AI 기반의 기업으로 바뀐 것을 볼 수 있다.

<표 1-2-3> 시가총액 세계 10위 기업 순위 변화 ▢ 디지털·AI 관련기업표시

순위	2006	2009	2013	2017	2020	2021
1	엑손모빌	페트로차이나	애플	애플	애플	애플
2	GE	엑손모빌	엑손모빌	알파벳(구글)	MS	MS
3	MS	MS	MS	MS	아마존	알파벳(구글)
4	씨티그룹	중국공상은행	구글	아마존	알파벳(구글)	아마존
5	Gazprom	월마트	버크셔해서웨어	페이스북	페이스북	테슬라
6	중국공상은행	중국건설은행	GE	텐센트	텐센트	메타
7	토요디	BHP Billition	존슨&존슨	버크셔해서웨어	테슬라	Nvidia
8	Bank of America	HSBC 홀딩스	월마트	알리바바	알리바바	버크셔해서웨어
9	Royal Dutch Shell	Petrobras	호프만-라로슈	존슨&존슨	TSMC_대만반도체	TSMC_대만반도체
10	BP 정유	애플	세브론	JP 모건	버크셔해서웨어	텐센트

출처: https://en.wikipedia.org/wiki/List_of_public_corporations_by_market_capitalization

---

22) UNESCO(2021). 인공지능과 교육 : 정책입안자를 위한 지침
23) McKinsey & Company(2018), "MODELING THE IMPACT OF AI ON WORLD ECONOMY"
24) PWC(2017). "Sizing the prize : What's the real value of AI for your business and how can you capitalise?"
25) 관계부처 합동(2020). 전국민 AI·SW교육 확산 방안

이미 세계 주요 각국은 인공지능 인재양성을 통해 AI 분야에서 국가경쟁력을 확보하고 기술 우위를 선점하기 위해 다양한 정책과 전략들을 수립하여 추진해 왔다. 특히 교육을 통한 AI 경쟁력 확보를 위해 인공지능 인재양성 및 교육 정책들을 추진하고 있다.

미국의 경우 2019년 6월 발간한 'The National Artificial Intelligence R&D Strategic Plan'에서 전문가들은 인공지능 분야의 국가경쟁력 강화를 위해 컴퓨터 교육 전문교사 및 교구재개발 지원이 필요하다고 제안하고 있으며, 전 국민의 보편적 AI역량 향상을 정책 방향으로 제시하고 있다.[26] 또한 2022년 8월에는 「반도체와 과학법」을 통해 AI, 반도체 등 연관 첨단 산업 분야에 총 2,800억달러 규모의 투자를 하겠다고 밝혔다.[27]

인공지능을 가장 적극적으로 도입하고 있으며, 2030년 세계 1위 인공지능국가를 목표로 하고 있는 중국의 국무원은 2017년 3월 정부 사업 보고서에서 최초로 '인공지능'을 언급하였으며 7월에는 〈차세대 인공지능 발전 계획〉을 발표하고 AI산업을 국가 산업으로 공식화하면서 2030년까지 차세대 AI 3단계 전략 목표 및 6대 중점과제를 제시하였다. 또한 같은 해 12월에는 2030년 중국 AI 선진국 목표 실현 및 정부 정책 방향의 3년 세부 행동지침을 제시하였다.[28]

2018년 4월 중국 교육부는 〈교육 정보화 2.0 실천계획〉과 〈대학 AI 혁신 행동계획〉을 발표하고 인공지능을 학교 전 과정에서 활용할 수 있도록 하였으며, 인재양성, 교수방법 혁신, 유비쿼터스 학습 등을 강조하면서 미국 대학과의 교류 협력, 중국 내 인공지능 관련 교수 및 인재양성과 같이 인공지능 교육과 인프라 구축을 위해 단계적인 정책들을 펼치고 있다(정원준, 이나라, 2018).

<표 1-2-4> 주요 각국의 인공지능 정책 [29]

국가	주요 내용
미국	• (주요정책) AI이니셔티브 행정명령('19.2), 국가 AI 연구개발 전략('19.6) • (정책방향) -전 국민 보편적 AI역량 향상을 위해 STEM 교육 강화 -AI4K12(초중고를 위한 AI 이니셔티브) 발족 및 AI교육과정 가이드라인 개발
중국	• (주요정책) 차세대 AI발전계획('17.7), 쯔롱 X 계획('19.1) • (정책방향) - 유치원~고등학교까지 연계되는 AI교과서 33종 개발 및 AI시범학교(300개) 운영 - AI 석·박사 인력양성 등을 위해 AI학과 신설 및 AI와 타학과 융합 강화(AI+X) - 대중을 위한 AI 플랫폼 개발 및 대학 내 AI 비학위 과정 개설
일본	• (주요정책) AI 종합전략('19.4) • (정책방향) -AI 데이터사이언스 교육 전체학교 확대 및 대학입시 개혁(정보교과 포함) -사회인 교육 강화(AI·수학 MOOC강좌 및 직업훈련 도입) -전 분야에서 AI 등의 지식(AI+X)을 활용할 수 있는 인재를 배출하는 대학체계 정비
영국	• (주요정책) AI : 준비, 의지, 가능성('18.4, 상원 특위보고서) • (정책방향) 초등단계부터 AI교육이 필요하며, 관련교사 확충 등 권고
독일	• (주요정책) AI 육성전략('18.11) • (정책방향) -교육훈련 강화 및 고숙련 AI 전문가 영입, 대학에 전문 교수직 신설 등 -노동시장 변화에 따른 업무 재교육 등 다양한 조치 지원
프랑스	• (주요정책) AI 권고안('18.3) • (정책방향) -각각의 모든 학위 수준에서 인공지능 인재교육을 집중(3년 내 인공지능 교육을 받은 인력 수를 3배로 증대)

---

26) 임철일 외(2021). 포스트 코로나 시대의 스마트 학습 환경 연구
27) 관계부처 합동(2022. 9). 대한민국 디지털 전략
28) 전보희(2021). 중국 인공지능 산업 동향과 시사점. 한국무역협회 트레이드 포커스 2021년 23호.
29) 관계부처 합동(2020.8). 전국민 AISW교육 확산 방안

또한 2021년 3월 '디지털 중국'을 천명하고 신성장동력으로 7대 중점산업(인공지능, 클라우드, 빅데이터, 사물인터넷, 산업인터넷, VR/AR, 블록체인)을 중점 추진 중에 있다.

영국은 일찍이 만 5세부터 SW교육을 의무화하고 있으며, AI교육에 있어서도 이니셔티브를 가지기 위해 초등 교육부터 AI교육을 추진하기 위한 관련 교사 확충 등을 권고하고 있다.

2022년 6월에는 'UK Digital Strategy'를 수립하여 全분야 디지털 혁신으로 글로벌 리더십 강화를 추진하고 있다.

일본도 2019년 'AI 종합전략'을 발표하며 전체학교에 AI 등의 교육을 확대하고 전 분야에서 AI 등의 지식을 활용할 수 있는 인재를 양성하기 위해 대학체계를 정비하는 등의 정책을 추진하고 있다.

EU의 경우도 2021년 3월 '2030 Digital Compass'를 수립하여 모든 성인의 80%이상 디지털 교육을 추진하고 2,000만명 ICT 전문가 확보 및 공공서비스 100% 디지털화 등 전분야 미래 디지털 주도권 확보와 디지털 혁신을 추진하고 있다.[30]

<표 1-2-5> 중국의 인공지능 교육 관련 정책

구분	중국의 인공지능 교육 정책
2016년 5월	발개위/과기부/공신부 등 4개부처 <'인터넷+' AI 3년 행동실시 방안>
2017년 3월	<정부 사업 보고서>에서 최초로 '인공지능' 언급
2017년 7월	국무원 <차세대 인공지능 발전 계획> 발표
2017년 12월	공신부 <차세대 AI산업 발전 3개년(2018~2020) 행동계획> 발표
2018년 4월	교육부 <교육 정보화 2.0 실천계획> 교육부 <대학 AI 혁신 행동계획>
2019년 2월	중국 중앙 및 국무원 <중국교육현대화 2035>
2020년 1월	교육부/발개위/재정부 <쌍일류 융합 촉진 및 AI대학원생 양성 가속화 의견>
2020년 3월	교육부 <교육부의 2019년도 대학학부전공 등록 및 심사결과 발표 관련 통지> 과기부/교육부 등 5개부처 <'ZERO TO ONE' 기초연구 사업 강화 방안>

전보희(2021). 중국 인공지능 산업 동향과 시사점. 한국무역협회 트레이드 포커스 2021년 23호 재구성

◇ **우리나라의 인공지능 교육**

우리나라도 2019년 "인공지능 국가선략"을 수립하여 발표한 바 있으며, 전국민의 AI 교육이라는 목표 아래 교육부, 과학기술정보통신부, 국방부 등 관계부처가 합동으로 다양한 정책을 추진하였고, 이 같은 정책의 일환으로 교육부는 교육대학원에 'AI융합 교육과정'을 개설해 2020년부터 5년간 인공지능 전문교사 5,000명 양성을 추진하고 있다. 또한, 고등학교에서 AI 융합 교육과정의 운영과 AI 활용 교육 시스템 도입 등 AI 교육 강화 및 확산에 초점을 두고 다양한 정책과 과제들을 추진하고 있으며, 2022년 신정부의 국정과제를 통해 디지털 100만 인재양성이 단계적으로 추진 중에 있다.

---

30) 관계부처 합동(2022. 9). 대한민국 디지털 전략

전국민 AI 교육을 위한 국가전략		
아젠다	과제명	관계부처
세계최고 AI 인재 양성 및 전국민 AI 교육	AI 등 첨단학과 신설 및 교원 기업 겸직 허용	교육부/과기정통부
	SW/AI 석박사급 인력 양성	교육부/과기정통부
	AI 대학원 프로그램 확대 및 다양화	과기정통부/교육부
	SW/AI 기초교육 강화	과기정통부
	전 장병 AI 교육	국방부/과기정통부
	공무원 AI 교육 전면 실시	인사처/과기정통부
	초등 저학년 놀이/체험 중심 SW/AI 커리큘럼 편성	교육부
	초등 고학년/중학교, SW/AI 필수 교육 확대	교육부
	SW/AI 교육과정 중점 고교 지속 확충	교육부/과기정통부/중기부
	SW/AI 교원 교육과정에 SW/AI 과목 이수 지원	교육부

관계부처합동(2019). 인공지능 국가전략 발췌

또한 2020년 11월에는 미래사회 변화에 부응하는 교육정책의 방향 제시를 위해 관계부처 합동으로 「인공지능시대, 교육정책방향과 핵심과제」를 발표하였으며, 감성적 창조 인재, 초개인화 학습환경, 따뜻한 지능화의 3대 방향을 제시하고 총 40개의 과제를 선정하여 단계적으로 추진하겠다고 발표하였다.

< 인공지능 시대 교육정책의 비전과 방향 >

비전	인간다움과 미래다움이 공존하는 교육 패러다임 실현		
방향	• (인재상) 감성적 창조 인재 : 인간중심 사고에 바탕, 새 구조를 만드는 인재 • (학습환경) 초개인화 학습환경 : 학습자의 특성/상황/수준에 따른 개별화 교육 • (정책과정) 따뜻한 지능화 정책 : 데이터에 기반한 정책, 혁신기술의 포용적 사용		
과제	"인간"에 집중	"시대"에 부합	"기술"과 결합
	- 자기주도적 태도 함양 - 인간 존엄성 중시	- 교양으로서 인공지능 교육 - AI 전문인재 양성	- 교육환경 개선 - 교육 빅 데이터 거버넌스
	8개 과제	30개 과제	2개 과제

「인공지능시대, 교육정책방향과 핵심과제」[31]에서 제시하고 있는 40개의 과제는 다음과 같이 2023년 현재 지속적으로 추진 중에 있으며, 한 단계 더 도약하기 위한 국가 수준의 전략 마련을 위해 2022년 9월 관계부처 합동으로 "대한민국 디지털 전략"을 수립하여 발표하였다.

---

31) 관계부처 합동(2021.7.7.). 인공지능시대, 교육정책방향과 핵심과제 추진상황 점검 결과

「인공지능시대, 교육정책방향과 핵심과제」에서 제시하는 40개 과제

세부 과제명

1. "인간"에 집중하는 교육

(1) 자기주도적 태도를 기르는 것에 집중

- ① 2022 개정 교육과정(자기주도성, 인공지능교육)
- ② 교원 양성·연수시 자기주도성 및 인공지능 내용 반영
- ③ 미래형 혁신학교/미래교육지구 운영
- ④ 차기 대학 기본역량 진단(비교과 프로그램, 데이터 기반 지원)
- ⑤ 창업가정신 함양 교육 지속 확대

(2) 인간의 존엄성을 마음에 새기는 것에 집중

- ⑥ 독서교육 지속 확대
- ⑦ 대학 인문학 분야 교육강화
- ⑧ K-MOOC 마스터클래스 / 국제화

2. "시대"에 부합하는 교육

(1) 미래 교양으로서 인공지능 교육

- ⑨ 유치원 인공지능 관련 교육 지원
- ⑩ 초중고 AI교육 내용 기준(안) 마련 및 보조교재 개발
- ⑪ AI융합교육 거점형 일반고 운영
- ⑫ AI교육 선도학교 운영(주관: 교육부, 과기부)
- ⑬ AI분야 진로체험 프로그램 강화
- ⑭ 소프트웨어(SW) 미래채움센터 구축·운영(주관: 과기부)
- ⑮ AI 관련 고교 진로선택 과목 신설·적용
- ⑯ AI학습플랫폼 구축·운영(주관: 교육부, 과기부)
- ⑰ 초·중등 예비교원 AI·정보 역량 강화
- ⑱ 교·사대 미래교육센터 설치 확대
- ⑲ 현직교사 대상 AI융합교육 역량 강화
- ⑳ 대학 AI 기초소양교육 등 우수사례 확산(대학혁신지원사업 활용)
- ㉑ K-MOOC 인공지능 관련 강좌 확대
- ㉒ 디지털역량센터 운영(주관: 과기부)

(2) 인공지능 분야 전문인재 양성교육

- ㉓ 영재학급 운영(주관: 과기부)
- ㉔ 영재학교 운영
- ㉕ 디지털 혁신공유대학 운영
- ㉖ SW중심대학 운영(주관: 과기부)
- ㉗ 해외대학 교원의 국내대학 교원 임용 겸직특례 신설
- ㉘ 지능정보 기업인의 대학 교원 등 겸직 허용(주관: 과기부)
- ㉙ AI 등 신산업 분야 BK21 지원
- ㉚ AI 대학원 운영(주관: 과기부)
- ㉛ AI 분야 등 우수 박사학위 취득자 대상 장기연수
- ㉜ SW스타랩 선정·지원(주관: 과기부)
- ㉝ AI 분야 대학중점연구소 운영
- ㉞ 12대 AI 융합핵심 분야 AI 전환교육 실시(주관: 과기부)
- ㉟ 산업 현장경험 갖춘 AI 융합인재 양성(주관: 산업부)
- ㊱ STEP AI 등 직업능력개발 콘텐츠 확충(주관: 고용부)
- ㊲ ICT 이노베이션스퀘어 운영(주관: 과기부)
- ㊳ AI 인재양성 지표개발

3. "기술"과 결합하는 교육

(1) 인공지능 등을 활용한 교육환경 개선

- ㊴ 에듀테크를 활용한 공교육 교육환경 개선

(2) 교육 빅 데이터 활용을 위한 거버넌스 구축

- ㊵ 「교육빅 데이터위원회」 구성·운영

2021년 기준으로 AI 20대 기업에 미국 기업 9개, 중국 기업은 1위인 알리바바를 비롯하여 7개 기업이 포함되었으나, 우리나라 기업은 단 한 개도 포함되지 못했다.[32] 또한 우리나라 대학은 세계 인공지능 대학 100위권 내에 단 하나도 포함되지 못했다.

이제 미래를 살아갈 우리 아이들에게 인공지능과의 공존은 더 이상 선택의 문제가 아니다. 더구나 '한 아이도 놓칠 수 없는' 인구절벽 시대로 급속히 전환되고 있는 우리나라의 경우 학생 개개인에게 맞춤화된 개별 학습으로의 전환이 얼마나 시급히 준비되어야 하는지를 역설적으로 설명하고 있다. 또한, 데이터/인공지능/메타버스/6G 등 다양한 디지털 신기술의 등장과 기존 산업과의 융복합으로 인해 이미 기존산업구조의 경계는 허물어지고 새로운 신산업의 기회들이 창출되고 있다.

이러한 상황에서 교육의 변화 또한 불가피한 상황으로 우리 아이들의 미래 경쟁력 확보를 위해 인공지능 교육은 조속히 추진되어야 한다. 그러나 조속한 추진보다 더 중요한 것은 체계적이고 중장기적인 관점에서 인공지능 교육이 추진되어야 한다는 것이다.

지금 어떠한 교육을 준비하고 운영하느냐에 따라 짧게는 향후 5년, 10년 후 국가와 기업의 위상과 순위가 다시 바뀌게 될 것이기 때문이다.

---

32) 박병철, 전북농협 노조위원장, 중국의 인공지능 교육, 우리도 해야 한다. 전민일보, 2022.07.21

3. 기존 인공지능(AI)과 초거대 인공지능(AI)의 차이

🤖 기존 인공지능과 초거대 인공지능의 차이

◇ 기존 인공지능

이전 IBM의 인공지능 왓슨이 미국의 퀴즈 프로그램을 통하여 인간과 겨루어 이기는 경우가 있었고, 같은 회사의 Deep Blue는 당시 체스 챔피언을 이겼던 경우도 존재한다. 뿐만 아니라, Deep Mind의 알파고가 이세돌 9단을 이기는 상황까지 발전해온 모습을 기억하고 있다.

지금 활성화 되고 있는 기존의 AI들은 의학, 바둑, 체스, 생산 등 특정 분야에 특화되어 개발된 사례들이 많다.

하지만 더욱 인간과 가깝게 지각할 수 있고, 뛰어난 종합적 추론과 판단이 가능한 AI 발전이 요구되어 기존 인공지능에서 발전된 또 다른 인공지능을 연구하여왔다. 기존의 AI와 초거대 AI의 차이는 기존 AI는 특정분야에서 기능을 높이려고 한 분야만 파라미터를 사용해 왔다. 파라미터가 많을수록 학습량이 늘고 좋은 결과를 낼수 있기 때문에 초거대 AI는 많은 분야에 대해 학습하고 기억하기 위해 작게는 수억 ~ 170억개의 파라미터를 사용하여 사용량에서 큰 차이를 보인다.

과거 2019년도 AI로 국내 수능 수학과 시험을 치러 획득한 결과는 16점이다. 이러한 결과가 나온 이유가 여러 가지지만 인간이 가지고 있는 것 중의 하나인 직관과 통찰은 유기적인 작동이 이뤄지지 않아 문제풀기에 어려움이 있었다.

◇ 초거대 인공지능

최근의 영화에서 많이 보이는 AI는 대표적으로 자비스, 울트론, 비전, 이디스 등이 있다. 이들은 영화에서 등장하는 AI이름으로 주인공을 돕거나 대립하거나 인간과 같은 모습으로 보여지고 있다.

초거대 인공지능의 특징은 무수히 많은 파라미터(매개변수)가 있다. 그리고 초거대 AI를 구현하기 위해서는 하드웨어적 뒷받침이 있어야 한다. 수많은 데이터와 파라미터 등의 연산을 감당해 낼 수 있는 슈퍼컴퓨터를 사용해야 한다. 슈퍼컴퓨터 구입을 위해서는 1000억 원 이상의 투자 비용도 필요하다. 이러한 상황에서 초거대 AI의 성능을 하나로 규정짓지 못하나 많은 파라미터가 있을수록 더욱 정확한 결과값을 만들어 낼 수 있다는 것을 연구결과로 알고 있어 더욱 많은 경쟁과 투자가 이루어 지고 있다.

초거대 AI는 주로 텍스트로 학습을 하여 현재 활용 분야도 문서작성, 글쓰기, 대화 등에 국한되어 있으나 향후 더욱 많은 데이터와 파라미터가 확보된다면 다양한 방법과 분야의 활용을 기대해볼 수 있다. 텍스트 학습 활용 예로는 초거대 AI는 250년치 논문/특허를 분석해서 수개월 내 활용할 수 있도록 할 수 있다.

현재 개발된 초거대 AI의 예로 DALL E2가 있다. 이 AI는 파라미터의 수가 35억개로 운용하는데 텍스트를 활용하여 이미지를 만들어내는 기능이 있다. 현존하는 그림뿐 아니라 현존하지 않는 상상의 그림을 창작해 내는 재주가 있다.

또한 초거대 AI는 과거 AI처럼 특정분야에 국한되지 않고 누구나 사용하는 범용적 사용 목적을 가진다.

NAVER HyperCLOVA는 소설쓰기, 대화, 퀴즈 맞추기 등 텍스트를 통해 할 수 있는 기능이 모두 가능하고, 누구나 AI모델을 생성하고 전문가가 될 수 있는 환경을 구축할 수 있다.

<그림 1-3-1> OpenAI의 ChatGPT와의 대화 예시

초거대 인공지능을 전문적인 분야에서도 사용하게 된다면 그 분야에서 커스터마이징을 하여 활용할 수 있다. 만약 의약분야에서 사용한다면 의료 관련 데이터로 재학습한 뒤 전문적인 데이터를 활용해 매개변수를 조금씩 미세 조정하는 방법을 활용하여 쓸 수 있다.

현재는 엄청난 연구개발비와 많은 양의 데이터 확보가 문제로 제기되고 있다. 슈퍼컴퓨터급으로 연산을 해야 하고 그것에 많은 양의 네이터가 확보되려면 기존에 갖고 있는 데이터 외 합성된 데이터도 필요한 상태까지 이르렀다. 물론 이런 합성데이터만 전문적으로 개발하는 업체들도 등장하였다.

이러한 자금과 기술력의 문제점과 어려움으로 현재 초거대AI의 개발과 연구에는 대기업이 많이 진출하고 있는 실정이다.

초거대 인공지능의 종류와 특징

'ChatGPT'는 오픈AI사에서 개발하였으며 2021년도 까지 학습한 내용으로 만든 초거대 AI이다. 출시 2개월여 만에 월간 활성 이용자가 1억 명을 돌파 하는 등 크게 주목을 받고 있다.

검색어를 입력하여 정보를 얻던 시대에서 인공지능의 즉답을 통한 정보획득의 시대가 온 것이다. 이에 구글은 'ChatGPT'에 대항하기 위해 자체적으로 개발한 인공지능 언어프로그램 '람다'(LaMDA)를 기반으로 한 '바드'를 공개했다. 국내에서도 네이버와 카카오가 대화형 인공지능 개발에 박차를 가하고 있다. 네이버는 초거대 AI 'HyperCLOVA'를 기반으로 서치GPT를 선보였으며 한국어 검색 데이터를 가장 많이 보유하고 있다는 장점이 있다. 카카오 또한 'ChatGPT'의 직전 버전인 'GPT-3'를 기반으로 'KoGPT'를 개발했다. 'GPT-3'를 한국어로 특화했으며 방대한 검색 데이터를 보유하고 있어 학습에 활용할 수 있다는 장점이 있다. 또한 입력한 제시어를 바탕으로 근사한 그림을 그려내는 AI아티스트 'Karlo'(칼로)를 공개했다. 칼로는 단순히 그림을 그리는 것 뿐 만이 아니라 이미지를 제거하거나 편집, 확장할 수 있는 다양한 기능을 추가해 나갈 계획이다.

◇ 초거대 인공지능 종류와 특징 (국내)

한국에서 초거대 인공지능을 개발하고 있는 대표적인 기업은 다음과 같다.

<표 1-3-1> 초거대 AI 국내개발회사 현황

개발 회사	초거대 인공지능 개발
Naver	- 2021년 국내 최초 초거대 인공지능 개발 - Hyper CLOVA (AI 파라미터 2,040억 개) - 적은 Data로 빠른 학습으로 원하는 서비스 응용 - 인간의 자연어(특히 한국어)로 AI 모델을 만들어 적용가능 - NVIDIA 슈퍼컴 도입활용
Kakao	- KoGPT(300억개 파라미터) - 한국어 데이터 기반 - 시 쓰는 인공지능모델 SIA개발하여 시집 출간(주제어와 명령어 입력 후 동시창작)
LG	- 초거대 인공지능 명칭 처음 사용 - EXAONE /6,000억 ~1조 개의 파라미터 구성개발 - 언어/이미지 이해 및 생성 데이터 추론 - 자율 사고, 학습, 판단이 가능하도록 개발 - 고객상담, 제품개발, 신소재 발굴, 항암 백신 개발, 제품디자인
SK텔레콤	- KoGPT-2(Ver 2.0)개발 - 국립국어원과 한국어에 적합한 차세대 인공지능 모델 개발 - 카카오와 협업, 파라미터 1,750억 개의 자연어 처리 인공지능 모델개발 - 차세대 인공지능 에이전트 역할/ 편향성, 위험 발언 필터링
KT	- 한국과학기술원(KAIST)과 공동으로 인공지능 연구소 설립 - 2,000억 개 파라미터 - 청각, 언어, 클라우드 AI, 차세대 지능형 교통 체계에 활용

◇ 초거대 인공지능의 종류와 특징 (국외)

초거대 인공지능의 국외 개발은 글로벌 IT 기업 중심으로 이루어지고 있다.

<표 1-3-2> 초거대 AI 국외개발회사 현황

개발 회사	초거대 AI 개발
Open AI	- 앨런머스크/샘알트만 설립 - GPT-3 / 영어데이터 92.7% /파라미터가 1,750억 개 - 외국어번역, 보고서작성, 이메일작성, 경기내용 요약 - 단어학습으로만 사람과 대화, 문장 및 소설 창작가능 - MS와 협업 GPT-3를 MS AZURE에서 사용
Microsoft	- MT-NLG NVIDIA와 협업 - 파라미터 5,300억 개 - 슈퍼 컴퓨터 인프라를 활용 분산학습으로 훈련 효율성 강조
META	- OPT-175B / 무료 누구나 활용 - 파라미터 1,750억 개 - 언어 생성, 번역, 검색, 기사 작성
Google	- LaMDA 기반 지각이 있는 AI '바드' 공개 - PalM - 파라미터 5,400억 개 - 대화형 인공지능 모델 Lama2 - AI 테스트 키친 활용
DeepMind	- Gopher - 파라미터 2,800억 개

4. 인공지능과 코딩

🤖 인공지능 코딩 이해

◇ 블록코딩(Block Coding) + AI

블록 명령어를 사용하여 코딩하는 과정은 이제 많은 교육기관에서 활발히 활용되고 있다. 2005년 MIT 연구소의 스크래치 개발로 기존 텍스트 코딩에서 가볍게 접근할 수 있는 환경이 만들어졌고 한국에서는 Naver 커넥티드 재단을 통한 엔트리가 개발되었다.

뿐만 아니라 코딩 학습 활동을 돕기 위한 다양한 플랫폼이 등장하는데 대표적으로 해외는 Code.org가 있으며, 국내에는 EBS의 '이솝'을 통해 더욱 적극적인 코딩 활동을 지원하고 있다. 또한 교육부에서는 매년 6월, 10월 온라인 코딩파티 활동과 AI 선도교육 활동을 통해 학생들이 코딩을 많이 접할 수 있도록 노력하고 있다.

교육기관에서 대표적으로 많이 활용하고 있는 스크래치와 엔트리의 경우 블록코딩을 통해 프로그래밍 언어를 교육하기에는 편리하나, AI 코딩을 하기에는 부족한 면이 있었다. 최근 이러한 면을 보완하기 위해 스크래치 및 엔트리에서는 확장 블록을 활용하여 이 부분을 보완하였다. 해당 확장 블록은 AI코딩에 필요한 명령어를 추가해서 사용할 수 있어 유용하다.

스크래치나 엔트리의 이런 변화에 맞춰 AI 코딩 확장블록을 지원 활용하는 다양한 교구들이 함께 등장하고있다. 특히 스크래치 3.0의 경우 오픈소스로 개발되어 교구 회사에서는 해당소스를 활용, 교육과 연계하여 코딩을 할 수 있도록 지원하고 있다. 본 교재에서는 햄스터와 알파미니를 다뤄보고자 한다.

🤖 학교 현장 인공지능 코딩

◇ 스크래치 + AI(머신러닝 포 키즈)

매일 추천 엔진, 언어 번역, 챗봇, 디지털 비서와 같은 머신러닝 서비스를 사용하고 있는 상황에 코딩을 통하여 어떻게 작동하는지 알고 기능과 의미를 이해하는 방법이 될 수 있다. 머신러닝 포 키즈(Machine Learning for kids[33])는 짧은 시간에 AI 코딩이 가능하며 쉽게 머신러닝을 훈련시키는 과정을 경험할 수 있다. 텍스트, 숫자 또는 이미지를 분류하는 머신러닝모델을 만들 수 있는 환경과 다양한 프로젝트를 제공하고 있다.

웹 기반으로 작동되는 솔루션이라 운영체제(OS)나 디바이스 종류와 관계없이 사용 가능하고 머신러닝의 지도 학습을 위한 텍스트, 이미지, 숫자, 소리 클래스로 분류하여 데이터를 학습시켜서 테스트 데이터로 코딩 결과를 확인할 수 있다. 다음은 그 예시 화면을 나타낸 것이다.

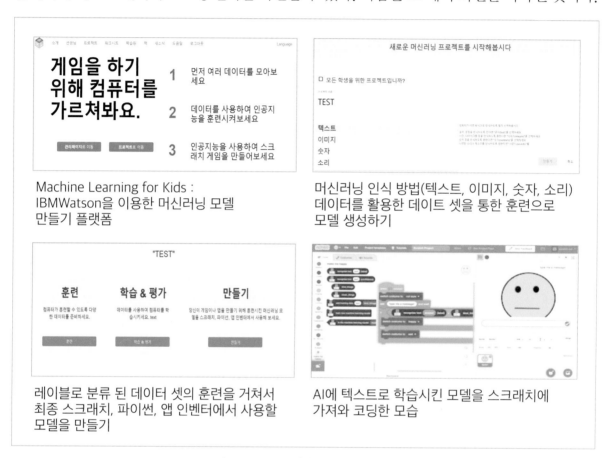

<그림 1-4-1> 스크래치+머신러닝 포 키즈

◇ 엔트리 + AI(티처블 머신)

국내 많은 교육이기관에서 활용하고 있는 엔트리 또한 인공지능 모델을 학습하여 해당 모델을 프로그램에 적용할 수 있다. 이미지, 음성, 텍스트를 각각의 클래스로 분류할 수 있는 모델, 숫자를 분류/예측하거나 군집으로 만드는 모델을 학습할 수 있다.

인공지능 지도 학습의 기본 웹 솔루션인 티처블 머신(Teachable Machine)[34]과 같은 방법으로 클래스를 만들고 모델 옵션을 정하여 모델을 생성하는 과정은 유사하다. 티처블 머신에서 만들어진 모델을 엔트리 내의 명령어 중에 학습한 모델을 활용하여 코딩환경으로 바로 가

---

33) https://machinelearningforkids.co.uk/
34) https://teachablemachine.withgoogle.com/

져올 수 있도록 구성되어 있어 별도 과정은 필요하진 않다.

　스크래치의 경우도 머신러닝 포 키즈를 활용하여 모델을 생성하고 스크래치에서 부르거나 티처블 머신과 같은 AI 학습한 이후 모델 생성하여 코딩환경에서 활용할 수 있는 방법이 있다. 개발된 여러 AI 코딩 사례를 확인하면서 많은 데이터를 확보하여 정확한 모델을 사용하며 코딩의 성능을 개선힐 수 있다.

엔트리 홈페이지 : https://play엔트리.org/
인공지능 블록 명령어에서
모델학습/불러오기 활용

학습할 종류를 선택하기

원하는 모델에 필요한 데이터를 입력하고
학습시킨 후 모델 만들기

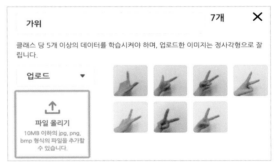

클래스로 분류할 기준을 만들고 이미지 데이터로
학습시키는 과정

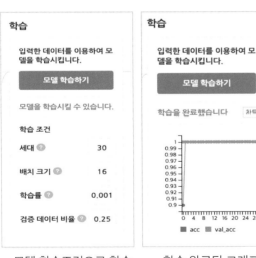

모델 학습조건으로 학습　　학습 완료된 그래프

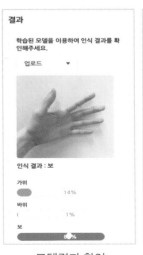

모델결과 확인

인공지능블록코딩명령어

<그림 1-4-2> 엔트리+AI(티처블 머신)
*https://m.post.naver.com/viewer/postView.nhn?volumeNo=28136061&memberNo=25082732)

피지컬(Physical) 도구와 인공지능 코딩

◇ 햄스터 + AI 코딩

햄스터는 탑재된 다양한 센서를 활용할 수 있는 소프트웨어 교육용 로봇으로, 여러 프로그래밍 언어를 지원한다. 지원하는 프로그래밍 언어에는 엔트리와 스크래치도 포함된다. 햄스터는 자체 동글이 USB에 블루투스를 연결하여 로봇에게 명령을 전달할 수 있다. 또한, 기타 여러 부분을 추가로 장착하여 성능을 개선할 수 있다.

내 노트북에 로봇 코딩 소프트웨어 설치하기

햄스터와 노트북을 햄스터 동글이로 페어링하여 연결하기

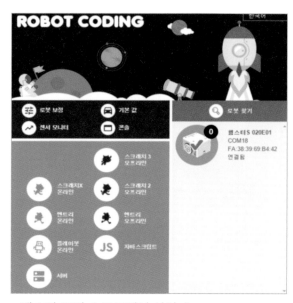

햄스터 코딩 소프트웨어 설치 후

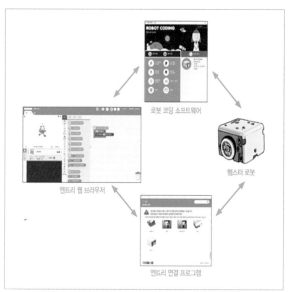

스크래치에 햄스터 코딩 연결을 위한 과정

<그림 1-4-3> 햄스터+AI코딩

◇ 알파미니+ AI 코딩

　알파미니는 데이터 인공지능 클로바(CLOVA)를 활용한 로봇으로 AI 스피커의 기본기능인 검색, 날씨, 음악, 영어 회화 등 다양한 기능을 갖고 있다. 뿐만 아니라, 음성 인식, 비전(화상) 인식이 가능하여 AI기능을 적용할 수 있고 더불어 코딩을 지원하여 SW교육까지 지원하는 휴머노이드 로봇이다. 여러 개의 서브모터와 센서를 지니고 있어 다양한 감정표현과 움직임을 만들어 내어 3차원적인 교육이 가능하다. 그리고 기본적 LTE통신기술도 포함하고 있어 쌍방향 영상통화까지 가능하다.

　알파미니의 기본적인 기능 외에 코딩을 할 수 있는 방법이 2가지 있다. 첫 번째는 알파미니 APP을 통한 앱 내에서 코딩하는 방법이 있으며, 두 번째는 로봇을 Windows 나 Mac을 연결하여 Ucoding이라는 블록 EPL 코딩환경에서 실행시킬 수 있도록 하고 있다.

알파미니 모습

알파미니 App

알파미니 App Coding

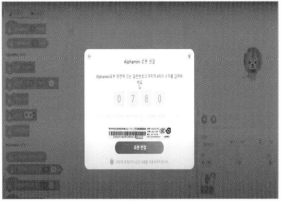

알파미니 Ucoding

<그림 1-4-4> 알파미니+AI코딩

5. 인공지능 윤리(AI Ethics)

🤖 인공지능 윤리의 정의

윤리란 사람으로서 마땅히 올바르게 행하거나 지켜야 할 도리이다. 인간의 윤리는 인터넷 기술의 발달과 함께 인터넷 윤리, 정보통신 윤리, 정보윤리 등으로 오프라인을 넘어 온라인에서도 지켜야 할 규범으로 확대되었다. 이는 다시 디지털 사회의 급속한 발전으로 디지털 윤리로 정의되었고, 인공지능 사회가 도래하면서 인공지능 윤리도 강조되고 있다.

기존의 인터넷 윤리나 디지털 윤리는 인간이 지켜야 할 규범을 주로 다루었다. 그런데 인공지능 윤리에서는 인간과 인공지능이 지켜야 할 윤리를 함께 이야기한다. 인공지능의 대표적인 기술인 로봇기술이 발달한 해외에서는 로봇의 책무를 강조하는 기계중심의 인공지능 윤리가 먼저 제시되고, 이후에 인공지능을 개발하고 이용하는 사람중심의 윤리로 발전했다.

인공지능 윤리는 인공지능 관련 이해관계자들이 준수해야 할 보편적 사회 규범 및 관련 기술이라고 정의한다.[35] 여기에서 말하는 이해관계자는 인공지능 알고리즘의 개발자, 기술이 적용된 제품을 생산하거나 판매하는 기업, 관할 기관이나 정부, 인공지능 기술의 사용자 등을 말한다. 또 다른 정의로는 인공지능 영역에서 사람이 지켜야 할 윤리를 의미하는데, 인공지능을 만들고 사용함에 있어 발생하는 모든 윤리적, 도덕적 문제들을 통칭하기도 한다. 여기에 인공지능 자체가 가져야 할 윤리적 알고리즘(AMA:Artificial Moral Agent)의 윤리문제까지 확장하고 있다.[36]

<표 1-5-1> 인공지능 윤리의 정의

주체	정 의
과학기술정책연구원 (2019)	인공지능 관련 이해관계자들이 준수해야 할 보편적 사회 규범 및 관련 기술
고영상 외 (2021)	인공지능 영역에서 사람이 지켜야 할 윤리를 의미하는데, 인공지능을 만들고 사용함에 있어 발생하는 모든 윤리적, 도덕적 문제들을 통칭

---

35) '인공지능 기술 전망과 혁신정책 방향' (과학기술정책연구원, 정책연구 2019-13)
36) 인공지능 윤리개론, 고영상 외 10인 공저, 2021. 커뮤니케이션북스

💬 인공지능과 윤리적 이슈

4차 산업기술 중 인간의 생활을 가장 크게 변화시키는 기술이 인공지능이다. 인공지능은 기업뿐만 아니라 의료, 법률, 교육 등의 전문분야와 인간 고유의 창작 영역인 문화, 예술 분야까지 영향을 미치고 있다. 상대방의 감정을 이해하고 상담하는 것은 기계가 대신할 수 없을 것이라는 예상은 인공지능 챗봇의 등장으로 무색하게 되었다. 인터넷 사이트는 소비자에게 관심있는 정보와 상품을 추천해주고 고객의 문의에 언제든지 상담해주는 챗봇을 기본 서비스로 제공한다. 남녀노소 누구나 사용하는 스노우(카메라 앱)가 만들어주는 보정된 사진은 이미지 인식 기술이 적용된 것이다. 인공지능 스피커에게 아침인사를 건네면, 오늘의 날씨를 알려주고, 정치, 경제, 사회 각 분야의 최근 뉴스를 검색하여 브리핑해준다. 궁금한 것을 물으면 인터넷 사전에 있는 자료를 순식간에 찾아 읽어준다.

머지않아 인공지능 자율주행차를 타고 출근하면서 인공지능 비서가 알려주는 스케줄을 확인하고, 로봇이 분석해놓은 자료들을 살펴보며, 사람과 로봇 동료가 함께 회의를 하게 될 것이다. 이처럼 우리는 이미 일상에서 인공지능을 사용하고 있고, 편리함과 효율에 익숙해지고 있다.

그러나 인공지능을 학습시키기 위해 사용한 방대한 데이터 중에는 개인의 감정과 대화, 사생활의 기록들이 포함되어 있다. 또한 인공지능의 능력이 뛰어나면 뛰어날수록 인간이 설 자리가 줄어들게 된다. 옥스퍼드대의 칼 베네딕트 프레이(Frey) 박사는 20년 안에 현재 직업의 47%가 로봇으로 대체될 것이라고 주장했다.[37] 인공지능이 대체할 직업군에는 법률과 의료분야도 포함되었다.

인공지능으로 인해 우리가 지켜온 사회적 규범이 흔들리고 있으며, 인공지능 시대의 새로운 윤리가 논의될 필요가 있음을 말해준다. 또한 딜레마 상황에서 인공지능이 판단할 알고리즘을 설계하기 위한 사회적 논의도 필요하다. 이처럼 인공지능 윤리의 중요성을 강조하는 이유는 우리가 인공지능을 보다 안전하고 편리하게 사용하기 위해서다.

◇ 인공지능의 진료와 윤리

2016년 우리나라에 도입된 IBM의 '닥터 왓슨'은 대표적인 인공지능 의료서비스다. 대량의 의학 관련 논문을 학습한 결과를 바탕으로 주로 암 진단 등에 사용되었다. '닥터 왓슨'의 등장은 인공지능으로 인해 의사라는 직업도 사라지게 될 것이라는 불안감을 낳기도 했다. 그러나

---

37) https://news.mt.co.kr/mtview.php?no=2017111409570228216

미국인의 암 진단율이 90% 이상인 것에 비해 한국에서는 4기 위암의 진단율이 40%도 안 되는 결과로 신뢰를 얻지 못했다. 왓슨이 학습한 미국인의 병력데이터가 한국인과 일치하지 않기 때문이라는 해석이 나오기도 했다.

<그림 1-5-1> IBM 닥터 왓슨, 길병원
출처:https://url.kr/alg4r6

그럼에도 여전히 왓슨은 환자의 질병을 여러 전공 분야 의사들이 모여 판단하고, 치료방침을 결정할 때 매우 유용하게 사용되고 있다. 인공지능이 아직은 인간의사를 대체하기 어렵지만 의료분야별로 대량의 데이터를 빠르게 분석하여 의사들의 진단을 돕는 도구로서의 가치는 매우 높다. 국내에서도 과학기술정보통신부와 정보통신산업진흥원(NIPA)에서 한국형 의료 AI '닥터 앤서(Dr. Answer)'를 개발 중이다.[38]

【생각해보기】 인공지능의 진료와 윤리적 이슈

여러분은 인공지능 의사와 인간의사 중 누구에게 진료를 받겠습니까?
그렇게 선택한 이유를 설명해보세요.

의료행위는 인간의 생명과 직결되어 있다. 인공지능 의사가 데이터를 바탕으로 진단을 내리는 과정은 개발자조차 알 수 없다. AI가 보조도구로서 의사의 진단에 필요한 정보만 제공한다고 하더라도 문제는 있다. 만약 그 진단이나 치료법이 잘못되었을 때 환자에게 어떻게 설명할 수 있을 것인가 하는 것이다. 또한 의료사고나 분쟁이 발생한 경우 법적 해결방법도 마련되어야 할 것이다.

◇ 인공지능의 판결과 윤리

2017년 미국 연방 대법원이 200년 가까이 내렸던 판결 2만 8천여 건을 인공지능에게 다시 판단하도록 했다. 그 결과 70퍼센트 가까이 같은 결론을 내렸다고 한다. 사회가 발달할수록 소송으로 이어지는 분쟁이 늘어나고, 수많은 사건들이 법의 판결을 기다리고 있다. 그렇다고 재판관의 수를 무작정 늘릴 수만은 없는 일이다. 이러한 상황에서 인공지능은 판결을 위한 보조 역할을 충분히 할 수 있을 것이다.

---

38) https://url.kr/6y2zk1

유럽 사법재판위원회는 이미 2018년 인공지능 사법제도 헌장을 발표했다. 에스토니아 사법부도 2020년부터 분쟁 가능성이 적은 소액재판을 인공지능 판사에게 맡기기로 했다. 중국도 온라인으로 질의응답을 통해 형사소송 진행을 돕는 서비스를 도입했다. 오스트레일리아 가정법원은 이혼하는 부부의 재산분할도 인공지능이 담당하기 시작했다. 우리나라 법무부도 2018년에 인공지능으로 생활법률 서비스를 제공하는 챗봇 "버비"를 선보인바 있다.[39]

> 【생각해보기】 인공지능의 판결과 윤리적 이슈
>
> 여러분은 인공지능 판사와 인간판사 중 누구에게 재판을 받겠습니까?
> 그렇게 선택한 이유를 설명해보세요.
>
> 인공지능 판사는 가능하고 필요한 일일 수 있다. 정치적 중립성을 갖출 것이고, 누군가와의 특별한 이해관계에 휘둘리지도 않을 것이다. 그런데 정확한 판결 못지않게 중요한 것은 사람중심이어야 한다는 것이다. 억울함을 호소하는 당사자들의 목소리에 충실하게 귀를 기울이는 판사가 좋은 판사이다. 인공지능도 그럴 수 있을까?

◇ 자율주행 자동차와 윤리

2022년 6월 미국 도로교통안전국(NHTSA)은 지난 1년여 간 130건의 자율주행 차량의 충돌 사고가 발생했다고 보고했다. 이 중에는 심각한 인명피해도 있었다. 호주에서도 보행자가 오토파일럿[40] 상태의 차량에 치여 생명에 지장을 줄 정도의 중상을 입었다. 자율주행 자동차의 의사결정 과정은 종종 불투명하고 예측할 수 없기 때문에

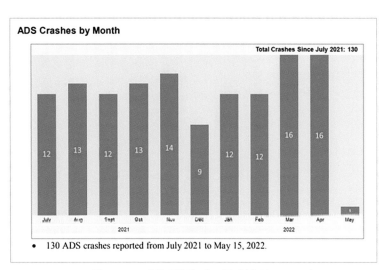

<그림 1-5-2> 자율주행차 사고 통계(출처: NHTSA)
출처: https://www.e4ds.com/sub_view.asp?ch=11&t=0&idx=14984

이러한 사고에 대해 책임소재를 결정하기 어렵다. 그러나 자율주행 자동차의 보급이 확대되면서 더욱 빈번하게 발생할 사고와 법규 위반에 대비해야 한다.

---

39) http://www.aitimes.com/news/articleView.html?idxno=140115
40) '오토파일럿(Autopilot)'은 전기차 제조사인 테슬라의 반자율주행 시스템으로 자동차 스스로 차선 및 앞차와의 간격을 유지하는 운전자 보조 시스템 중 하나다.

자율주행 자동차는 운전자에게 편리함을 제공하고 교통사고를 줄이기 위해 다양한 정책을 반영하여 개발되고 있으나, 운전 중 무수히 많은 의사결정 상황에 놓이게 된다. 특히, 보행자가 갑작스럽게 등장하는 상황에서 운전자와 보행자 중에서 누구를 희생시킬지 또는 누구를 보호해야 할지 선택해야 하는 경우가 발생할 수 있다.

자율주행 자동차가 이러한 도덕적 결정을 내리는 데 기초가 되는 알고리즘을 정의하고 개발하는 것은 결국 인간의 과제이다. 특히, 자율주행 자동차의 알고리즘은 지리, 문화, 경제적 요소 등에 따라 매우 다르게 개발될 가능성이 있다. 즉, 자율주행 자동차를 만드는 데 한가지의 윤리 규칙을 적용하는 것은 힘들 수 있으며, 다양한 사회 문화를 고려한 적극적이고 지속적인 논의와 합의를 통한 알고리즘 설계가 필요하다.[41]

자율주행 자동차가 주행 중 발생할 수 있는 딜레마 상황에서 인공지능의 윤리적 결정에 대한 사회적 인식을 수집하는 모럴머신(moral machine) 플랫폼이 있다. 고전적 '트롤리 딜레마'에 토대를 두고 자율주행 자동차의 딜레마 상황을 시나리오로 제시한다. 사용자가 딜레마 상황을 하나씩 선택하여 제시된 시나리오를 모두 결정하면 자신이 무엇을 중요시하는지 확인할 수 있다. 자신이 딜레마 상황의 시나리오를 설계하여 제시할 수도 있다.

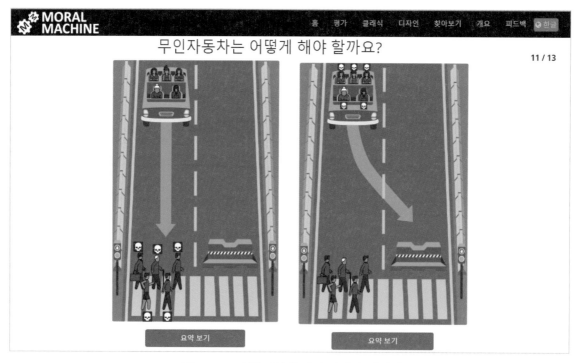

<그림 1-5-3> 모럴머신 윤리적 딜레마 시나리오
출처: https://www.moralmachine.net/hl/kr

---

41) (고등학교 기초) 학교에서 만나는 인공지능 p.201 교육부, 한국과학 창의재단, https://www.software.kr/attach/20210912014 8518738.pdf

【생각해보기】 자율주행 자동차와 윤리적 이슈

자율주행 택시가 신호를 위반했을 때 범칙금을 누구에게 요구해야 할까요?
그렇게 생각한 이유를 설명해보세요.

우리나라도 자율주행 자동차의 신호위반이나 사고에 대한 책임소재를 파악하기 위한 대
책을 마련하고 있다. 2021년에 출범한 자율주행 자동차 사고조사위원회가 그 역할을 맡
는다. 자율주행 자동차는 기록장치의 부착이 의무화 되어서 정보를 수집해 사고를 조사
하고 민사 책임과 과실 비율을 따진다. 레벨3의 자율주행 자동차의 경우 기존과 같이 차
량 소유자나 운전자가 책임을 진다. 조사 결과 차량 결함이 인정된 경우 제조사에 구상할
수 있다. 그러나 레벨4, 5의 자율주행차가 시판되는 경우 제도를 개정해나갈 예정이다.

◇ 킬러로봇과 윤리

킬러로봇(Killer Robot)이
란 '치명적인 자율무기(Lethal
Autonomous Weapon)'를 가리
킨다. 우리나라를 비롯해 미국, 중
국, 러시아, 영국 등 10여개 국가
에서 킬러로봇을 개발하고 있다.

아군의 희생을 줄이고, 사람을
투입하는 것보다 경제적이며 적진
을 파괴하는 데 효과적이기 때문
이다. 최근 개발된 킬러로봇은 인
공지능이 탑재된 탱크, 드론 등이

<그림 1-5-4> 미군 무인 공격기(MQ-9 리퍼)
출처: https://www.hani.co.kr/arti/politics/defense/931712.html

있나. 현재 킬러로봇은 전쟁터에서 민간인과 전투원을 100% 완벽하게 구별할 수 없다. 미군
이 무인드론으로 민간인 차량을 아프간 조직원 차량으로 오인해 폭격하여 어린이 7명을 비롯
해 일가족 10명이 목숨을 잃은 사건이 있었다. 더구나 킬러로봇의 시스템에 오류가 발생하거
나 테러리스트들에 의해 해킹되어 악용된다면 무고한 사람들이 희생될 우려가 크다. 또한 드
론 형태의 킬러로봇은 개인이 주문하여 소장할 수도 있기 때문에 개인이 범죄의 도구로 이용
할 수도 있다. 이처럼 킬러로봇의 윤리적 문제는 인간의 생명과 직결되고, 인류의 평화를 위협
하는 중대한 문제로 전 세계적인 합의와 규범이 반드시 마련되어야 한다.

◇ 딥페이크(DeepFake) 기술과 윤리

최근 유튜브 영상 중에는 딥페이크를 활용한 영상들이 많이 있다. 단순한 재미와 유머를 목적으로 하는 예도 있지만, 정치·사회 영역에서 가짜 뉴스를 퍼트려 혼란을 유발하거나, 특정 인물을 콘텐츠로 활용하여 음해하는 등 심각한 부작용도 발생한다. 트럼프, 오바마, BTS 등의 유명인을 다른 사람으로 편집하는 인권침해 사례도 다수 발생하고 있는데, 최근에는 러시아와 전쟁을 겪고 있는 우크라이나의 젤린스키 대통령이 등장하는 가짜 영상이 공개되어 화제가 된 바 있다.[42]

<그림 1-5-5> 딥페이크로 만든 오바마의 가짜 연설
출처: https://www.youtube.com/watch?v=bE1KWpoX9Hk&t=52s

---

42) https://spri.kr/posts/view/23469?code=data_all&study_type=industry_trend

딥페이크는 딥 러닝(deep learning)과 가짜(fake)의 혼합어로 인공 지능을 기반으로 한 인간 이미지 합성 기술이다. 생성적 적대 신경망(GAN)이라는 기계학습 기술을 사용하여, 기존의 사진이나 영상을 원본 사진이나 영상에 겹쳐서 만들어낸다(위키백과).

딥페이크 기술은 앱이나 오픈소스 공유 플랫폼을 통해 누구나 쉽게 쓸 수 있다. 그동안 악용을 방지하기 위해 얼굴이미지 생성을 금지해왔던 '오픈AI'도 이미지 생성 프로그램 '달리 2(DALL-E 2)'의 사용자에게 얼굴 사진의 생성 및 업로드를 허용했다.[43] 스마트폰만 있으면 누구나 손쉽게 합성된 영상과 이미지를 만들 수 있다는 것이다.

딥페이크 기술은 영화나 광고 제작에 다국어 더빙이나 성우 등으로 활용하기도 하고, 이미 고인이 되거나 나이든 배우를 영화에 출연시킬 때 사용하기도 한다. 또한 과거 인물의 얼굴 움직임을 구현하거나 청각 장애인의 인공 목소리를 조작해 상대와의 대화를 가능하게 하는 장점이 있다.[44] 그러나 악의적으로 조작된 음성, 영상, 이미지를 만들어 가짜 뉴스나 가짜 연예인 동영상을 제작하는 등 사회적 이슈로 대두되고 있다. 최근에는 일반인의 SNS의 프사(프로필 사진)를 도용하여 음란물로 합성한 후 배포하는 범죄도 늘어나고 있다. 누구든지 딥페이크로 인한 피해자가 될 수 있는 것이다.

텔레그램 성범죄 사건인 'n번방' 사태는 우리사회에 디지털 성범죄에 대한 경각심을 심어주었다. 법무부에서는 2020년 3월 17일 '성폭력범죄의 처벌 등에 관한 특례법' 일부개정법률 공포안이 의결되었으며, 2020년 6월 25일부터 해당 법률이 시행되었다. 개정된 법에 따르면, 딥페이크 포르노 영상물을 제작하거나 반포·판매한 자는 5년 이하의 징역 또는 5천만원 이하의 벌금형에 처할 수 있다. 더불어 영리를 목적으로 정보통신망을 이용해 반포·판매한 자는 7년 이하의 징역으로 가중처벌 하도록 하였다.[45]

【생각해보기】 딥페이크 기술과 윤리적 이슈

장난삼아 딥페이크 앱으로 친구의 얼굴을 넣은 동영상을 만들어서 카톡으로 본인에게 전송했다. 이 행위는 범법행위일까요? 그렇게 생각한 이유를 설명해 보세요.

1. 최근 2년간 딥페이크 범죄를 저지른 피고인은 12명이었다고 한다. 그런데 성범죄 전과자는 단 한 명도 없었고, 8명은 전과 자체가 없는 초범이었다고 한다. 평범한 일반 사람이라는 것이다. 또한 사건 중 5건은 지인을 대상으로 딥페이크 범죄를 저질렀다. 어떤 생각이 드나요? 장난이라도 딥페이크 기술을 이용하여 친구의 사진을 유포한다면 범죄자가 될 수 있음을 인지시켜야 한다.

---

43) http://www.aitimes.com/news/articleView.html?idxno=146968
44) 황정, 최은정, 한정혜, 2021 딥페이크 앱 활용 윤리교육 융합 프로젝트의 개발 및 적용
45) http://www.moj.go.kr/bbs/moj/189/521659/artclView.do

2. 이들 범죄의 경우 초범이라는 이유로 대부분(83.3%)이 집행유예에 그쳤으며, 1건은
   벌금형(500만원)이었다. 아동 성착취물부터 딥페이크 성착취물까지 5천여 건이 넘는
   영상물을 퍼뜨린 피고인들 조차 초범이고, 만 18세에 불과하다는 이유로 징역 2년 6
   월, 집행유예 4년을 선고받았다. 판결이 옳다고 생각하나요?
   (출처 : 강선민, 로톡뉴스, "법시행 1년 7개월... ,판결문에 '딥페이크' 언급이 증가하기 시작했다", 2022.1.21)

◇ 디지털 휴먼의 윤리

사람이 있는 곳은 어디나 윤리적인 이슈가 있다. 디지털 휴먼이 있는 곳에도 마찬가지다. 인공지능 기술의 발달은 다양한 디지털 휴먼을 탄생시켰다. 그들은 인간처럼 대화하고, SNS로 사람들과 소통하며, 가수나 모델로 활동하여 거액의 돈을 벌기도 한다. 가상인간은 지치지도 않고, 불만도 없으며 24시간 일을 할 수 있다는 장점이 있어 모델, 영화배우, 가수라는 직업까지 인공지능이 넘나들고 있다. 이처럼 인간과 다르지만, 인간처럼 존재하는 디지털 휴먼이 우리 사회에 미치는 영향은 점점 확대되고 있으며, 새로운 윤리적 이슈가 발생하고 있다.

● 인공지능 챗봇

우리사회에서 편견을 가진 사람들은 어떤 상황을 왜곡해서 판단하거나 특정집단을 폄하하고 혐오하기도 한다. 이렇게 한쪽으로만 치우쳐 판단하는 경향을 편향성이라고 하는데, 인간의 데이터를 학습한 인공지능에서도 이러한 문제들이 발생한다.

데이터의 편향성으로 인해 사회적으로 큰 파장을 일으킨 사건이 두 가지 있다. 하나는 2016년 미국의 챗봇 '테이' 사건이고, 또 하나는 2021년 우리나라의 챗봇 '이루다' 사건이다.

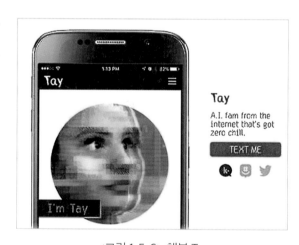

<그림 1-5-6> 챗봇 Tay
출처: https://www.yna.co.kr/view/AKR20160325010151091

'테이'는 마이크로소프트사에서 컴퓨터가 인간과의 대화를 통해 언어를 습득하고 이해하도록 진행한 프로젝트였다. 미국에 사는 18-24세 연령을 대상으로 메시징 서비스와 트위터를 통해 사람과의 대화를 학습하도록 했다. 개발자들은 공개데이터를 분석하여 개인정보를 보안처리한 후 테이의 훈련데이터로 사용했다. 그런데 테이가 온라인으로 공개되자 백인우월주의

자와 여성과 무슬림 혐오자들이 테이에게 차별적 발언과 욕설을 하도록 훈련을 시켰다.

테이는 사람들의 훈련에 따라 나치의 학살이 사실이 아니라고 주장하고, 대량학살을 지지한다고 하였으며, 욕설을 섞어서 페미니스트들을 저주하는 발언도 했다. 테이의 발언은 사회적으로 큰 물의를 일으켰고, MS는 문제가 된 테이의 트윗과 공개 메시지 등을 삭제하고 운영을 중지했다.

우리나라에서도 사람과 일상적인 대화를 나누는 인공지능(AI) 챗봇 '이루다'가 출시한 지 20여일 만에 서비스를 중단하게 된 사태가 있었다. 이루다는 인종차별, 성소수자 혐오, 임산부 혐오 발언 등으로 물의를 일으켰다. 또한 이루다와 채팅을 한 사용자들 중에는 이루다를 성적 대상으로 여기는 사람들도 있었다. 가장 큰 이슈가 되었던 것은 개발사의 개인정보 동의 절차와 답변 데이터베이스의 가명화 처리 수준이었고, 극소수지만 숫자를 한글로 기재한 것 등 일부 예외 정보가 노출되기도 했다는 점이었다.

<그림 1-5-7> 챗봇 이루다
출처:(주)스캐터랩

'이루다' 사건은 우리 모두에게 AI윤리에 대해 생각하고 책임을 갖게 하는 기회를 제공했다. 인공지능을 개발하는 기업과 개발된 인공지능을 이용하는 사용자, 그리고 인공지능 자체인 알고리즘의 윤리가 얼마나 중요한지에 대한 교훈을 주었다.

개발사는 개인정보 보호 수준을 대폭 강화하기 위하여 인공지능 모델 학습용 데이터베이스에 국내 최고 수준의 가명처리를 적용했으며, 사람이 작성한 것을 가명화한 문장으로 구성되었던 기존 답변 데이터베이스를 없애고 인공지능이 실시간으로 생성하는 문장을 이용하도록 변경했다. 또한, 성적이거나 편향적인 대화를 감지하고 발화하지 않도록 하는 어뷰징 모델을 추가하는 등의 안전 조치를 취한 뒤 2022년 서비스를 재개했다.

● 가상 인플루언서

정보 사이트인 버추얼 휴먼스에 따르면 2022년 1월 현재 전 세계 217명의 가상 인플루언서가 활동하고 있다. 기업들이 가상 인플루언서를 선호하는 이유는 인간 모델과 달리 사생활의 문제가 없다는 점이다. 이는 브랜드의 안전성 확보에 매우 중요한 요소이기 때문이다. 또한 가상 인플루언서는 육체적 피로나 정신적 스트레스를 받지 않으며 시간과 장소의 구애를 받지 않고 전 세계 어느 곳이나 활동할 수 있는 장점을 가지고 있다.

가상 인플루언서 중 세계에서 가장 많은 300만여 명의 인스타그램 팔로워 수를 보유한 '릴 미켈라'는 패션과 뷰티분야에서 인정받는 모델이다. 뿐만 아니라 그녀는 영화배우, 뮤지션, 패션 디자이너, 사회 운동가 등 다양한 영역에서 활동하고 있다. 2018년 타임지가 선정한 '온라인에서 가장 영향력 있는 25인'으로 선정되기도 했다. 패션잡지의 표지모델로까지 등장한 그녀가 2020년에 벌어들인 수입은 1170만 달러(한화 130억원)인 것으로 알려졌다.

<그림 1-5-8> 미국 가상 인플루언서 릴 미켈라
출처:미켈라 인스타

우리나라의 기업들도 앞 다퉈 가상 인간을 모델로 광고하고 있다. 2021년 신한라이프 광고에 등장한 '로지'가 가상 인플루언서라는 사실에 사람들은 놀라움을 금치 못했다. 그런데 '정말 사람인 줄 알았다'는 기사의 댓글은 '속았다'는 의미를 담고 있다. 가상 인플루언서는 실제 제품을 사용해보거나 음식을 먹어보지도 않았으면서 마치 경험한 것처럼 의견을 제시하고 홍보를 한다. 이것은 일종의 속임수로 비윤리적이라 할 수 있다. 따라서 인공지능을 도입하여 서비스를 제공하는 경우 이러한 서비스를 제공하는 존재가 인공지능임을 밝혀야 한다.

<그림 1-5-9> 가상 인플루언서 로지
출처:https://www.youtube.com/watch?v=r0Nbt3Za-B8

【생각해보기】 가상 인플루언서와 윤리적 이슈

여러분이 기업의 광고주라면 인간 모델과 가상 모델 중 누구를 선택하겠습니까?
그렇게 결정한 이유를 설명해 보세요.

가상 모델은 여러 가지 장점이 있지만 인간의 경험을 대신하는 것은 아닙니다.
또한 가상 인플루언서가 많아지고 활동영역이 넓어질수록 인간의 일자리는 그만큼
줄어들게 됩니다.

● 인공지능으로 부활하는 사람들

2020년 MBC 휴먼다큐 '너를 만났다'는 일곱 살 딸아이를 하늘로 보낸 엄마가 VR에 부활한 '나연이'를 만나 하루를 보내는 내용이었다. 제작진은 VR(가상현실) 속 나연이를 실제 모습에 가깝게 만들기 위해 가족들의 인터뷰와 핸드폰 속 사진, 동영상에 저장된 다양한 얼굴과 표정, 특유의 몸짓, 목소리, 말투를 분석했다. 나연이의 목소리를 구현해내는 데는 수준 높은 AI 음성합성 기술을 보유한 네오사피엔스와의 협업을 통해 진행되었다. 몇 분 남아 있

<그림 1-5-10> VR로 살아난 딸 나연이
출처:https://www.youtube.com/watch?v=uflTK8c4w0c

지 않은 짧은 동영상에서 추출한 나연이 음성을 기본으로 하되, 부족한 데이터 분량은 5명의 또래 아이 목소리로 각 800문장 이상의 더빙 후 '딥 러닝(인공신경망 기반 기계학습)' 한 과정을 거쳤다. [46)

인공지능 기술을 통해 부활한 '나연이'와 엄마가 만나는 모습을 본 시청자들은 가슴이 먹먹하고 안타까워서 눈물을 참을 수 없었다.

그룹 거북이의 리더 터틀맨과 '가객' 김현식 등 전설의 가수들이 인공지능(AI) 기술로 연이어 부활했다. M Net의 새로운 AI 음악 프로젝트 '다시 한번'은 대중이 그리워하는 아티스트들의 목소리와 모습을 AI 기술로 재현해 새로운 무대를 선보이는 특집 방송이다. 방송에서는 12년 전 세상을 떠난 터틀맨의 무대를 새롭게 재현했다. 화상으로 무대를 관람한 관객들은 AI로 복원된 터틀맨의 음성과 몸짓 하나하

<그림 1-5-11> AI로 부활한 터틀맨
출처:https://www.youtube.com/watch?v=U1nFOcz64Sg

나에 놀라움을 감추지 못했다. AI음성 복원기술로 생전 모습이라고 해도 무방할 만큼 완성도가 높았기 때문이다. [47)

이처럼 인공지능 기술은 죽은 사람까지 현실로 불러올 수 있도록 발달했다. 앞으로는 인터넷에 남겨둔 족적을 데이터로 활용하면 얼마든지 가능한 일이 된다. 우리가 죽은 후 후손들이

---

46) https://mksports.co.kr/view/2020/126092/
47) http://www.aitimes.com/news/articleView.html?idxno=134750

사적 데이터를 이용해 우리를 부활시킬 수도 있다는 것이다. 따라서 디지털 사회를 살아가는 현대인들은 자신의 데이터를 사후에 어떻게 처리야 할지 대책을 마련해야 한다. 또한 사후 정보 보호에 대한 윤리적 대책이 논의되어야 할 필요가 있다.

【생각해보기】 사망자 계정과 사후 프라이버시의 윤리적 이슈

여러분은 사후에 디지털 세상에 남겨진 여러분의 데이터가 사용되는 것을
허락하겠습니까?
그렇게 생각한 이유를 설명해 보세요.

facebook 가입자 중 매년 170만 명이 세상을 떠난다. 어느 정도 세월이 흐르면 페이스북
에는 산 자보다 죽은 자의 계정이 더 많아져서 사이버 공동묘지가 될 것이다.
2018년부터 신규가입자를 중단하고 현 수준의 회원을 페이스북이 유지한다고
가정할 경우, 2100년에는 최소 14억 명의 사망자 계정이 존재할 것으로 예측됐다.[48]
아무런 서약 없이 떠난 사망자 계정과 데이터는 어떻게 처리해야 할까요?

인공지능윤리 지침

인공지능윤리의 문제는 전 세계적 이슈이자 함께 해결해야 할 공동의 과제이다. 따라서 최근 국내·외 기관 및 기업 등에서는 인공지능 기술로 인해 발생하는 윤리적 문제를 최소화하기 위해 다양한 분야의 인공지능윤리 가이드라인 및 지침을 재정·공표하고 있다.

◇ 해외 인공지능윤리 가이드라인 및 지침[49]

국제협력기구(OECD)에서는 2019년 5월에 혁신적이고 신뢰할 수 있으며 인권과 민주적 가치를 존중하는 AI원칙과 권장사항을 발표했다. 가치기반의 AI원칙은 '포용적 성장, 지속가능한 개발 및 복지증진', '인간중심의 가치와 공정성', '투명성 및 설명가능성', '견고성, 보안 및 안전성' 그리고 '책임성'이다.

---

48) Carl J O¨hman and David Watson, (2009) Are the dead taking over facebook? A Big Data approach to the future of death online. / AI는 양심이 없다 김명주 헤이북스 2022
49) 조진숙 (2021), 대학생의 인공지능 윤리의식과 교육수요 분석, The Digital Ethics, Vol.5, No.2.

<그림 1-5-12> OECD AI Principles, 출처: https://oecd.ai/en/ai-principles

미국, 유럽연합의 주요국가, 중국, 일본 등 해외에서도 인공지능윤리를 위한 가이드라인과 지침들을 발표했다. 미국은 인공지능 기술뿐만 아니라 윤리, 사회, 법률적 이슈를 중심으로 연구를 수행하고 있다.[50] 미국의 주요 인공지능 윤리규범으로는 Asilomar AI Principles(2017), Automated Driving Systems A Vision for Safety 2.0(2017), Guidance for Regulation of Artificial Intelligence Applications(2019), US DoD's 5 Principles of Artificial intelligence Ethics(2020) 등이 있다.

유럽연합 국가들은 '유럽을 위한 인공지능(Artificial Intelligence for Europe) 정책(2018)'을 합의했다. 이런 정책의 배경에는 지식 노동 자동화, 로봇, 자율 주행차 등의 경제적 영향력이 강화될 것이라는 점을 염두에 둔 것이라고 볼 수 있다. 유럽연합의 인공지능 윤리지침으로는 HLEG(유럽위원회의 고위급 전문가 그룹)의 Ethical Guidelines가 있다.

프랑스는 2018년 'For a Meaningful Artificial Intelligence: Towards a French and European strategy'에 인공지능 윤리항목을 제시하였다. 또한 개인정보 감독기구(CNIL)에서는 CNIL's report on the ethical issues를 발표했다.

영국은 상원의회에 설치된 인공지능 특별위원회 (Board of Lords AI Select Committee)에서 'AI in the UK: ready, willing and able' 보고서를 작성하였다. 또한 영국의 국립연구소인 The Aian Turing Institute는 2019년 'Understanding artificial intelligence ethics and safety'를 발표했다.

---

50) 홍진기 (2021), 인공지능 윤리규범과 정책의 국내외 동향 분석 및 향후 전망에 관한 연구, 고려대학교

독일은 자동차의 강국답게 자율 주행 자동차와 관련하여 독일 윤리위원회에서 20개 조항으로 구성된 'Ethics Commission Automated and Connected Driving'를 발표했다.

해외 인공지능윤리 가이드라인 및 지침은 〈표 1-5-2〉[51]과 같다.

〈표 1-5-2〉 해외 인공지능윤리 가이드라인 및 지침

시기	명칭	발의자
1942	로봇 3원칙	아이작 아시모프
1985	로봇 4원칙	아이작 아시모프
2004	로봇윤리 13원칙	유럽로봇연구네트워크(EURON)
2016	로봇 원칙	영국공학물리학연구협의회(EPSRC)
2016	인공지능의 윤리적 설계 계획	국제전기전자기술자협회(IEEE)
2016	마이크로소프트 AI원칙	마이크로소프트
2017	아실로마 AI원칙	Future of Life Institute
2017	자율주행차 윤리 가이드라인	독일 연방교통인프라부
2018	인간중심의 AI사회원칙(안)	일본 내각부
2018	책임질 수 있는 AI개발을 위한 선언	캐나다 몬트리올 대학교
2018	신뢰와 투명성을 위한 AI원칙	IBM
2018	구글 AI원칙	구글
2019	인공지능의 윤리적 발전을 위한 결의안 531	미국하원 의원
2019	차세대 인공지능 관리 원칙	중국 국가차세대인공지능관리전문가위원회
2019	OECD AI 원칙	OECD
2019	신뢰할 수 있는 AI윤리 가이드라인	EU 집행위원회
2020	AI윤리백서	로마 교황청
2020	인공지능 개발 윤리 기준	미국 국방성
2020	AI와 알고리즘 이용에 대한 지침	미국 연방거래위원회(FTC)

◇ 국내 인공지능윤리 가이드라인 및 지침[52]

우리나라가 인공지능 윤리체계 문제에 대응하기 시작한 것은 2007년 지식경제부의 로봇윤리헌장 제정으로 볼 수 있다. 이후 연구를 거듭한 끝에 2018년 '로봇윤리 가이드라인(안)'을 도출하였다. 로봇 윤리헌장의 목표는 인간과 로봇의 공존·공영을 위해 인간 중심의 윤리규범을 확립하는데 있다고 명시하였다. 로봇 윤리헌장은 목표, 인간과 로봇의 공동원칙, 인간 윤리, 로봇 윤리, 제조자 윤리, 사용자 윤리, 실행약속의 7장으로 구성되어 있다.

과학기술정보통신부에서 제시한 '지능정보사회 윤리헌장'은 지능정보 기술 및 서비스 개발자의 책임윤리 강화 및 이용자의 오남용 방지를 위한 지침을 제공하기 위한 목적으로 선포되

---

51) 인공지능 윤리개론, 고영상 외 10인 공저, 2021. 커뮤니케이션북스
52) 조진숙 (2021), 대학생의 인공지능 윤리의식과 교육수요 분석, The Digital Ethics, Vol.5, No.2.

었다. 이 윤리 가이드라인은 공통적으로 준수해야 할 원칙으로 공공성(Publicness), 책무성(Accountability), 통제성(controllability), 투명성(Transparency)을 제시했다.

2019년 방송통신위원회에서 발표한 '이용자 중심의 지능정보사회를 위한 원칙'은 AI 시대 이용자의 권리와 이익이 충분히 보호될 수 있도록 정부 · 기업 · 이용자 등 구성원들이 함께 지켜가야 할 기본적인 원칙으로 사람중심의 서비스 제공, 투명성과 설명가능성, 책임성, 안전성, 차별금지, 참여, 프라이버시와 데이터거버넌스로 구성되었다.

한국인공지능윤리협회(KAIEA)에서도 최근 인공지능윤리 헌장(The AI Ethics Charter)을 선포하고 '선한 인공지능(Good AI)' 개념을 담은 윤리 헌장을 공식 발표했다. 인공지능 윤리 헌장은 인간과 인공지능의 관계, 선하고 안전한 인공지능, 인공지능 개발자의 윤리, 인공지능 소비자의 윤리, 공동의 책임과 이익의 공유로 구성되어 있다.

국토교통부는 2019년 '자율주행 윤리 가이드라인' 초안을 발표했다. 자율주행 윤리 가이드라인은 투명성, 제어가능성, 책임성, 안전성, 보안성의 행위준칙을 제시하고, 설계자, 제작자, 관리자, 소비자의 의무를 명기하였다.

국내 인공지능윤리 가이드라인 및 지침은 〈표 1-5-3〉[53]과 같다.

〈표 1-5-3〉 국내 인공지능윤리 가이드라인 및 지침

시기	명칭	발의자
2007	로봇윤리헌장(초안)	지식경제부
2017	지능정보사회윤리 가이드라인	과학기술정보통신부
2018	로봇윤리 가이드라인(안)	지식경제부
2018	인공지능을 위한 윤리 헌장	KAIST인공지능 연구소
2018	지능정보사회 윤리 가이드라인	정보문화포럼
2018	AI 윤리 헌장	카카오
2018	AI 윤리 프레임워크	Partnership on AI(삼성전자 가입)
2019	인공지능윤리헌장	국제인공지능&윤리협회(IAAE)
2019	통신이용자보호 종합계획	방송통신위원희
2020	국가인공지능윤리기준	과학기술정보통신부
2020	자율주행 자동차 윤리 가이드라인	국토교통부
2021	AI 윤리 준칙	네이버
2022	디지털 휴먼 윤리 가이드라인	국제인공지능&윤리협회(IAAE)

---

53) 인공지능 윤리개론, 고영상 외 10인 공저, 2021. 커뮤니케이션북스

◇ **국가 인공지능 윤리기준**

2020년 과학기술정보통신부와 정보통신정책연구원은 사람이 중심이 되는 인공지능(AI) 윤리기준을 제시했다. 인공지능 개발 및 활용 과정에서 고려될 3대 원칙과 기본원칙을 실천하고 이행할 수 있는 10대 핵심요건으로 구성되어 있다.

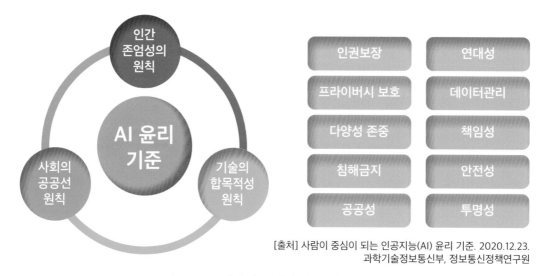

[출처] 사람이 중심이 되는 인공지능(AI) 윤리 기준. 2020.12.23.
과학기술정보통신부, 정보통신정책연구원

<그림 1-5-13> 사람이 중심이 되는 인공지능(AI)윤리 기준

【3대 기본원칙】

① **인간 존엄성 원칙**
- 인간은 신체와 이성이 있는 생명체로 인공지능을 포함하여 인간을 위해 개발된
- 기계제품과는 교환 불가능한 가치가 있다.
- 인공지능은 인간의 생명은 물론 정신적 및 신체적 건강에 해가 되지 않는 범위에서 개발 및 활용되어야 한다.
- 인공지능 개발 및 활용은 안전성과 견고성을 갖추어 인간에게 해가 되지 않도록 해야 한다.

② **사회의 공공선 원칙**
- 공동체로서 사회는 가능한 한 많은 사람의 안녕과 행복이라는 가치를 추구한다.
- 인공지능은 지능정보사회에서 소외되기 쉬운 사회적 약자와 취약 계층의 접근성을 보장하도록 개발 및 활용되어야 한다.
- 공익 증진을 위한 인공지능 개발 및 활용은 사회적, 국가적, 나아가 글로벌 관점에서 인류의 보편적 복지를 향상시킬 수 있어야 한다.

③ **기술의 합목적성 원칙**
- 인공지능 기술은 인류의 삶에 필요한 도구라는 목적과 의도에 부합되게 개발 및 활용되어야 하며 그 과정도 윤리적이어야 한다.
- 인류의 삶과 번영을 위한 인공지능 개발 및 활용을 장려하여 진흥해야 한다.

【10대 핵심요건】

① 인권보장

- 인공지능의 개발과 활용은 모든 인간에게 동등하게 부여된 권리를 존중하고, 다양한 민주적 가치와 국제 인권법 등에 명시된 권리를 보장하여야 한다.
- 인공지능의 개발과 활용은 인간의 권리와 자유를 침해해서는 안 된다.

② 프라이버시 보호

- 인공지능을 개발하고 활용하는 전 과정에서 개인의 프라이버시를 보호해야 한다.
- 인공지능 전 생애주기에 걸쳐 개인 정보의 오용을 최소화하도록 노력해야 한다.

③ 다양성 존중

- 인공지능 개발 및 활용 전 단계에서 사용자의 다양성과 대표성을 반영해야 하며, 성별·연령·장애·지역·인종·종교·국가 등 개인 특성에 따른 편향과 차별을 최소화하고, 상용화된 인공지능은 모든 사람에게 공정하게 적용되어야 한다.
- 사회적 약자 및 취약 계층의 인공지능 기술 및 서비스에 대한 접근성을 보장하고, 인공지능이 주는 혜택은 특정 집단이 아닌 모든 사람에게 골고루 분배되도록 노력해야 한다.

④ 침해금지

- 인공지능을 인간에게 직간접적인 해를 입히는 목적으로 활용해서는 안 된다.
- 인공지능이 야기할 수 있는 위험과 부정적 결과에 대응 방안을 마련하도록 노력해야 한다.

⑤ 공공성

- 인공지능은 개인적 행복 추구 뿐만 아니라 사회적 공공성 증진과 인류의 공동 이익을 위해 활용해야 한다.
- 인공지능은 긍정적 사회변화를 이끄는 방향으로 활용되어야 하다.
- 인공지능의 순기능을 극대화하고 역기능을 최소화하기 위한 교육을 다방면으로 시행하여야 한다.

⑥ 연대성

- 다양한 집단 간의 관계 연대성을 유지하고, 미래세대를 충분히 배려하여 인공지능을 활용해야 한다.
- 인공지능 전 주기에 걸쳐 다양한 주체들의 공정한 참여 기회를 보장하여야 한다.
- 윤리적 인공지능의 개발 및 활용에 국제사회가 협력하도록 노력해야 한다.

⑦ 데이터 관리
- 개인정보 등 각각의 데이터를 그 목적에 부합하도록 활용하고, 목적 외 용도로 활용하지 않아야 한다.
- 데이터 수집과 활용의 전 과정에서 데이터 편향성이 최소화되도록 데이터 품질과 위험을 관리해야 한다.

⑧ 책임성
- 인공지능 개발 및 활용과정에서 책임주체를 설정함으로써 발생할 수 있는 피해를 최소화하도록 노력해야 한다.
- 인공지능 설계 및 개발자, 서비스 제공자, 사용자 간의 책임소재를 명확히 해야 한다.

⑨ 안전성
- 인공지능 개발 및 활용 전 과정에 걸쳐 잠재적 위험을 방지하고 안전을 보장할 수 있도록 노력해야 한다.
- 인공지능 활용 과정에서 명백한 오류 또는 침해가 발생할 때 사용자가 그 작동을 제어할 수 있는 기능을 갖추도록 노력해야 한다.

⑩ 투명성
- 사회적 신뢰 형성을 위해 타 원칙과의 상충관계를 고려하여 인공지능 활용 상황에 적합한 수준의 투명성과 설명 가능성을 높이려는 노력을 기울여야 한다.
- 인공지능기반 제품이나 서비스를 제공할 때 인공지능의 활용 내용과 활용 과정에서 발생할 수 있는 위험 등의 유의사항을 사전에 고지해야 한다.

◇ **교육 분야 인공지능 윤리원칙**[54]

인공지능의 안전한 개발과 활용을 위한 교육 분야 인공지능 관련 윤리원칙도 마련됐다. 교육부는 2022년 8월11일 교육 분야 인공지능 개발자와 교육 당사자들이 함께 준수해야 할 '교육 분야 인공지능 윤리원칙'(이하 윤리원칙)을 확정·발표했다.

윤리원칙은 지난 1월 27일 시안이 발표된 이후 공청회와 전문가 간담회, 국제 의견 조회 등 광범위한 의견 수렴을 거쳐 마련됐다. 교육계와 관련 산업계가 준수해야 할 원칙과 실천과제를 담고 있다.

특히 '사람의 성장을 지원하는 인공지능'이라는 대원칙을 바탕으로 10대 세부원칙을 마련, 교육 분야에서의 인공지능 개발·활용 지침을 최초로 제시했다.

---

54) https://www.korea.kr/news/policyNewsView.do?newsId=148904612

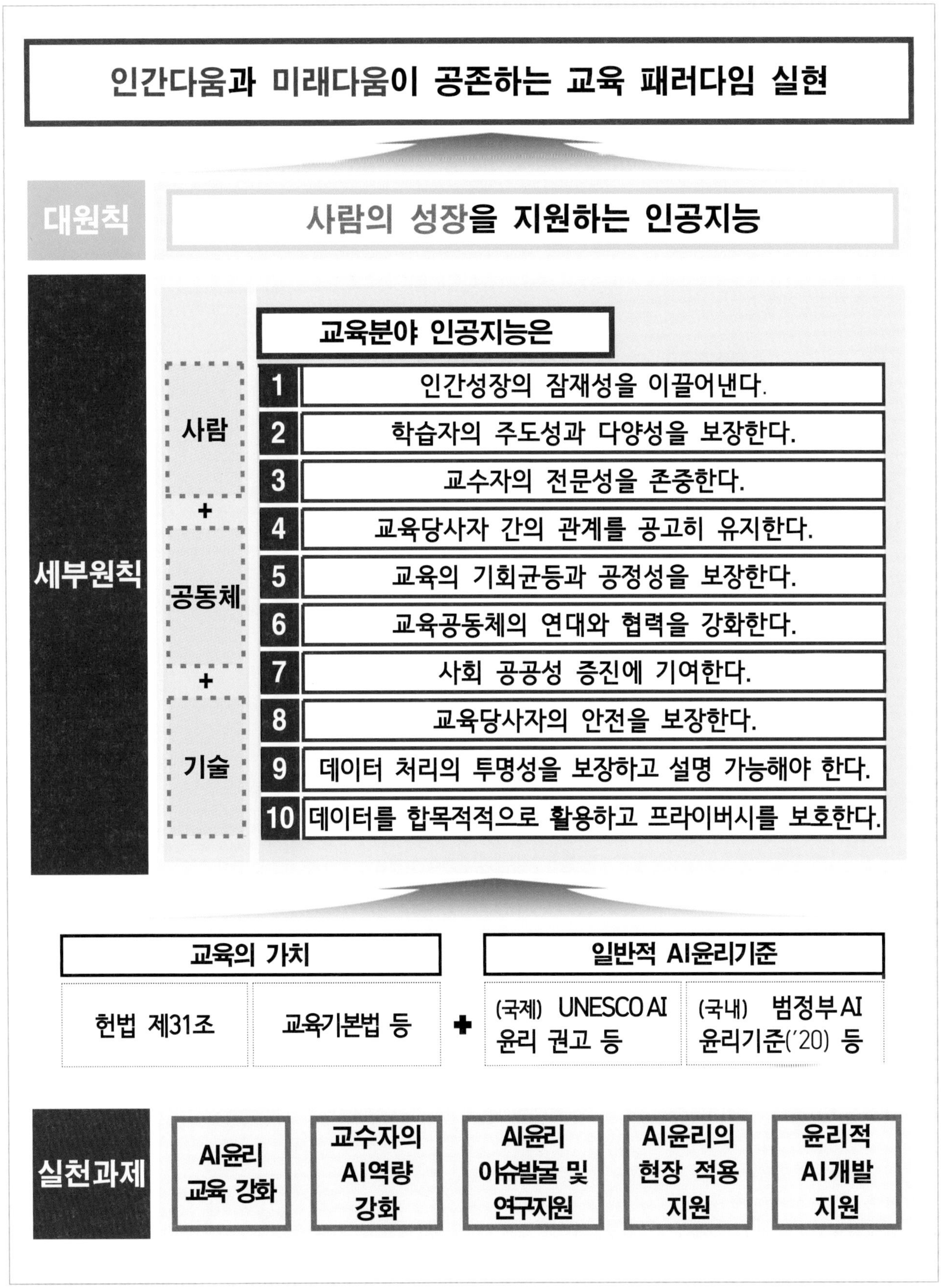

인간다움과 미래다움이 공존하는 교육 패러다임 실현

대원칙	사람의 성장을 지원하는 인공지능

세부원칙		교육분야 인공지능은
사람	1	인간성장의 잠재성을 이끌어낸다.
	2	학습자의 주도성과 다양성을 보장한다.
	3	교수자의 전문성을 존중한다.
+	4	교육당사자 간의 관계를 공고히 유지한다.
공동체	5	교육의 기회균등과 공정성을 보장한다.
	6	교육공동체의 연대와 협력을 강화한다.
+	7	사회 공공성 증진에 기여한다.
	8	교육당사자의 안전을 보장한다.
기술	9	데이터 처리의 투명성을 보장하고 설명 가능해야 한다.
	10	데이터를 합목적적으로 활용하고 프라이버시를 보호한다.

교육의 가치			일반적 AI윤리기준	
헌법 제31조	교육기본법 등	+	(국제) UNESCO AI 윤리 권고 등	(국내) 범정부 AI 윤리기준('20) 등

실천과제	AI윤리 교육 강화	교수자의 AI역량 강화	AI윤리 이슈발굴 및 연구지원	AI윤리의 현장 적용 지원	윤리적 AI개발 지원

<그림 1-5-14> '교육분야 인공지능 윤리원칙' 주요내용,
출처: www.korea.kr(2022년8월10일 교육부)'성장을 지원하는 인공지능'...교육분야 AI윤리원칙 마련

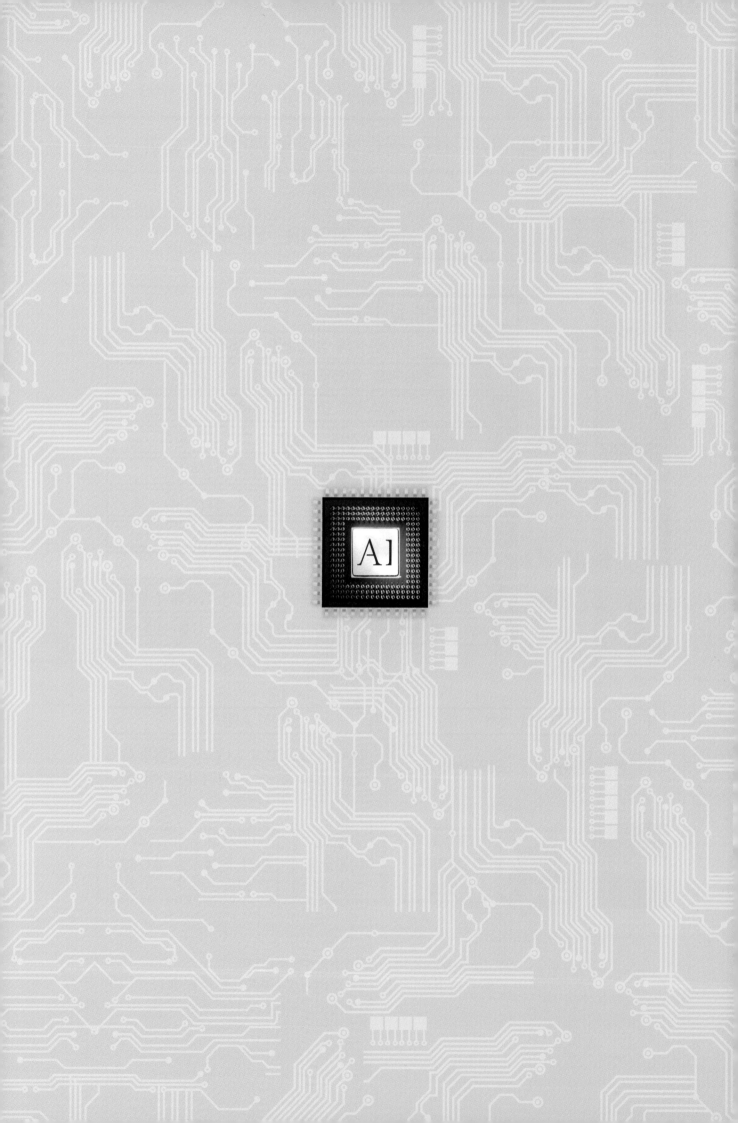

인공지능 이해하기 II

!

TV나 뉴스, 다양한 미디어 매체에서 인공지능을 이야기한다. 과연 인공지능은 무엇일까? 또한 인공지능을 위해선 어떤 작업들이 필요한가? 이와 같은 물음에 이 장에서는 인공지능과 데이터, 인공지능이 학습하는 방법인 지도 학습, 비지도 학습, 강화 학습, 딥 러닝 등을 확인하고 인공지능 기술 발달로 우리 생활에 들어온 로봇에 대해서 살펴보기로 한다.

1. 인공지능과 데이터

1) 데이터

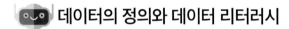 데이터의 정의와 데이터 리터러시

◇ 데이터의 정의와 중요성

현시대를 살아가는 우리는 데이터 혹은 정보의 홍수 속에 살고 있다고 한다. 위키백과(2022)에서는 '데이터'의 의미를 "자료(資料, data, 데이터)는 수, 영상, 단어 등의 형태로 된 의미 단위로 설명하고 있고", 나무위키(2022)에서는 "이론을 세우는데 기초가 되는 사실. 또는 바탕이 되는 자료"로 설명하고 있다. 이를 근거로 데이터는 관찰이나 실험, 조사로 얻은 사실이나 자료 혹은 컴퓨터가 처리할 수 있는 문자, 숫자, 소리, 그림 따위의 형태로 된 자료이거나 또는 단순한 사실의 표현, 나열을 의미함을 알 수 있다.

데이터의 종류로는 수치, 도형, 기호 등 측정 가능한 정량 데이터와 전화번호, 등번호, 성별, 혈액형 등 분류, 범주형(질적) 데이터 등이 있다. 그러나 이러한 데이터는 특별한 의미를 갖는 것이 아니고 단순 사실을 표현한 것에 불과하다. 예를 들면 물건 A의 가격 1,000원, 학생 B의 키 160cm 등으로 단순히 해당 대상의 표현 데이터 그 자체로는 커다란 의미를 갖기 어렵기 때문이다.

한편, 동일한 물건 A에 대해 판매하는 상점 '가'의 물건 A의 가격이 상점 '나' 보다 더 저렴하다고 가정해 보자. 우리는 상점 '가'와 '나'에서 판매하는 물건 A의 가격과 같은 단순 데이터를 비교하는 과정을 적용해서 상점 '가'에서 물건 A를 구입하게 된다. 이때 우리는 물건 구입을 위해 어떤 상점에서 구입할 것인가에 관한 의사결정에 반영될 수 있는 또 다른 유형의 데이터를 만들어 사용하게 되는데 우리는 이것을 '정보(information)'라고 한다.

지식은 교육, 학습 및 숙련과 같은 경험적 과정을 통해 다시 활용할 수 있는 정보와 기술을 포괄한다. 이러한 지식의 종류에는 형식을 갖추어 표현되고 전파 및 공유 가능한 명시적 지식과 학습과 체험을 통해 개인에게 습득되어 있지만, 겉으로는 드러나지 않는 상태의 암묵적 지

식으로 나눌 수 있다.[55]

　우리는 우리주변의 상점들에서 물건을 구입한다면 물건 'A'는 상점 '가'에서 구입하는 것이 유리하다는 사실을 경험적으로 알게 되면서 지식을 쌓게 된다. 이런 방식으로 우리는 데이터를 기반으로 한 경험적 방법을 통해 지식을 구성할 수 있으며, 데이터는 우리의 지식을 형성하는 데 매우 중요한 기초적 난위로 그 역할을 한다고 할 수 있다.

◇ 데이터 리터러시

　데이터의 중요성을 인식한 것은 불과 10여 년 전이다. 이후 오늘날까지 데이터 관리에 많은 노력을 기울인 결과 현재 존재하는 데이터의 90% 정도는 지난 10년 동안 만들어졌다고 한다. 이대로라면 2025년까지 약 175제타바이트에 이를 것이라는 보고도 있다.[56]

　그러나 데이터의 양이 늘어난 만큼 잘 사용하고 있는가? 하는 질문에 대한 답은 부정적이다. 글로벌 시장조사 및 컨설팅업체 포레스터(Forrester, 2020)에[57] 의하면 글로벌 기업들이 가진 데이터의 약70% 정도는 제대로 활용하지 못하고 있으며, 가트너(Gartner)에 의하면 전 세계 데이터 80% 이상, IBM 리서치에 근거하면 전 세계에서 생성되는 데이터의 약 80%에 이르는 데이터가 사용되지 않고 있다.[58]

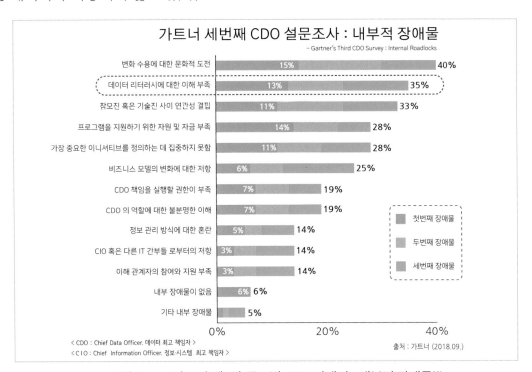

<그림 2-1-1> 가트너 제3차 글로벌 CDO 서베이 : 내부적 장애물[59]

---

55) Polanyi, Michael(1958), *Personal knowledge : towards a post-critical philosophy*
56) 강양석(2021), 데이터 리터러시, AI 시대를 지배하는 힘.
57) https://www.forbes.com/sites/forbestechcouncil/2020/09/25/illuminating-dark-data-in-enterprises/?sh=41182da0c36a
58) https://www.econovill.com/news/articleView.html?idxno=342422
59) Gartner(2018), Information as a Second Language: Enabling Data Literacy for Digital Society, pp5.

이렇게 많은 양의 데이터가 계속해서 쌓이는데도 이를 제대로 사용하지 않는다면 다음과 같은 문제가 발생할 수 있다. 첫째, 데이터의 저장 및 관리와 관련해서 유지 관리 비용 문제가 발생한다. 두 번째는 데이터를 사용함으로써 얻을 수 있는 기회비용 낭비가 발생하며 마지막으로 데이터 관리 부실로 쌓여있는 데이터의 개인정보 취급과 그에 따른 법 위반 문제가 존재하기 때문에 보안 문제와 그에 따른 법제도 위반 문제가 발생할 수밖에 없다.

쌓여만 가고 있는 데이터를 사용하지 않는 이유에 대한 다양한 진단이 있을 수 있으나 그 중에서 한 가지를 제시하면 다음과 같다. 가트너 그룹이 2018년에 CDO(Chief Data Officer, 기업의 데이터 관리 책임 임원급 포지션)들에게 업무를 추진하는데 가장 큰 장애물에 대한 설문조사를 실시한 결과 중 그 이유와 관련한 내용을 위 〈그림 2-1-1〉처럼 그래프로 제시한 바 있다. 이 자료를 바탕으로 그 이유를 짐작해 본다면 다음과 같다. 자료에서 지적하는 첫 번째 이유는 조직내부의 변화에 대한 문화적 저항 그리고 두 번째가 데이터 리터러시에 대한 이해의 빈약함이라는 것이다.[60]

변화에 대한 저항이나 리터러시에 대한 빈약한 이해가 원인이라면 데이터에 대한 올바른 이해를 바탕으로 하는 데이터 리터러시 역량 함양이 매우 중요함을 알 수 있다. 여기에서 말하는 '역량'은 고도의 복잡한 상황을 해결해 나갈 수 있는 능력을 말하며 이때의 능력에는 동기, 윤리, 사회적 그리고 행동적 영역까지 포괄하는 개념으로 지식 혹은 기능과는 다른 개념이다.[61] 데이터 리터러시의 핵심 요인은 '정보를 올바르게 다루고 평가'하는 능력에 있다. 이러한 능력은 OECD(2018)에서 제시한 비판적 사고[62] 역량을 함양시키기 위해 매우 중요한 요인으로 작용할 수 있다는 것이다.[63]

하지만 아직 우리는 이에 대한 중요성을 인식한지 얼마 되지 않았기에 국내에서 이루어지고 있는 데이터 리터러시에 대해서 표준화된 자료의 부족과 관련 연구가 부족할 수밖에 없는 실정이다. 따라서 데이터 리터러시와 관련해서 표준화된 역량을 제시하기는 어려움이 있으나 관련된 연구 중 하나의 사례를 다음과 같이 제시해 보려고 한다.

다음의 〈표 2-1-1〉은 캐나다 달하우지대학교(Dalhousie University)에서 활용하고 있는 데이터 리터러시의 주요 역량과 그와 관련한 세부 역량을 표로 정리한 것이다.[64] 이 표를 살펴보면 데이터 리터러시를 정의하는 5가지 핵심 역량(데이터의 개념, 수집, 관리, 평가, 활용)으로 구성되었고, 각각의 핵심 역량은 다시 데이터 리터러시의 세부 역량과 필요한 활동에 대한 다양한 수준을 나타내고 있다.

---

60) 강양석(2021), 데이터 리터러시, AI 시대를 지배하는 힘. pp 28.
61) INES GENERAL ASSEMBLY, 2000. pp 8.
62) OECD(2018). PISA 2021 Mathematics Framework(Draft)
63) Schield, Milo(2004). Information Literacy, Statistical Literacy and Data Literacy, the International Association for Social Science Information Services and Technology: IASSIST Quarterly. pp 7-8.
64) 김혜영(2020). Korean Journal of General Education . 12. Vol. 14, No. 6, PP. 147-159.

<표 2-1-1> 데이터 리터러시의 세부 역량

주요 역량	세부 역량	필요한 활동
개념적 체계 구축	데이터에 대한 개요 파악	데이터에 대한 전반적 지식 및 이해
데이터 수집	데이터의 검색 및 수집	데이터의 탐색
	데이터의 품질 평가	데이터 출처에 대한 신뢰도 평가
데이터 관리	데이터 구성	기본 데이터 구성 방법 및 도구에 대한 지식
	데이터 처리	데이터 정리 방법 평가
데이터 평가	데이터 분석	분석 계획 수립
	데이터 해석(데이터 이해)	차트, 표, 및 그래프 읽고 이해하기
	데이터를 사용하여 문제파악	데이터를 사용하여 실제 상황에서 문제 파악
	데이터 시각화	데이터를 구성하고 시각적으로 표현할 수 있는 의미 있는 표 작성
	말로 데이터 설명하기	데이터 제시를 위해 원하는 결과 평가
	데이터 기반 의사결정	데이터에서 얻은 정보의 우선 순위 지정
데이터 활용	비판적 사고	데이터와 관련된 높은 수준의 문제 및 당면 과제 파악
	데이터 문화	학습, 연구, 의사결정을 위한 데이터의 중요성을 인지
	데이터 윤리	데이터와 관련된 법적, 윤리적 문제에 대한 인식
	데이터 인용	널리 수용되는 데이터 인용 방법에 대한 지식
	데이터 공유	데이터 공유를 위한 방법 및 플랫폼 평가
	데이터 기반의 의사결정 평가	후속 데이터를 수집하여 데이터 기반 의사결정 또는 솔루션의 효과 평가

출처 : 김혜영(2020). Korean Journal of General Education . 12. Vol. 14, No. 6, PP. 147-159

2) 빅 데이터

🤖 빅 데이터의 개요

◇ 빅 데이터의 등장 배경

데이터 저장 및 처리 비용은 기술의 발전속도에 따라 저렴해지고, 소셜 네트워크 서비스(social network service)는 급속도로 확산되고 있으며, 기계, 도로, 건축물 등에 내장된 임베디드 시스템(Embedded System)에서 막대한 데이터가 날마다 생성되고 있다. 이러한 대량의 데이터가 기존의 데이터 관리 및 분석체계로는 더 이상 감당할 수 없게 되자 등장한 개념이 '빅 데이터(Big Data)'다.

과거 빅 데이터는 천문, 항공, 우주 정보, 인간게놈 정보 등 특수 분야에 한정됐으나 정보통신 기술의 발달에 따라 전 분야로 확산되었으며 대규모 데이터와 관계된 기술 및 도구(수집, 저장, 검색, 공유, 분석, 시각화 등)도 빅 데이터 범주에 포함된다.

현재는 데이터의 규모면에서 ZB(Zetta Byte) 본격화시대며, 데이터의 유형적으로는 사물 정보와 인지정보 그리고 데이터의 특징적인 측면에서는 현실성과 실시간성의 성격을 갖고 있다.

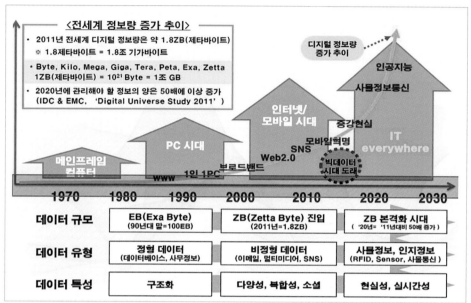

<그림 2-1-2> ICT발전에 따른 데이터의 변화방향

출처 : 이규정외 (2011). IT기반 한국사회 패러다임 변화연구, 정보통신산업진흥원. pp144.

◇ 빅 데이터의 개념

빅 데이터(Big Data)란 데이터의 양, 생성 주기(실시간 생산), 형식(수치데이터뿐 아니라 문자와 같은 비정형 데이터 포괄) 등에서 과거 데이터에 비해 규모가 매우 크고, 형태가 다양하여 기존의 방법으로는 수집, 저장, 검색, 분석이 어려운 방대한 크기의 데이터를 의미한다.

데이터의 증가량이 폭발적으로 늘고, 생산 및 수집된 데이터의 종류 또한 다양하며, 우리 사회 모든 영역에서 데이터를 통해 많은 도움을 얻을 수 있다는 장점도 있다.

예를 들어 수집된 데이터 분석을 통한 예측을 통해 많은 도움을 얻는 장면을 생각해 볼 수 있다. 우리 사회 개개인에 최적화된 분석 관리가 가능해 질 수 있다는 점 등이 대표적이다.

그러나 다양하며 대규모화된 데이터를 일관성 있으면서도 효율적으로 다루기란 매우 까다롭다. 수집된 데이터의 형식이나 신뢰성 등을 바탕으로 한 통합적관리가 어려우며 아무런 절차 없이 대용량의 데이터가 다루어지다 보니 개인의 사생활 침해 또는 보안문제가 발생할 수 있다는 단점들도 나타나게 된다.[65]

---

65) 정용찬(2012). 『빅 데이터 혁명과 미디어 정책 이슈』(KISDI Premium Report 12-02). 정보통신정책연구원. pp 4.

◇ 빅 데이터의 특징

빅 데이터는 매 순간 다양한 형태로 생성되며 규모면에서도 매우 크다. 이러한 빅 데이터의 특징을 설명하기 위해서 빅 데이터의 특징을 데이터의 규모(Volume), 생성속도(Velocity), 형태의 다양성(Variety) 그리고 데이터의 가치(Value), 정확성(Veracity) 등을 이용해서 설명하며, 이를 일반적으로 '5V'로 표현한다. 최근에는 '5V'에 가변성(Variability), 시각화(Visualization)를 덧붙여 '7V'로 표현하기도 한다.

<표 2-1-2> 빅 데이터의 특성

빅 데이터의 특성	내용
규모(Volume)	- 단일 데이터의 집합의 크기가 수십테라바이트~수페타바이트 - 크기가 끊임없이 증가
생성속도(Velocity)	- 대용량의 데이터를 빠르게 처리, 분석할 수 있는 능력
형태의 다양성(Variety)	- 다양한 종류의 데이터를 의미(정형, 반정형, 비정형)
데이터의 가치(Value)	- 의미 없는 수많은 데이터에 가치 부여 - 기업들은 새로운 시각과 인사이트를 얻는다.
정확성(Veracity)	- 방대한 양의 데이터를 정확히 추출하고 분석
가변성(Variability)	- 데이터는 맥락에 따라 의미가 달라진다.
시각화(Visualization)	- 데이터를 수집, 분석한 결과는 사용자가 보기 좋게 가공된다.

출처: 심준식, 우재현(2020), 빅데이터 인공지능을 만나다, 서울: 한국금융연수원. pp20-22

또한 빅 데이터는 다양한 유형의 데이터로 구성되었다. 이들은 다시 정형, 비정형 데이터로 나누어 분류하고 있는데 크게 저장과 분석이 쉬운 유형의 정형데이터와 정의하기 어렵고, 대용량이어서 분석이 매우 까다로운 형태의 비정형 데이터로 나누어 진다.

또한 데이터 소스도 점차 다양화되고 있는데 그 유형은 다음 〈표 2-1-3〉과 같다.

<표 2-1-3> 데이터 소스와 유형의 다양화

데이더 소스	내용
인터넷 데이터	- 클릭스트림, 소셜 미디어, 소셜 네트워크 링크 정보 등
조사 자료	- 설문조사자료, 실험 자료, 관측 자료, 시장 정보, 산업보고서, 고객 정보, 사업자료 등
위치 데이터	- 모바일 기기 데이터, 지리 공간 데이터 등
이미지 데이터	- 영화, TV방송, DVD, CCTV 자료 등
기업 데이터	- SAP, ERP 데이터, EDI, 가격/ 품질 정보
다양한 디지털 디바이스 데이터	- 센서 정보, PLCs, RF장치, LIMS, 원격 측정 정보 등

◇ 빅 데이터의 분석 절차

빅 데이터 분석은 데이터를 활용해서 분석하고자 하는 대상의 추세, 패턴이나 행동양식 그리고 선호도 등을 파악하여 더 나은 의사결정에 도움을 받기 위해 크고 복잡한 데이터 소스를 분석하는 일을 의미한다.

이러한 분석은 빅 데이터가 갖고 있는 복잡한 특성으로 예측 분석, 머신 러닝, 스트리밍 분석, 데이터베이스 내 및 클러스터 내 분석 등과 같은 다양한 방법을 활용하기도 한다.

각 단계별 수행 내용은 다음과 같다.

• 첫째 문제 정의 단계

가장 중요하며 어려운 단계이다. 문제 분석의 목적이 분명해야 하며 그 정의가 제대로 설정되지 않으면 차후 전개되는 전체 과정이 불분명해진다.

이 단계에서 해야 할 일은 분석 가치가 있는 문제를 찾아서 정의 해보고 데이터 분석의 목적을 분명히 하고 그 대상에 대한 이해를 증진하기 위한 전문지식을 축적해 가야 한다.

• 둘째 데이터 수집 단계

분석에 필요한 데이터를 확보하는 과정이다. 이미 확보된 데이터를 사용하거나 공공포털이나 크롤링(crawling) 등 다양한 방법으로 필요한 데이터를 수집하는 단계라고 할 수 있다. 데이터의 경우 저작권 및 개인정보 이슈를 중심으로 필요한 내용을 쉽게 구하기 어려운데다 우리나라의 공공데이터는 선진국에 비해 공개 비율이 낮지만 점점 그 비율을 높여가고 있다.

온라인을 통한 공공데이터 수집이 가능한 곳은 [부록 온라인 공공데이터]와 같은 곳을 참고해서 얻을 수 있다.

• 셋째 데이터 전처리 단계

앞의 단계를 통해 수집된 데이터는 분석에 바로 쓰이기는 어렵다. 이렇게 수집된 데이터는 중복되거나 공백 혹은 오류가 있는 경우가 많아 분석에 부적합하거나 데이터의 형식이나 구조가 달라서 이를 다시 분석에 적합한 형태로 변환해 주어야 한다. 따라서 이 단계는 가장 많은 시간이 소요되는 단계다.

- **넷째 데이터 모델링 단계**

분석의 규모가 크다면 여러 개의 데이터 테이블을 사용하게 된다. 이렇게 테이블의 수가 많아지면 이들 사이의 관계를 설정해 주어야 하는데 이것을 데이터 모델링이라고 한다. 이 과정의 첫 번째는 데이터 분석을 위한 기본적 테이블을 만들어 주는 단계인데 테이블과 칼럼의 명칭, 처리/집계기준, 조인시 데이터 증식 방지 등의 작업이 필요하다.

두 번째는 필요한 데이터를 추출, 필터링, 그룹핑 조인 등 SQL관련 작업을 해주거나 분포 변환 표준화 카테고리화 혹은 차원을 축소하는 등의 작업이 수행된다.

- **다섯째 데이터 분석 단계**

데이터의 수집, 전처리 작업과 모델링 그리고 분석 작업을 차례로 수행하게 되는데 이 단계에서는 수학적인 기법을 적용한 통계분석, AI의 딥 러닝이나 머신러닝 기법 등을 통해서 데이터를 해석하고 결론을 도출하게 된다.

이때 결과를 직관적으로 이해하고 인사이트를 얻기 위해서 시각화 작업을 수행하기도 한다. 데이터 시각화란 일반적으로 차트와 그래프의 형태로 제공되는데 데이터가 그래픽으로 표시되면서 데이터를 더 쉽게 이해하고 처리할 수 있으며 이 과정을 통해서 때때로 발견하지 못한 사실과 추세 등을 발견하는 등 도움을 받을 수 있다.

- **여섯째 리포팅/피드백 단계**

분석된 결과와 인사이트 된 내용은 설득력 있게 정리되고 전달되어야 한다. 이 과정에서 중요한 몇 가지를 제시하면 다음과 같다.

- 중요한 것은 결과를 공유할 상대가 이해할 수 있고 필요에 맞는 내용으로 전달한다.
- 간결하고 명확한 메시지로 전달한다.
- 적절한 시각화 방법을 활용한다.
- 사실을 기반으로 적극적으로 전달한다.

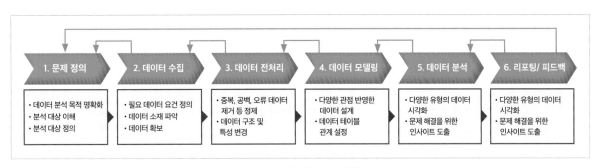

<그림 2-1-3> 빅 데이터 분석 단계

🤖 빅 데이터의 현황과 적용 사례

◇ 빅 데이터 현황

2021년 보고서에 따르면 우리나라 국내 기업에 빅데이터를 도입해 적용한 비율은 전년대비 2.5% 증가한 15.9%로 나타났다.

데이터를 실제로 거래해 본 경험이 있는 기업은 설문에 응답한 전체기업 중 절반정도인 50.6%로 나타났다. 응답한 기업들 중 다수는 비즈니스 전략 수립을 위한 데이터 분석이나 신규 비즈니스 개발과 같이 창의적이고 적극적으로 사용하기에는 아직 미흡한 수준이었으며, 데이터를 상품화 하거나 원천데이터 정도로만 활용하는데 그치고 있었다.

기업체의 규모를 종사자 규모로 살펴본다면 종사자가 많은 기업체의 규모가 큰 경우(1,000명 이상) 빅데이터의 도입률이 높은 것을 알 수 있다. 반대로 도입률이 낮은 업종으로는 제조업(67.0%), 유통·서비스(71.5%), 물류(79%), 농축산·광업(73.1%), 건설업(87.1%) 등으로 나타났다.[66]

다음 〈표 2-1-4〉를 살펴보면 빅 데이터를 도입하거나 추진하는 기업의 빅 데이터 도입 유형을 볼 수 있는데, 내부 활용 영역에서는 '빅 데이터 시스템을 구축-기업 내에서 분석' 항목이 48.7%로 가장 높고, 다음으로 '빅 데이터 분석 리포트 입수 및 활용'(21.3%)이 뒤를 잇고 있다.

〈표 2-1-4〉 빅 데이터 활용 유형별 비중

복수응답

빅 데이터활용 유형			
내부 활용 영역	비율(%)	외부 비즈니스 영역	비율(%)
빅 데이터 시스템 구축 -기업내 분석	48.7	빅 데이터 기반 서비스 비즈니스	32.5
빅 데이터 기반의 콘텐츠 구입	13.0	빅 데이터 부문 컨설팅 비즈니스	2.7
빅 데이터 기반의 제품·상품 구매	13.9	빅 데이터 시스템 구축사업	16.4
빅 데이터 기반의 기술·컨설팅 도입	10.5	빅 데이터 기반 인프라 비즈니스	8.8
빅 데이터 기반 보안 서비스이용	13.2	빅 데이터기반 제품·상품 제조·판매	13.4
빅 데이터 분석 리포트 입수 및 활용	21.3	빅 데이터기반 보안 서비스	6.4
내부활용 기타	0.2	서비스 기타	0.5

출처 : 한국데이터산업진흥원(2021). 2021 데이터산업 현황조사. pp 125~126.

---

66) 한국데이터산업진흥원(2021). 2021 데이터산업 현황조사. pp 125~126.

◇ 빅 데이터 적용 사례[67]

빅데이터를 공공업무에 도입한 사례는 많다. 납세의 의무는 국민의 4대 의무 중 하나지만 적지 않은 수의 국민들이 다양한 이유로 세금을 체납하고 있다고 한다. 게다가 체납된 세금 징수를 위해서 체납자의 과세정보를 확인하는 데에 상당한 시간과 비용이 낭비된다고 한다.

이에 국세청은 누적되어온 대량의 과세자료 분석하고, 관련된 체납자 신용정보 수집을 통해서 누적된 체납자 정보를 상황과 유형별로 총 5가지 등급으로 구분하고 이들의 납세 특성을 활용한 납세유도 정책을 시행했다.

빅데이터 분석은 납세자의 납부 가능성을 예측하고 체납액을 효과적으로 징수할 수 있게 해주어 연간 520시간, 17.4억원 정도의 예산을 절감해 주는 효과를 준다고 한다.

국민들의 안전한 삶을 지키기 위해서도 빅데이터를 사용한다. 소방차와 구급차는 사고현장에 도착하기까지의 골든타임이 매우 중요하다. 국내 A시에서 골든타임과 관련해서 분석한 결과 평균 5분 이내 출동할 수 있는 비율이 저조하게 나타나자 A시는 구급차의 평균속도를 기반으로 한 최단 경로 알고리즘을 적용했다. A시 소방본부에서 제공한 2016년 8월부터 2017년 1월까지 구급차량 GPS 운행정보 3천만 건, 재난별 출동차량 정보 210건에 대한 정보, 지능형 교통체계관리 시스템(nodelink.its.go.kr)등을 분석해서 시 관할 소방차 및 구급차의 5분 이내 출동 비율을 60%대로 끌어올릴 수 있었다.

초등학생 돌봄 서비스를 위해서도 빅데이터가 사용되고 있다. 최근 신규아파트 단지들이 조성되면서 단지내 초등학생을 자녀로 두고 있는 많은 가정이 늘면서 공통적으로 느끼는 어려움 가운데 한 가지는 초등학생들의 안전하고 즐거운 학교생활이기도 하지만 하교후 자녀들의 안전한 생활이라고 할 수 있다.

그러나 돌봄서비스 수요를 정확하게 예측해서 효과적인 초등 돌봄 서비스를 제공하기는 어렵다. 때문에 정부에서는 시군구별 지역 특징을 반영할 수 있는 변수를 발굴하고 전국을 군집화 하는 군집분석과 아파트 단지별 초등돌봄 수요 예측 모델 개발 그리고 업무 담당자의 수요 예측 모델 분석환경을 지원할 수 있도록 해서 관련업무를 개선했다.

---

67) 행정안전부(2021). 공공부문 데이터 분석활용 우수사례집

3) 빅 데이터와 인공지능

🤖 빅 데이터와 인공지능의 관계

인공지능 기술이란 인간의 인지, 학습, 추론 그리고 이해능력 등 인간의 고차원적인 정보처리 능력을 구현하기 위한 ICT(Information & Communication Technology)기술을 의미한다.

빅 데이터 기술은 사물인터넷을 통해 발생하는 폭발적으로 증가하는 데이터에 대해서 데이터를 수집, 처리 및 유통하는 등 관리와 분석예측 기술을 지향한다. 인공지능 기술에서 이러한 빅데이터 기술은 복잡한 데이터의 캡처 속도 향상을 가져올 수 있게 해 준다. 따라서 인공지능 기술은 장시간의 복잡한 수동적인 데이터의 입력없이 다양하고 이질적 소스의 데이터를 손쉽게 가져올 수 있으며, 이처럼 자동화된 데이터 캡처는 입력오류감소, 실시간 데이터 유효성 검사 등으로 데이터의 품질 향상과 데이터의 맥락적 이해를 도울 수 있게 되므로 상황별 통찰력의 범위를 넓혀 줄 수 있다는 장점이 있다〈그림 2-1-5〉.

이러한 점에서 인공지능은 빅 데이터, 사물인터넷 기술 등과 함께 4차 산업혁명의 인공지능 디지털 기술의 혁명적 요인이라고 평가받고 있다. 그러나 아직은 인공지능이 가지고 있는 한계점도 있는데 가장 대표적인 것이 인간이 갖는 자율적 상황판단과 이를 기반으로 하는 능동적 행동 등으로 이어지기에는 여전히 부족하다는 것이다.

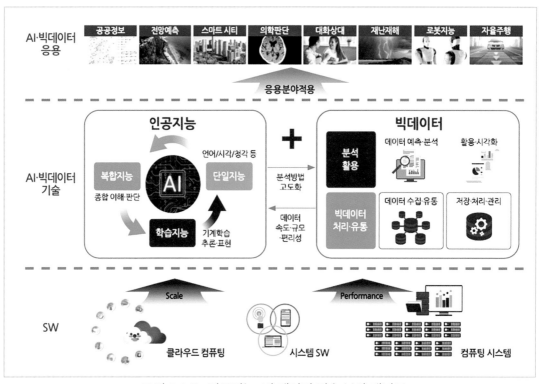

〈그림 2-1-5〉 인공지능·빅 데이터 기술 분야 개념도
출처 : 권순선(2020). 인공지능과 빅 데이터 기술동향, TTA 저널 187호. 2020 1/2월호 pp 39.

🤖 빅 데이터와 인공지능 기술 현황[68]

우리나라의 ICT 인프라 수준은 세계적 수준이지만 빅 데이터를 활용할 수 있는 데이터의 양이 부족하고 기술 수준도 낮게 평가되고 있다. 특히 우리나라의 빅 데이터 인프라라고 볼 수 있는 공공데이터 개방이 미흡한 수준으로 평가되고 있다. 2018년 행정안전부 보고에 따르면 우리나라의 공공데이터 개방 수준은 영국의 56.6%, 프랑스의 73.8% 정도에 그쳐 양적으로 부족하며, 인공지능 데이터, 공간·위치데이터 등 4차 산업혁명 관련 데이터 개방도 선진국에 비하여 부족한 수준으로 평가되고 있다.

한국정보화진흥원(2017)의 보고서에 따르면 2015년 기준으로 선진국의 기술 수준을 100으로 볼 때, 우리나라는 65.7로 기술 수준 격차는 3.1년, 선진기술 도달시간은 3.4년이 걸릴 것으로 평가되었다.

🤖 인공지능과 빅 데이터의 기술 분류 및 개발 현황[69]

인공지능 기술은 단일지능과 복합지능 기술을 포함한다. 단일지능은 학습지능과 시각, 청각, 언어 등과 같이 단일 종류의 입력으로 지식을 확보하려는 분야이며, 복합지능 기술은 다양한 형태의 입력으로 지식을 확보하고 판단하려는 분야이다. 다음 〈표 2-1-5〉는 인공지능과 빅 데이터 기술 분류를 보여준다.

---

68) 권순선(2020). 인공지능과 빅 데이터 기술동향, TTA 저널 187호. 2020 1/2월호 pp 40.
69) 한국정보화진흥원(2017), 2017 국가정보화백서, 2017

<표 2-1-5> 인공지능과 빅 데이터 기술 분류

중분류	소분류	세분류	요소기술
인공지능	학습지능	머신러닝	- 베이지안 학습, 인공신경망, 딥 러닝, 강화 학습, 앙상블러닝, 판단근거설명
		추론, 지식표현	- 추론, 지식표현 및 온톨로지, 지식처리
	단일지능	언어지능	- 언어분석, 의미이해, 대화 이해 및 생성, 자동 통역 번역, 질의응답(Q&A), 텍스트 요약 생성
		시각지능	- 영상 처리 및 패턴 인식, 객체 인식, 객체탐지, 행동 이해, 장소·장면이해, 비디오 분석 및 예측, 시공간 영상이해, 비디오 요약
		청각지능	- 음성분석, 음성인식, 화자인식·적용, 음성학습, 오디오색인 및 검색, 잡음처리 및 음원분리, 융합인식
	복합지능	행동·소셜지능	- 공간지능, 운동지능, 소셜지능, 협업지능
		상황·감정이해	- 감정이해, 사용자의도 이해, 뇌신호인지, 센서 데이터 이해, 오감인지, 다중상황판단
		지능형 에이전트	- 에이전트 플랫폼, 에이전트 기술, 게임지능, 모방창작가능
		범용 인공지능 (AG)	- 상식학습, 범용 문제 해결, 평생학습, 도덕 윤리, 법지능
빅데이터	빅 데이터 처리 유통	빅 데이터수집유통기술	- 빅 데이터 수집정제융합가공, 데이터 품질 관리, 실시간 ETL·ELT 데이터 생성·증강, 비식별화 및 필터링, 데이터마켓, 데이터레이크, 데이터프리퍼레이션, 마스터 데이터 관리
		빅 데이터 저장·처리·관리기술	- 실시간 스트림 처리, 데이터 처리 및 관리, 데이터 라이프사이클, 가상 데이터앱 관리, 데이터 처리 프레임 워크
	빅 데이터 분석·활용	빅 데이터 분석·예측 기술	- 심층분석, 실시간 분석, 그래프 분석, 예지분석, 지시적 분석, 인지 분석, 시공간 복합분석, 분석 모델링, 시뮬레이션, 데이터 기계학습·딥 러닝, 이상치 검출
		빅 데이터 활용·시각화 기술	- 빅 데이터 서비스, 빅 데이터응용, 사회변화 예측, 데이터 시각화, 분석 시각화, 대시보드

출처 : 권순선(2020). 인공지능과 빅 데이터 기술동향, TTA 저널 187호. 2020 1/2월호 pp 40.

🤖 인공지능의 활용[70)]

◇ 의료영상심사판독시스템

의료영상심사판독시스템은 환자의 척추질환을 심사하기 위해 의료기관에서 보낸 심사자료(의료영상 파일)와 합성곱 신경망 모델을 이용하여 급여기준(척추측만의 만곡도와 압박골절의 압박률)을 자동 측정하여 사용자에게 제공하는 흐름을 갖는다.

일단 의료기관에서 보낸 영상은 e-Image 시스템을 통해 심사판독을 받게 된다. 이 과정을 통해서 환자 정보, 영상정보 촬영각도 분류모형 등을 거쳐 인공지능 판독 대상을 선별하고 판독하게 된다.

이 시스템은 심사판독의 보조수단으로 업무의 효율성과 판독의 객관성을 갖게 해준다.

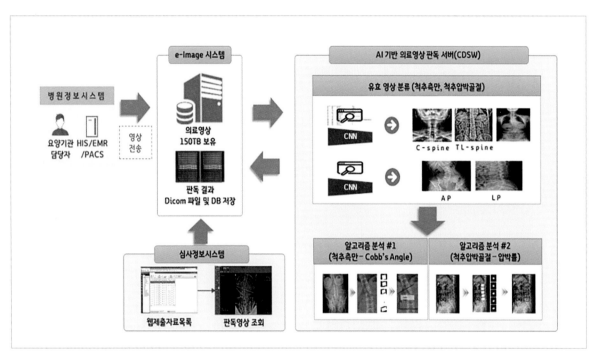

<그림 2-1-6> 의료영상심사판독시스템 구성 흐름도
출처 : 건강보험심사평가원(2021). 파이썬을 활용한 데이터·AI 분석 사례, pp141.

◇ 급여정보분석시스템

월별로 접수된 환자의 의료비·심사결정 자료에서 총 진료비와 보험자부담금을 대상으로 시간 기준(접수·진료·심사 년월), 관점기준(종별, 분류유형별 등)으로 데이터 세트를 구축하고 시계열 분석 기법을 이용하여 사용자에게 진료비 예측 정보를 제공하는 시스템이다.

---

70) 건강보험심사평가원(2021). 파이썬을 활용한 데이터·AI 분석 사례

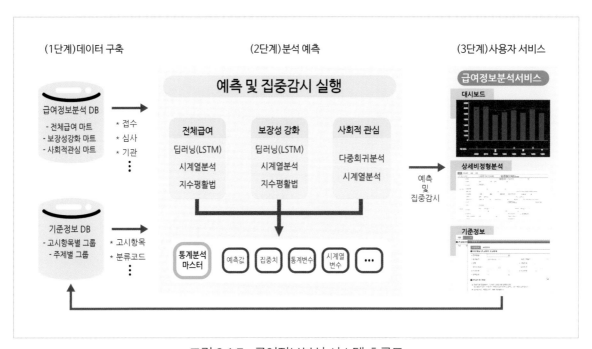

<그림 2-1-7> 급여정보분석 시스템 흐름도
출처 : 건강보험심사평가원(2021). 파이썬을 활용한 데이터·AI 분석 사례, pp154

이런 과정을 거쳐서 환자들은 분석 일자 기준으로 특정기간 소요되는 보험자부담금을 예측할 수 있게 된다. 〈그림 2-1-8〉

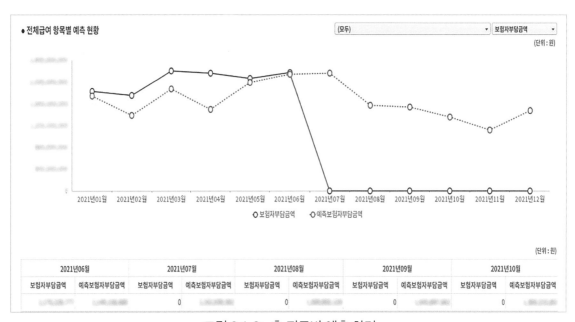

<그림 2-1-8> 총 진료비 예측 화면
출처 : 건강보험심사평가원(2021). 파이썬을 활용한 데이터·AI 분석 사례, pp158

2. 지도 학습

◇ 지도 학습의 이해

　컴퓨터가 인간의 사고를 모방하여 인간처럼 추론하고 사고하는 것을 인공지능이라고 한다면, 머신러닝은 주어진 대량의 데이터로 컴퓨터가 스스로 학습하여 규칙을 찾아내는 것으로 머신러닝은 인공지능의 하위 분야라고 볼 수 있다.

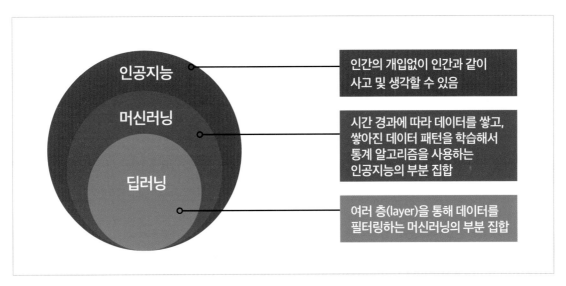

<그림 2-2-1> 인공지능과 머신러닝 딥 러닝과의 관계

　기존 컴퓨터 사이언스와 머신러닝과의 차이를 살펴보면 기존 컴퓨터 사이언스에서는 입력값과 알고리즘(=규칙)을 넣어서 출력값을 만들어 낸다면, 머신러닝은 입력과 출력값을 넣어서 알고리즘을 만든다. 쉽게 생각하면 문제라는 입력값을 넣고 정답을 출력값으로 받을 때 그 정답을 찾는 방법인 알고리즘을 스스로 학습하여 만들어 낸다. 따라서, 정확한 알고리즘을 찾아내기 위해선 많은 데이터를 필요로 하게 된다.

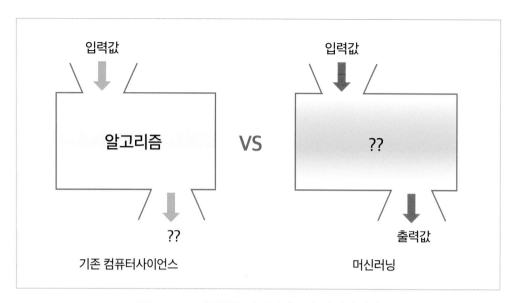

<그림 2-2-2> 기존 컴퓨터사이언스와 머신러닝의 차이

머신러닝은 학습하는 방법에 따라 지도 학습(Supervised Learning), 비지도 학습(Unsupervised Learning) 2가지로 구분하거나 강화 학습(Reinforcement Learning)을 포함하여 3가지로 구분하기도 한다.

지도 학습은 정답 혹은 레이블(Label)이 있는 데이터 세트를 학습시키는 방식이다. 제공되는 데이터 세트를 통해 학습한 후 새로운 데이터가 입력되었을 때 이를 분류하거나 결과를 정확하게 예측하도록 훈련하는 방식이다. 따라서, 많은 데이터가 제공될수록 정확한 결과를 예측할 수 있다. 중요한 것은 이때, 반드시 정답(Label)이 함께 제공되어야 한다는 점이다. 지도 학습으로 수행될 수 있는 가장 최적의 문제 유형은 분류와 회귀문제가 있다.

◇ 지도 학습> 분류

분류(Classification)는 여러 개의 카테고리가 있을 때 입력한 값이 어떤 카테고리에 속하는지 분류하는 것을 의미한다. 예를 들어 동물 사진을 분류(개, 고양이, 오리, 팬더)하거나 손글씨, 숫자, 이미지를 분류하거나, 아날로그의 자료를 디지털화(명함, 신분증 등)하는 것을 말한다. 또한, 뉴스기사 분류(정치, 경제, 사회), 콜센터 고객 목소리 감정 분류, 메일의 스팸 여부를 확인하는 것도 가능하다.

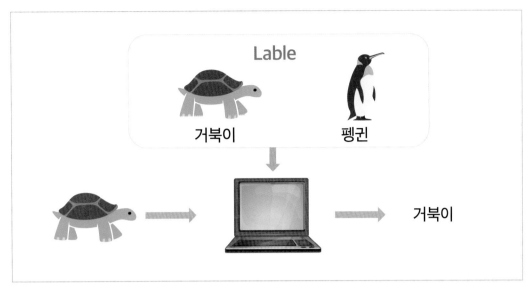

<그림 2-2-3> 지도 학습의 예시

분류는 이진 분류(binary classfication)와 다중 분류(multiclass classfication)로 구분해 볼 수 있다. 이진 분류는 참/거짓, 합격/불합격, 양성/음성 등 입력된 데이터에 대해 2가지 중 하나로 분류할 수 있는 것을 말하며, 다중 분류는 거북이, 펭귄, 토끼 등 데이터에 대해 여러 카테고리 중 하나로 분류할 수 있는 것을 말한다. 이진 분류의 실생활 예시로는 일반메일/스팸 메일로 메일을 구분하거나 병원에서는 질병에 대해 양성/음성을 판단하거나 은행에서는 대출 의 승인/거부를 결정할 때 등 실생활에서는 많은 문제에 이진분류를 사용할 수 있다.

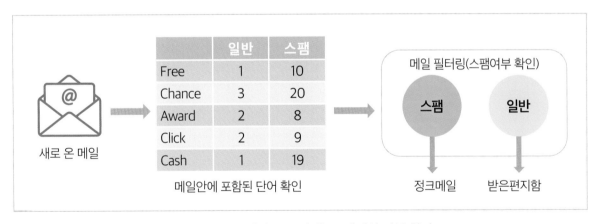

<그림 2-2-4> 이진 분류 사례- 스팸메일 여부 확인

다중 분류는 2개 이상의 분류값을 갖는 것으로 실생활 예시로는 손으로 쓴 글자나 숫자 인 식, 가위/바위/보 손 모양, 뉴스 기사 분류 문제 등에서 사용할 수 있다. 손으로 쓴 숫자 인식 의 경우 손으로 쓴 숫자의 이미지 샘플을 데이터 세트로 만들어 학습시킨 후 새로운 손글씨 숫 자를 입력하면 0~9까지의 숫자로 예측하여 분류한다.

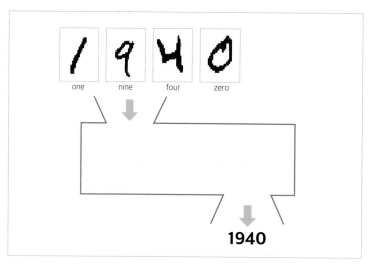

<그림 2-2-5> 다중 분류 사례- 손글씨 숫자 인식

◇ 지도 학습> 회귀

회귀(Regression)는 분류와는 다르다. 분류는 정해진 카테고리 안에서 판별하는 것이라면 회귀는 주어진 상황 속에서 값이 정확히 어느 점이 될지 계산하는 것을 의미한다. 즉 분류와는 달리 값이라는 숫자로 결과가 예측되는 것이 다르다. 실생활 예시로는 목적지 도착시간, 평균 학력에 따른 월간 독서량, 웹사이트 방문 수에 따른 구매 비율, 시험공부 투자시간 대비 최종 점수 등 많은 문제에 사용할 수 있으며 비즈니스 분야에서 활발하게 활용되고 있다. 회귀도 분류와 마찬가지로 지도 학습의 한 종류이기 때문에 레이블이 달린 학습 데이터 세트가 필요하며 입력(독립 변수), 결과(종속 변수)를 학습하여 상관관계를 관계식으로 표현한다. 역시 많은 데이터를 학습할수록 예측값과 정답값의 차이를 작게하여 정확한 상관관계를 위한 관계식을 찾을 수 있고, 새로운 입력값이 들어온 경우 정확한 결과값을 예측할 수 있게 된다.

<표 2-2-1> 실생활 속 회귀 사례

	독립 변수(입력)	종속 변수(결과)	학습시킬 데이터
1	운동의 양	몸무게	운동량, 몸무게 변화를 기록
2	학력, 경력	연봉	학력, 경력, 연봉을 기록
3	공부시간	시험 점수	투자한 공부시간, 시험 점수를 기록
4	기온	아이스커피	기온 변화, 아이스커피 판매량을 기록

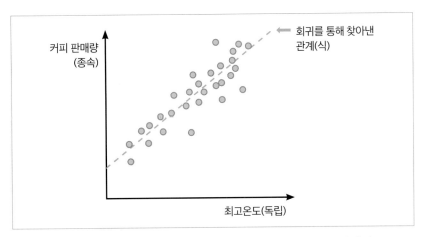

<그림 2-2-6> 회귀사례- 기온에 따른 아이스커피 판매량

지도 학습 수행에 최적화된 문제는 분류와 회귀가 있으며, 이에 사용되는 알고리즘에는 선형회귀(Linear Regression), 의사결정트리(Decison Tree), 랜덤 포레스트(Random Forest), K-최근접 이웃(K-Nearest Neighbor), 로지스틱 회귀(Logistic Regression) 등이 있으며 대표적인 몇 가지 알고리즘에 대해 알아보자.

◇ **지도 학습> 알고리즘> 선형회귀(Linear Regression)**

선형회귀는 종속 변수(목표) Y와 한 개 이상의 독립 변수(예측/특징변수) X와의 적합한 선을 그려 상관관계를 예측할 때 사용하는 알고리즘이다. 선형회귀는 데이터의 손실을 최소화하는 파라미터를 계산할 때 사용한다. 선형회귀의 유형은 독립 변수 수에 따라서 단순 선형회귀(Simple Linear Regression), 다중 선형 회귀(Multiple Linear Regression)로 구분된다.

■ 단순 선형 회귀

단순 선형 회귀는 $y = w_x + b$ 식으로 나타내며, 그래프는 직선 형태를 나타낸다. 직선에서 데이터와의 거리 차이를 오차라고 한다면, 오차(거리 차이)가 적은 직선이 데이터의 분포를 잘 설명하고 있다고 본다. 이때 단순히 오차를 계산히는 것이 아닌 평균제곱오차를 계산하게 되므로, 평균제곱오차가 작을수록 데이터의 분포를 잘 나타내고 있다라고 생각하면 된다. 단순 선형 회귀 알고리즘은 많은 곳에서 활용되고 있는데 예를 들어 아이스크림 판매를 위한 적합한 온도, 설정된 온도에서의 아이스크림 판매량 등 많은 사례에서 활용될 수 있다. n개의 데이터가 있다면 다음 식을 이용한다.

$$\frac{\sum_{i=1}^{n} y_i - (w_0 + w_1 x_i)^2}{n}$$

■ 다중 선형 회귀

다중 선형 회귀는 $y = w_0 + w_1 x_1 + w_2 x_2 + b$식으로 나타난다. 단순 선형 회귀와의 차이점은 독립 변수가 2개 이상일 경우를 말한다. 이런 경우 그래프는 평면의 형태로 보여진다.

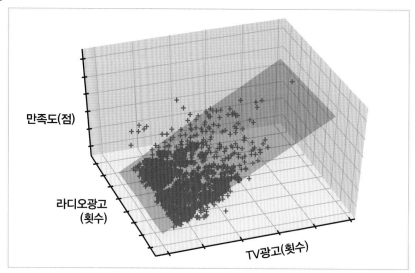

<그림 2-2-7> 다중 선형회귀 그래프

◇ 지도 학습> 알고리즘> k-최근접 이웃 알고리즘

k-최근접 이웃 알고리즘(k-nearest neighbors algorithm, kNN)은 분류 및 회귀 문제에 모두 적용할 수 있는 알고리즘으로 특징적으로는 데이터를 분류할 때 해당 데이터와 가장 근접해 있는 데이터의 속성으로 분류하는 알고리즘이다. 이런 특징 때문에 거리기반 분류분석 모델이라고도 불리운다. 거리를 기반으로 분류하는 클러스터링과 유사해 보일 수 있으나 기존 관측치(y) 혹은 결과값(클래스)이 존재한다는 점에서 클러스터링과는 차이를 보인다. kNN알고리즘의 아래 그림처럼 구현이 간단한 것이 장점이지만, k에 사용할 값을 정의하는 것에 따라 분류 결과에 차이를 보일 수 있는 것이 단점이다. 그러나, 구현이 간단하다는 장점 때문에 이미지 및 비디오 인식, 추천 시스템 필터링 등에서 많이 활용된다.

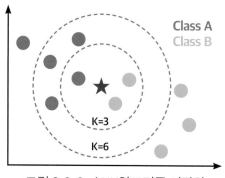

<그림 2-2-8> kNN알고리즘 시각화

3. 비지도 학습

◇ 비지도 학습의 이해

비지도 학습은 지도 학습과는 달리 정답 혹은 레이블(Label)이 없이 많은 데이터가 제공되었을 때 시스템 스스로가 데이터에 속해 있는 특징이나 특성을 찾아내어 패턴이나 차이점으로 분류하는 방식으로 학습한다. 레이블이 없는 데이터를 가지고 스스로 패턴이나 차이점을 찾아내야 하기 때문에 지도 학습보다는 난이도가 높은 편이라고 할 수 있다. 지도 학습과의 차이점은 정답(Label)을 제공하지 않기 때문에 학습하는 데이터의 구성이 다르다. 비지도 학습으로 수행될 수 있는 가장 최적의 문제 유형은 군집화(Clustering)와 차원 축소(Dimensionality Reduction), 연관 규칙(Association rule learning) 문제가 있다.

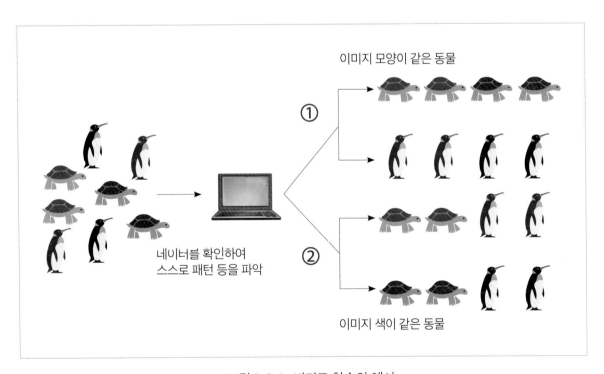

<그림 2-3-1> 비지도 학습의 예시

군집화(클러스터링, Clustering)는 범주에 대한 사전 정보가 없는 데이터의 경우, 주어진 관측값을 사용하여 데이터 전체를 두고 몇 개의 유사한 집단으로 그룹화 하는 것을 의미한다. 그룹핑을 한다는 것이 지도 학습의 분류와 유사해보이지만 분명한 차이점을 가진다. 새로운 데이터가 입력되었을 때 분류의 경우 미리 정해진 목록에서 비슷한 것을 찾아서 묶는 것이지만 군집은 정해진 목록을 모르는 상태에서 비슷한 것끼리 묶는 학습 방식이다.

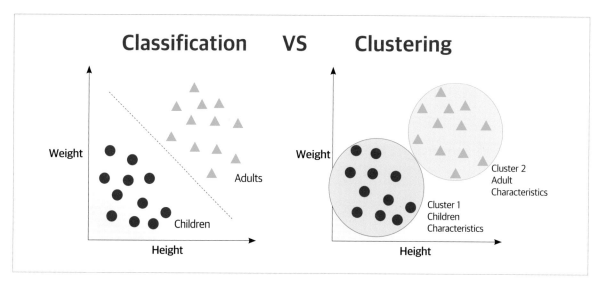

<그림 2-3-2> 분류와 군집화의 차이 비교

군집화는 데이터의 특징을 가지고 패턴을 찾아서 분류하기 때문에 그 패턴에서 벗어난 형태의 이상값 탐지도 가능하다. 이상값 감지(Anomaly Detection)는 정상범주에서 벗어난 평소와는 다른 특이점(패턴이나 범위)을 찾아내는 것으로 실생활 예시로는 주식 사기 거래, 신용카드 이상 사용 감지, 불량제품 검출, 비정상 세포 감지, 지층 흔들림 감지 등에서 활용될 수 있다.

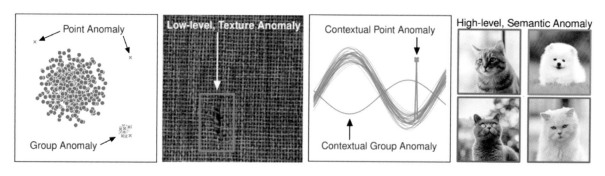

<그림 2-3-3> 이상값 감지_분석사례
(그림 순서대로 정상범주에서 벗어난 거래-제조현장의 품질검사-이상기온현상-고양이(정상), 개(high-level anomaly))
출처: Ruff et al.(2021). A Unifying Review of Deep and Shallow Anomaly Detection. Proceedings of the IEEE (2021) 1-40.

◇ 비지도 학습 > 연관 규칙

연관 규칙(Association rule learning)은 많은 데이터 항목 중에서 연관성과 상관관계를 찾는 기법이다. 상품 또는 서비스 간의 관계를 살펴보고, 이로부터 유용한 규칙을 찾아내고자 할 때 이용하는데 실생활에서의 예시로는 색상, 디자인을 통해 유사 상품을 묶음, 시청패턴이 비슷한 고객들이 즐겨보는 영화 추천, 소비패턴이 비슷한 백화점 고객 분류(사용금액/방문횟수/방문요일) 등이 있다. 예를 들어 20대 여성이 쇼핑몰에서 산 물품에 대해 별점을 주었다면, 동일한 별점을 준 고객 중 다른 20대 여성이 산 물건을 그룹핑해서 보여주거나 동일한 물건을 샀던 사람들이 함께 산 물건을 그룹핑해서 보여주는 등에서 활용할 수 있다.

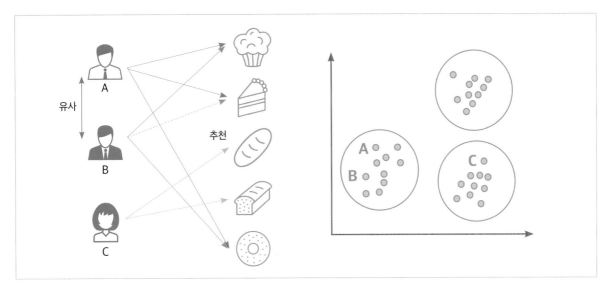

<그림 2-3-4> 연관규칙 예시_추천시스템

◇ 비지도 학습 > 차원 축소

차원 축소는 특성이 많은 고차원의 데이터일수록 데이터 간의 밀집도를 높이기 때문에 분석하기 어렵다. 따라서 꼭 필요한 특성을 포함하고 불필요한 데이터의 특성을 배제시켜서 학습하는 방식을 차원 축소라고 한다. 차원 축소의 대표적인 예는 시각화를 위해 데이터 셋을 2차원으로 변경하거나 이미지 데이터를 압축할 때 활용한다. 차원 축소는 너무 많은 특성을 가진 데이터를 학습시킬 경우 복잡해지기도 하고 특성이 많은 적은 양의 데이터를 학습할 경우 불안정한 결과를 도출할 수 있다. 따라서 목적에 따라 결과에 영향을 미치지 않은 선에서 필요 없는 데이터를 배제시켜 학습시키는 것은 분석의 속도를 향상시키고, 데이터 압축을 통해 데이터 저장이나 전송 효율을 높이는 장점을 가진다. 다만, 차원축소 시 원본 데이터의 변화가 생기기 때문에 해석할 시 유의해야 한다.

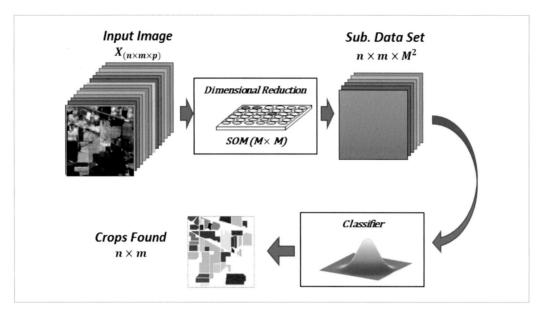

<그림 2-3-5> 차원축소 예시_이미지 압축[71]

비지도 학습 수행에 최적화된 문제는 군집화, 차원 축소, 연관규칙이 있으며 이에 사용되는 알고리즘에는 K-means, DBSACAN(Density Based Spatial Clustering of Applications with Noise), PCA(Principal Component Analysis), T-SNE방법 등이 있으며 대표적인 몇 가지 알고리즘에 대해 알아보자.

◇ 비지도 학습> 알고리즘> 군집화> K-means

K-평균 알고리즘(K-means algorithm)은 비슷한 성질의 데이터를 집단으로 구분하는 클러스터링 방법 중 하나로 비지도 학습에서 자주 사용되는 알고리즘이다. k-평균 알고리즘은 이해하기 쉽고, 많은 양의 데이터에도 적용할 수 있으며 시장분석이나 컴퓨터 비전 등의 많은 분야에서 활용되고 있다. k-means의 k는 클러스터링 된 집단의 수를 의미한다.

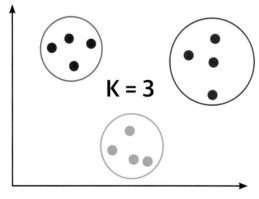

<그림 2-3-6> k-평균 알고리즘 시각화

---

71) Hidalgo. D. R., Cortes, B.B, & Bravo E. C.,(2021). Dimensionality reduction of hyperspectral images of vegetation and crops based on self-organized maps. information processing in agriculture, 8(2), 310-327.)

k-평균 알고리즘이 학습하는 순서는 1. 클러스터의 수(k)를 선택 2. 클러스터수와 일치하는 데이터의 포인트 수를 무작위로 선택 3. 각 점에서 근처 군집까지의 거리를 측정 4. 가장 가까운 클러스터에 데이터 포인트를 할당 5. 각 클러스터마다 데이터 포인트의 평균을 계산하고 새 군집의 중심으로 지정 6. 데이터 포인트 모두가 속한 집단이 변하지 않거나 더는 계산할 수 없을 때까지 반복한다. k-평균 알고리즘은 학습 순서에서도 보이듯이 단순하고, 빠르게 계산이 가능하지만 사용자가 클러스터 개수를 정의해야 하는 단점을 가지고 있다.

◇ 비지도 학습> 알고리즘> 차원축소> 주성분 분석(PCA)

주성분 분석 알고리즘(Pricipal Component Analysis algorithm, PCA)은 비지도 학습의 차원축소에 해당하는 것으로 데이터의 변수를 줄이기 위해 사용하는 알고리즘이다. 차원축소는 많은 변수 중에 필요한 변수만을 선택적으로 사용하는 것으로 예를 들어, 하나의 자동차 모델에 무게, 엔진효율 등 11개의 데이터가 있는 경우 11차원의 벡터가 생성되고, 이런 고차원의 데이터는 분석과 시각화가 어렵다. 이런 경우 데이터의 분포는 유지한 채 데이터의 차원을 줄여서 분석하는 것이 필요하다. 변수를 줄이기 위해서는 정확한 예측에 필요한 중요한 변수만을 선택하고 나머지는 사용하지 않거나 기존의 변수를 조합하여 새로운 변수를 생성하는 방법이 있다. 첫 번째 방법의 경우 분석자의 판단에 의해 중요한 데이터를 손실할 수 있기 때문에 주성분 분석은 두 번째 기존 변수를 조합해서 새로운 변수를 생성함으로써 차원을 축소하는 방법을 활용한다. 주성분 분석을 통해 15개의 변수가 생성되었고, Scree Plot을 살펴보면 3번째 성분 이후 기울기가 급감하는 것으로 보아 실제 1~3번의 성분이 원데이터의 많은 특징을 가지고 있다고 볼 수 있으므로 3번까지를 분석에 실제 사용하게 된다.

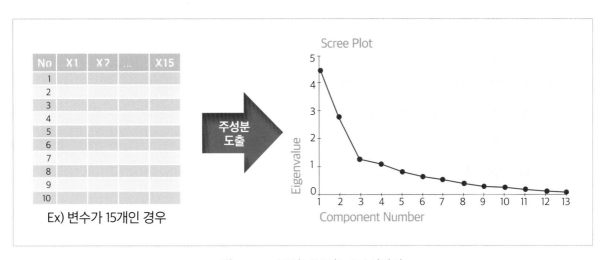

<그림 2-3-7> 주성분분석(PCA)시각화

◇ 지도 학습 vs 비지도 학습

머신러닝의 대표적인 지도 학습과 비지도 학습에 대한 차이점이나 장단점에 대해서는 다음과 같이 확인할 수 있다.

<표 2-3-1> 지도 학습과 비지도 학습의 차이점

개요	지도 학습	비지도 학습
목표	이미 알고 있는 분류 중 새로운 데이터의 결과를 예측	데이터의 결과가 다양하게 예측될 수 있음
애플리케이션	스팸탐지, 감정분석, 일기 예보, 가격 예측 등에 이상적	이상 감지, 추천에 적합
복잡성	R, Python을 사용해서 분석 가능	R, Python이외에도 대량 작업을 위해 추가 도구 필요

<표 2-3-2> 지도 학습과 비지도 학습의 장단점(재구성)
(출처: https://www.intellspot.com/unsupervised-vs-supervised-learning/)

구분	지도 학습	비지도 학습
장점	• 레이블을 구체적으로 지정하여 명확하게 구별하도록 훈련 가능 • 원하는 레이블을 결정할 수 있음 • 비지도 학습에 비해 결과가 정확하고 신뢰할 수 있음	• 레이블을 지정할 필요가 없어서 덜 복잡함 • 실시간으로 발생하는 입력 데이터가 분석되고 다양한 모델이 만들어 질 수 있음 • 사람이 레이블을 지정하는 것보다 컴퓨터에서 레이블이 지정되지 않은 데이터를 얻는 경우가 많음
단점	• 입력에 대한 이해와 레이블 지정이 명확해야 함 • 훈련을 위해 많은 시간이 필요 • 자주 변화하는 데이터의 경우 레이블을 정하기가 매우 어려움	• 데이터 레이블을 컴퓨터가 지정하기 때문에 데이터의 정렬 방법 등에 대해 명확히 알 수 없음 • 결과의 정확도가 떨어짐

4. 강화 학습과 사례

🤖 딥 러닝

◇ 딥 러닝이란

딥 러닝(Deep Learning)은 머신 러닝(Machine Learning)의 한 분야이다. 이것은 인간 두 뇌의 생물학적 신경망에서 영감을 받아 모델링한 알고리즘이다. 인공신경망이 대량의 데이터에서 학습한 후 딥 러닝 모델을 생성한다. 머신러닝과 딥 러닝의 가장 큰 차이점은 학습할 데이터에 있다. 머신러닝은 학습에 필요한 특징(feature)을 사람이 직접 제공해야 하지만, 딥 러닝은 스스로 특징을 추출해서 데이터 학습에 적용한다. 이러한 학습 과정은 방대한 양의 연산을 필요로 하기 때문에 하드웨어가 발달하지 않은 초기에는 구현이 어려웠다. 슈퍼컴퓨터를 기반으로 이러한 문제점을 해결하려는 시도가 있었지만 높은 성과에 이르지는 못했다. 마침내 병렬연산에 최적화된 GPU가 개발되면서 딥 러닝 기술은 더욱 화려하게 발전하게 되었다.

대부분의 사람들은 매일 인터넷을 탐색하거나 휴대폰을 사용할 때 딥 러닝을 접한다. 딥 러닝은 자동화 및 분석 작업을 개선할 수 있는 많은 인공지능 기술을 구동하는 요소이다. YouTube 동영상의 캡션 생성, 전화 및 스마트 스피커에서 음성 인식 수행, 사진의 얼굴 인식, 자율주행차를 지원 하는데 사용된다.

◇ 딥 러닝 알고리즘

딥 러닝에서 주로 활용하는 알고리즘에는 ANN, CNN, RNN 등이 있다.

■ ANN

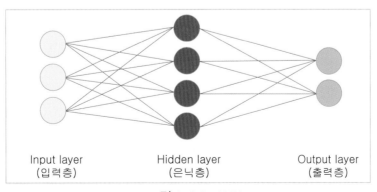

<그림 2-4-1> ANN

인공신경망이라고 불리는 ANN(Artificial Neural Network)은 사람의 신경망 원리와 구조를 모방하여 만든 기계학습 알고리즘이다. 인간의 뇌에서 뉴런들이 어떤 신호나 자극 등을 받아서 임계값을 넘어서면 결과 신호를 전달하게 되는 원리에서 착안한 것이다.

ANN은 입력 값을 이용하여 인공 뉴런의 출력 값을 계산한 후에 사용자가 기대하는 출력 값과 비교한다

■ DNN

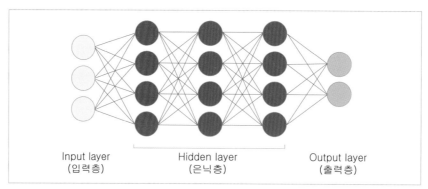

<그림 2-4-2> DNN

ANN기법의 여러 문제가 해결되면서 모델 내 은닉층을 많이 늘려서 학습의 결과를 향상시키는 방법이 등장하였는데, 이를 DNN(Deep Neural Network)라고 한다. DNN은 은닉층을 2개 이상 지닌 학습 방법을 뜻한다. 컴퓨터가 스스로 분류레이블을 만들고 공간을 왜곡하고 데이터를 구분짓는 과정을 반복하여 최적의 구분선을 도출해낸다. 대용량 데이터와 반복학습이 필요하며 사전학습과 오류역전파 기법을 통해 현재 널리 사용되고 있다.

■ CNN

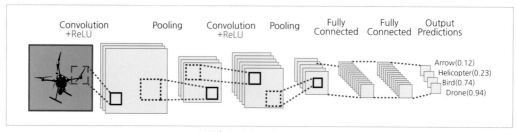

<그림 2-4-3> CNN

기존의 방식은 데이터에서 지식을 추출해 학습이 이루어졌지만, CNN은 데이터의 특징(feacture)을 추출하여 특징들의 패턴을 파악하는 구조이다. CNN은 사람의 시신경 구조를 모방한 것으로, 데이터를 특징으로 추출하여 이 특징들의 패턴을 파악한다.

특징 추출은 합성(Convolution) 과정과 풀링(Pooling) 과정을 통해 진행된다. CNN은 Convolution Layer와 Pooling Layer를 복합적으로 구성하여 알고리즘을 만든다. 합성(Convolution)은 데이터를 추출하는 과정으로 데이터에 각 성분의 인접 성분을 조사해 특징을 파악한다. 여기서 도출된 특징을 추상화하여 특정 층으로 파악한다. 이렇게 도출된 층을 합성 레이어(Convolution Layer)라고 부른다. 풀링(Pooling)은 합성 과정을 거친 레이어의 사이즈를 줄이는 과정이다. 데이터 사이즈를 줄여 노이즈를 없애고 일괄적인 특징을 제공한다.

■ RNN

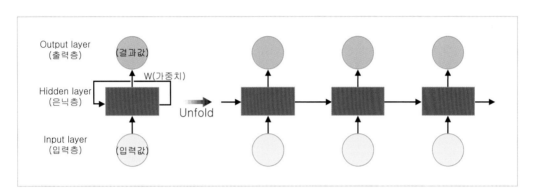

<그림 2-4-4> RNN

RNN(Recurrent Neural Network)은 입출력을 시퀀스 단위로 처리하는 시퀀스 모델이다. 앞서 나온 신경망은 은닉층에서 활성화 함수를 통과한 모든 값이 오직 출력층 방향으로만 향했다. 그러나 RNN은 은닉층의 노드에서 활성화 함수를 통해 나온 결과값을 출력층 방향으로 보내고, 또 다음 은닉층 노드의 계산 입력으로도 보낸다. 이 순환구조를 이용하여 과거의 학습을 가중치(W: weight)를 통해 현재 학습에 반영한다. 기존의 지속적이고 반복적이며 순차적인 데이터 학습의 한계를 해결한 알고리즘으로, 현재 학습과 과거 학습의 연결이 가능하다.

◇ 딥 러닝 응용 분야

■ **소셜 미디어**

소셜 네트워크 사용자의 더 많은 정보를 찾기 위한 방법으로 딥 러닝의 이미지 자료 분석 기술은 매우 유용하게 쓰이고 있다. 딥 러닝으로 얻은 정보를 통해 대상의 광고를 개선하거나 제안에 따라 일을 추진한다.

■ **디지털 도우미**

디지털 도우미는 고급 인공 지능(AI), 자연어 처리, 자연어 이해 및 머신러닝을 사용하여 개인화된 대화형 경험을 제공한다. 예로 Siri, Cortana, Google, Alexa는 사용자의 기록, 선호도 및 기타 정보를 학습함으로써 복잡한 질문에 답한다.

■ **챗봇 및 서비스 봇**

챗봇은 인간 대 인간의 문자 대화 방식을 인간과 컴퓨터가 대화할 수 있도록 딥 러닝의 자연어처리를 사용하여 제작된 컴퓨터 프로그램이다. 언어를 이해하여 대처하는 방식, 입력받은 말에서 특정 단어나 어구를 검출하여 그에 맞게 매칭되어 있는 응답을 출력하는 검색 방식, 시나리오를 미리 만들고 그에 따라서 사용자의 입력에 대한 응답을 출력하는 방식 등이 사용된다. 최근 병원, 공항, 공연장 등에서 활동하는 서비스 봇을 자주 볼 수 있다.

■ **이미지 복원**

흑백 사진이나 오래되어 빛 바랜 사진을 자동으로 채색해 주는 방법에 딥 러닝 기술이 사용된다. 이것은 복원하려는 사진의 실제 패턴을 학습한 후 컴퓨터가 색을 추측하거나 실제 색을 선택하여 색을 입힌다.

■ **안면 인식**

안면 인식은 이미 공항에서 지문 인식, 종이 체크인과 더불어 체크인 방식으로 광범위하게 사용되고 있다. 딥 러닝의 안면 인식 기술은 사람이 헤어 스타일을 변경했거나 조명이 최적이 아닌 상황에서도 판별할 수 있도록 한다.

■ 헬스케어

   딥 러닝은 축적된 환자의 행동 및 검사 데이터를 분석하여 질병과 건강 추세를 예측함으로써 보건의료 분야에서 중추적인 역할을 수행할 수 있다. 또한 보건의료 종사자가 딥 러닝 알고리즘을 활용하여 환자에 대한 최적의 검사 및 치료를 결정할 수 있도록 돕는다.

■ 재무 보호

   딥 러닝의 신경망은 주식 가치를 예측하고 거래 전략을 개발하는 데 사용되고 있다. 또 보안 위협을 감지하여 통지하고 사기로부터 보호받을 수 있도록 한다.

■ 산업 안전

   중장비 부문은 중대 재해로 이어질 수 있는 요소가 많으므로 세심한 안전 조치가 필요한 분야이다. 딥 러닝은 중장비가 안전하지 않은 반경 내에서 감지되는 움직임이나 물체를 감지하여 작업자를 보호하는 데 도움을 준다.

■ 항공 우주 산업

   딥 러닝은 인공위성이 특정 물체를 식별하거나 우주에서 항해사가 안전하거나 안전하지 않은 것으로 영역을 판단할 수 있도록 광범위한 정보를 제공하는데 사용된다.

   딥 러닝은 새로운 용도를 알아내며 발전하고 있지만, 여전히 다음과 같은 특정 제약이 존재한다.
   첫째, 보다 통찰력 있고 추상적인 답변을 얻기 위해서는 딥 러닝이 학습해야 할 양질의 빅 데이터가 필요하다. 인간의 두뇌와 마찬가지로 딥 러닝 알고리즘은 실수로부터 학습하고 결과를 개선할 수 있는 예시가 필요하기 때문이다.
   둘째, 머신은 여전히 매우 편협한 방식으로 학습하므로 실수를 초래할 수 있다. 딥 러닝 네트워크는 특정 문제를 해결하기 위해 데이터를 사용한다. 이 데이터 학습 범위를 벗어난 작업을 수행하도록 요청하면 실패할 가능성이 크다.
   셋째, 패턴을 찾기 위해 수백만 개의 데이터를 낱낱이 살펴보지만, 신경망이 솔루션에 어떻게 도달하는지 이해하기 어려울 수 있다. 데이터 처리 방식에 대한 투명성이 부족하므로 원치 않는 편향을 식별하고 예측을 설명하기가 어렵다.

   그러나 이러한 난관에도 불구하고 데이터 과학자들은 감독 없이 학습할 수 있는 매우 정확한 딥 러닝 모델을 구축하는 일에 점점 더 가까워지고 있다. 이 모델을 통해 딥 러닝은 더 빨라지고 노동 집약적 작업이 줄어들도록 할 것이다.

강화 학습

◇ 강화 학습이란

강화학습(Reinforcement Learning)은 지도학습(Supervised Learning), 비지도 학습 (Unsupervised Learning)과 함께 기계 학습의 한 분야이다. 행동심리학에서 영감을 받았으며, 에이전트(Agent)와 환경(Environment)이 행동(Action), 상태(State), 보상(Reward)의 세 가지 정보로 상호작용하면서 학습하여 주어진 목표를 달성한다. 기기가 스스로 경험하면서 더 좋은 선택을 하는 기능이 필요하다면 강화학습을 생각해 볼 수 있겠다.

강화학습의 개념을 다음 그림에서 나타낸 드론의 비행 훈련 과정을 통해 이해해 보자.

<그림 2-4-5> 강화 학습 개념

드론 자율주행의 강화학습 프로세스는 다음과 같다.
1) 에이전트(Agent)는 현재 상태(Steate)에서 어떠한 행동(Action)을 취한다.
2) 환경(Environment)은 행동에 대한 보상(Reward)과 다음 상태를 에이전트에게 반환한다.
3) 에이전트는 환경으로부터 받은 보상에 따라 다음 행동을 취한다.
4) 위 과정을 반복하면서 에이전트는 최대의 보상을 얻을 수 있는 행동을 계속 취한다.

위의 강화학습 개념을 설명하기 위해 사용된 용어의 정의는 다음과 같다.

■ 에이전트(Agent)

주어진 문제 상황에서 행동하는 주체를 에이전트라고 부른다. 드론을 예로 들면 하늘을 나는 드론 기기가 에이전트라고 할 수 있다.

■ 환경(Environment)

환경은 강화학습을 사용하여 해결하고자 하는 문제(상황)를 말한다. 드론이 비행 경로를 탐색하는 경우 지상 공간은 환경이 된다.

■ 상태(State)

상태는 현재 시점에서 상황이 어떤지 나타내는 값의 집합이다. 드론의 고도, 배터리 잔량 등이 해당될 수 있다.

■ 행동(Action)

행동은 일정 시점의 상태에서 취할 수 있는 행동의 집합을 일컫는다. 드론의 경우이륙, 고도 상승, 속도 상승, 좌회전, 우회전, 호버링, 착륙 등의 행동을 선택할 수 있다.

■ 보상(Reward)

에이전트가 어떤 행동을 했을 때 따라오는 이익을 보상이라고 한다. 말 그대로 보상이기 때문에 높을 수록 좋다. 비행체인 드론의 경우 보상은 항로 유지라고할 수 있다.

■ 정책(Policy)

정책(Policy)은 순차적 행동 결정 문제(MDP)에서 구해야할 답을 의미한다. 모든 상태에 대해 에이전트가 어떠한 행동을 해야 하는지 정해놓는 것을 의미한다.

강화학습은 시행착오(Trial and Error)에 대한 보상을 바탕으로 학습이 일어도록 한다. 강화 학습은 지도 학습과 달리 입력/출력 쌍으로 데이터를 분류하여 제공할 필요가 없다. 대신 미지의 영역에 대한 탐험과 현재 지식 사용 사이의 균형을 찾는 데 중점을 둔다.

◇ MDP

강화학습은 순차적으로 결정을 내려야 하는 문제에 적용된다. 순차적 결정 문제로 정의하기 위해서는 MDP(Markov Decision Process)를 사용하는데, 이것을 쉽게 이해하기 위해서는 MP, MRP, MDP의 주요 개념을 순차적으로 살펴보자.

MP(Markov Process)는 미래에 일어날 수 있는 사건들의 순서를 표현하기 위한 모델이다. 즉 앞으로 발생할 수 있는 사건들에 대한 순서를 확률로 모델링한다. 이러한 MP는 현재 발생한 사건은 이전의 사건에만 영향을 받는 가정인 마르코프 특성(Markov Property)을 기반으로 한다.

MP를 좀 더 깊이있게 이해하기 위해 날씨를 예로 들어 살펴보자. 오늘 날씨가 맑은 것은 어제 날씨가 맑았던 때문이지 한달 전 날씨에 영향을 받은 것은 아니라는 것이다. 그림에서 보듯이 오늘 날씨가 맑았다면 내일 비가 올 확률은 30%, 비가 안올 확률은 70%가 되고, 비가 왔다면 내일 비가 올 확률은 80%, 비가 안올 확률은 20%가 되는 것이다.

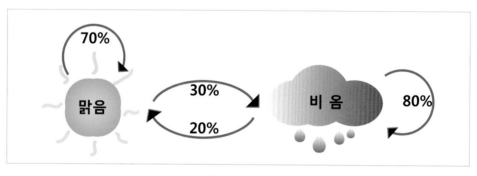

<그림 2-4-6> MP

MRP(Markov Reward Process)는 MP에서 각 상태마다 좋고 나쁨을 나타낼 수 있는 보상이 추가된 개념이다. 보상은 계속 누적하여 앞으로 받을 모든 보상 계산에 포함시킨다. 보상 계산에서 미래에 받을 보상과 지금 받을 보상의 가치를 다르게 평가할 수도 있는데 이 때는 할인 요소(discounting factor)라는 개념을 사용한다. 마치 당신에게 지금 백만원을 받을지 혹은 미래에 백만원을 받을지 물어온다면 당연히 지금 백만원을 받는 것을 선택하듯이, 지금의 보상과 미래의 보상은 다르기 때문이다.

MDP(Markow Decision Process)는 MRP에서 행동이 추가된 개념이다. MP와 MRP에서는 현재 상태에서 정해진 다음 상태로 바로 넘어간다. 그러나 MDP에서는 어떤 행동을 수행하느냐에 따라서 다음 상태가 바뀐다. 현재 상태에서 할 수 있는 다양한 행동들이 있고 이 행동들의 선택에 따라서 여러 가지 다음 상태가 존재할 수 있기 때문이다. 현재 상태에서 어떤 행동을 수행할 것인가를 정책이라고 한다. 여기서의 핵심은 바로 행동이다.

◇ 강화 학습의 응용 분야

    강화학습은 다양한 분야에 적용할 수 있다. 이미 주차, 로봇, 생산라인, 게임 등의 여러 분야에 응용되고 있을 뿐만 아니라 앞으로의 응용 가능성도 무궁무진하다. 스스로 훈련을 통해서 더 좋은 선택을 하는 기능이 필요하다면 강화학습을 활용해 보자. 경험할수록 알아서 똑똑해지는 기계를 만들 수 있다. 강화학습을 통해서 할 수 있는 일들은 다음과 같은 사례가 있다.

■ 온라인 게임

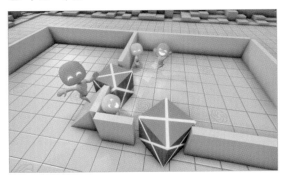

<그림 2-4-7> 술래잡기　출처: https://img.hani.co.kr/
imgdb/resize/2019/0920/156882570087_20190920.JPG

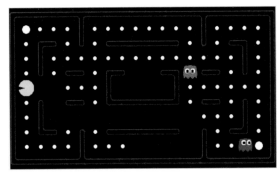

<그림 2-4-8> Pac-Man Compilation for Kids
출처: https://www.youtube.com/watch?v=lNJkpWtuXM4

■ 드론 및 자동차의 자율주행

<그림 2-4-9>
출처: https://www.youtube.com/watch?v=VMp6pq6_Qjl

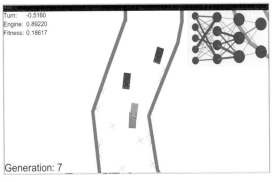

<그림 2-4-10>
출처: https://www.youtube.com/watch?v=Aut32pR5PQA

■ 로봇제어

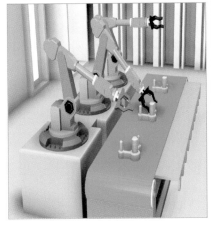

<그림 2-4-11> 생산라인 제어

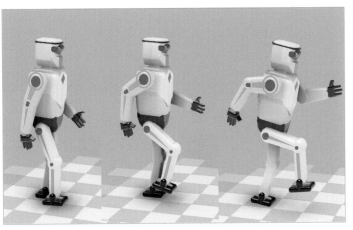

<그림 2-4-12> 보행 로봇

5. 인공지능과 피지컬 컴퓨팅

🤖 지능형 로봇

◇ 지능형 로봇

로봇은 어떤 작업이나 조작을 자동적으로 하는 기계 장치, 인간과 유사한 형태를 가지고 걷기도 하고 말도 하는 기계 장치 등의 사전적 의미가 있다. 로봇을 활용해오던 일들은 주로 사람이 하기에 단조로운 반복 작업이다. 물건에 라벨을 붙이거나 자동차에 색을 칠하는 일 등이 있으며, 정확도, 정밀도 측면에서 뛰어나게 일을 수행하고 휴식도 필요 없는 등 사람보다 잘한다고도 볼 수 있다. 과거에는 산업용으로 주로 활용되던 형태에서, 최근에는 인공지능 등 IT 기술의 발전과 함께 지능형 로봇으로 변화하고 있다. 지능형 로봇은 외부환경을 인식하고 상황을 스스로 판단하여 자율 동작을 할 수 있는 로봇이다. 인간지향적인 로봇으로 사람과 상호작용을 하면서 제조업, 농업 뿐만 아니라 교육, 예술, 의료 등 다양한 형태로 범위가 확대되고 있다. 기존 로봇과 가장 큰 차이점은 '알아서 동작한다'는 것이다. 이는 관련 빅 데이터를 학습하였고 상황을 판단하는 것이 가능하다는 의미이고, 인공지능을 활용하고 있다고 볼 수 있다.

◇ IoT 시스템

사물인터넷(Internet of Things, IoT)은 여러 사물이 인터넷 즉, 네트워크로 연결되어 서로 소통, 상호작용이 가능한 것을 의미한다. 사람, 사물, 공간, 서비스 등을 하나로 연결하여 새로운 가치를 창출한다. 이를 가능하게 하는 주요기술로는 센서, 통신, 네트워크 인프라, 인터페이스 테크놀로지 등이 있다. 이 모든 IT 기술이 빠르게 발전하면서 모든 사물이 연결되는 초연결사회로 변화하고 있는데, 그 중심에 IoT가 있다고 볼 수 있다.

소지하고 있는 스마트폰으로 집에 있는 전등이나 에어컨을 켜고 끌 수 있고, 반대로 센서값을 활용하여 집 내부의 온도, 외부의 날씨 등을 알 수 있는 다양한 IoT 서비스가 있다. 이러한 서비스로 스마트 홈을 만들 수 있다. 일상생활 뿐만 아니라 공장 내외의 설비와 기계에 적용하여 스마트 팩토리도 가능하다. 모든 기계와 장비들이 무선통신으로 연결되어 모든 공정을 모니터링 할 수 있다. 중요한 수치들을 실시간으로 확인하고, 문제점을 예측하는 등의 데이터 분석도 가능하다. 지능형 로봇도 IoT 시스템을 기반으로 가능한 것이다.

◇ AIoT 시스템

지능형 사물인터넷(AIoT)은 IoT 분야에 인공지능(AI)의 도입이 자연스럽게 흐름으로 인식되면서 새롭게 떠오르고 있다. IoT에서 획득한 데이터를 바탕으로 의사결정을 지원하는 AI가 접목되면서 지능형 IoT로 발전하였고, 자율동작형 IoT로 진화하는 단계로 이어지고 있다. 머신러닝 알고리즘 기반의 데이터 분석을 통해 프로세스의 최적화로 다양한 부분에서 향상이 이루어지고 있다.

현재 기업들의 시스템 내에서 수집된 데이터로 실시간 피드백을 제공하고, 데이터에 기반하여 새로운 가치 제안을 창출해주는 시스템이기 때문에 대부분 미래에는 AIoT 시스템을 필수 도입하게 될 것이다.

다양한 활용 사례를 들여다보면, 제조업의 생산 라인에서 컨베이어 벨트로 움직이는 제품이 있을 때 이미지 센서와 AI로 제품 결함을 미리 찾을 수 있다. 제품 성능 측정값을 수치분석하여 불량제품을 자동으로 검출하거나 AI 알고리즘을 통해 부품의 검정 및 교정을 수행하기도 한다. 또한 작업자와 설비기기 간의 통신 연결을 통해 현장을 모니터링하여 작업자의 안전도 관리한다. 최근 코로나로 인한 비대면 배송시장이 매우 커지면서, 과일, 야채, 유제품 등 신선제품을 안전 배송하는 것은 더욱 중요해졌다. 이를 위해 생산지에서부터 물류창고, 배송차량, 매장까지의 환경(온습도, 날씨 등) 데이터를 다양하게 모니터링하고 분석한다. 식품을 추적하는 시스템을 통해 식료품 부패 등의 피해를 최소화 할 수 있고, 물류창고 내에서의 운반도 자동화되고 있으며, 택배 배송의 효율성을 위해 최적의 배송 동선을 알려주는 AI 알고리즘이 적용되기도 한다. 최근 무인배송 드론이나 배송 로봇에 대한 기대도 높아지고 있는데, 객체 인식 알고리즘을 통해 장애물이나 사람 등을 피해 주행이 가능하고, 비전센서를 통해 화물 보관 위치 등을 인식할 수도 있다.

예시	이미지
스마트 홈	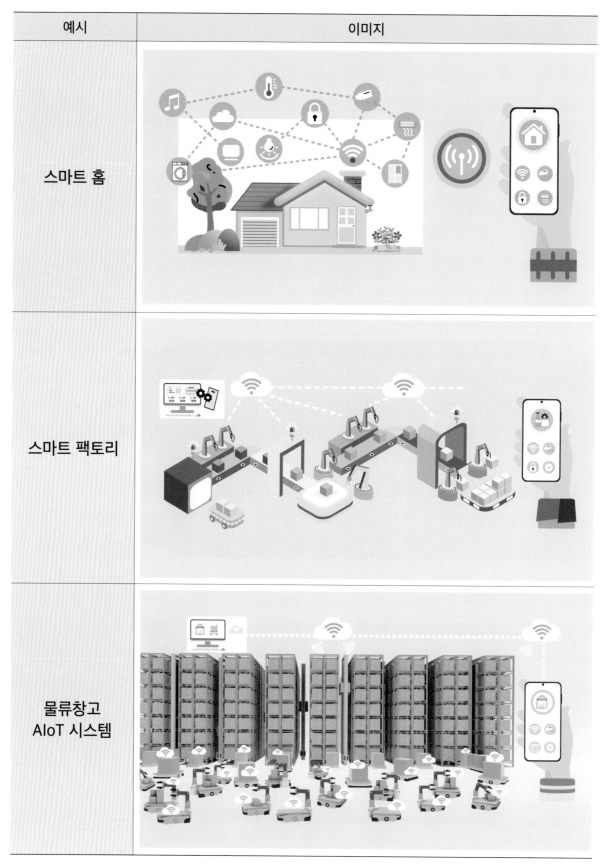
스마트 팩토리	
물류창고 AIoT 시스템	

<그림 2-5-1> IoT시스템과 AIoT시스템의 예시

🤖 피지컬 컴퓨팅

로봇을 연구하는 분야를 로보틱스(ROBOTICS) 또는 로봇공학이라고 한다. 연구 분야를 보면 컴퓨터 과학부터 전기전자, 기계, 컴퓨터 등 소프트웨어와 하드웨어가 모두 연계되어 있다. 로봇을 이해하려면 제어, 센서, 동작을 알아야 하고, 로봇을 동작시키기 위해서는 명령을 해야 한다. 사람이 뇌를 시작점으로 움직이듯 로봇도 뇌가 필요하고, 뇌가 내린 명령에 따라 움직이게 되는데 이것이 제어다. 로봇에서는 뇌의 역할을 하는 것이 바로 컴퓨터다. 로봇은 단순하게 반도체 칩이나 컴퓨터와는 달리 현실세계에서 작동하기 때문에, 다양한 하드웨어가 함께 필요하다.

하드웨어 즉, 디지털 디바이스와 현실을 연결해주는 기술이 피지컬 컴퓨팅이다. 하드웨어와 소프트웨어가 하나로 합쳐진 형태이다. 눈에 보이고 손에 만질 수 있는 LED, 모터, 칩 등이 하드웨어, 프로그램(명령)은 소프트웨어이다. 디지털 장치의 여러 센서를 통해 실제 세상에 존재하는 데이터를 입력받아 소프트웨어(프로그램)에 전달하고, 그 처리 결과를 다양한 형태로 출력한다. 즉, 현실 세계와 컴퓨터가 상호 작용하는 것이다. 예를 들어 거리를 인식하는 센서가 장착된 자동차가 주행 중 피해야 하는 장애물을 만나면, 방향을 변경하거나 미리 멈춘다. 여기서 센서를 통해 측정된 거리 데이터가 프로그램에 입력값으로 전달되면, 거리값의 범위에 따라서 적합한 결과가 모터로 출력되는 것이다.

교육 분야에서도 피지컬 컴퓨팅을 통해 로봇을 직접 제작해 볼 수 있다. 실생활에서 불편했던 점에 대해 해결하는 아이디어를 보드형 도구와 센서, 액츄에이터(Actuator)로 직접 구현하는 것이다. 물론 센서와 액츄에이터를 이미 갖추고 있는 교육용 로봇으로 움직임을 보거나 원하는 일을 시켜보며 피지컬 컴퓨팅을 학습하는 방법도 가능하다.

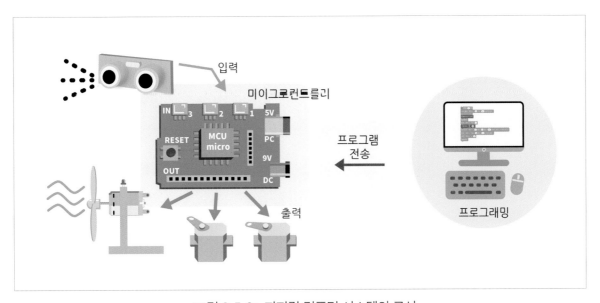

<그림 2-5-2> 피지컬 컴퓨팅 시스템의 구성

◇ 피지컬 컴퓨팅 도구 형태

■ 마이크로컨트롤러 보드

　보드형은 마이크로컨트롤러(Micro Controller Unit, MCU)가 부착된 보드를 의미한다. MCU는 이름처럼 CPU와 관련이 있다. CPU(Central Processing Unit)는 일반적으로 데스크탑, 노트북에서 사용되는 중앙처리장치로, 사람의 뇌와 같은 역할을 한다. 기억, 연산, 제어를 종합적으로 처리하는 장치이기 때문이고, 이런 기능을 수행하지만 단독으로 사용할 수는 없다. 주기억 장치, 보조기억 장치, 메인보드, 입출력장치 등 주변 장치들이 필요하다. 산업용 장비 등에서 쓰는 소형화 된 CPU인 MPU(Micro Processing Unit)도 CPU의 한 종류이다. 우리 주변에서 사용하는 리모컨, 마우스 등 다양한 전자제품들에 대해 떠올려보면 프로그램에 의해 작동하기 때문에 CPU가 필요하다. 그래서 탄생한 것이 작은 컴퓨터 MCU이다. 일반적인 CPU와는 다르게 메모리, 버스 등을 포함하여 컴퓨터를 작게 축소해 놓은 것과 같기 때문에 one-chip microcomputer라고도 부른다. 일반 CPU와 비교하였을 때 크기도 작고, 동작할 수 있는 최소한의 기능만을 포함하고 있다. 전력도 적게 사용하며, 비용도 저렴하다. 핵심장치와 주변 장치들을 포함하고 있는 통합형 칩이기 때문에, 이 소형칩 하나만으로 LED, 서보모터 등 다른 부품들을 제어할 수 있다. 정리해보면, MCU는 칩만으로 기본적인 동작을 할 수 있고, 주변장치 등 추가적인 장치가 필요하다면 CPU인 것이다. 이러한 MCU를 포함한 보드형으로는 아두이노, 마이크로비트, 라즈베리파이, 잭슨나노, E-센서보드 등이 있다. 로봇형에 비해 자유롭고, 아이디어만 있으면 다양하게 활용이 가능한 장점이 있다. 다만 처음 피지컬 컴퓨팅을 접하는 사람은 사용하는데 어려움을 겪을 수 있다.

<그림 2-5-3> 마이크로컨트롤러(MCU) 보드의 종류

종류	보드 이미지	종류	보드 이미지
마이크로비트		잭슨나노	
아두이노	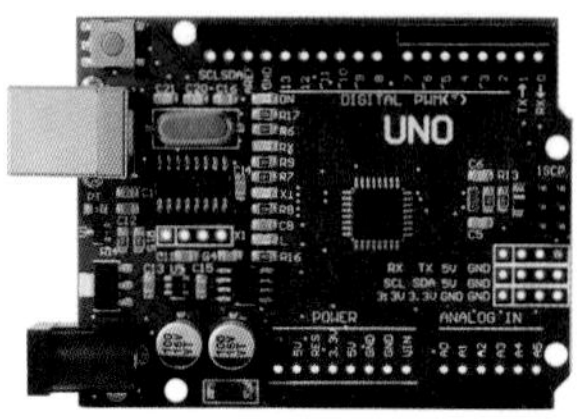	라즈베리파이	

■ **교육용 로봇**

로봇형은 대부분 완성품으로 제공되기 때문에 다루기 쉽고 로봇에 대한 이해도를 높일 수 있다. 하지만 고가품인 경우가 많고, 다양한 로봇들을 경험해 보는 것이 쉽지 않다. 피지컬 컴퓨팅에서 사용하는 교육용 로봇으로는 햄스터봇, 오조봇, 알버트, 터틀봇, 프로보 등 매우 다양하며, 현재도 지속적으로 개발되어 출시되고 있다.

특히 최근에는 기존의 로봇에 인공지능 모델을 탑재하여 인공지능 융합 교육이 가능하도록 업데이트하고 있다. 활용도가 높은 음성인식(STT), 음성합성(TTS), 인공지능 비서 등의 모델을 내장하고 활용할 수 있게 한 것이다. 뿐만 아니라 비전센서를 통해 입력된 이미지 데이터를 학습하여 모델을 생성해 주고, 개인의 데이터를 학습한 인공지능 모델로 자신의 아이디어를 구현해 보는 것도 가능하다.

<그림 2-5-4> 교육용 로봇의 종류

종류	로봇 이미지	종류	로봇 이미지
햄스터봇		오조봇	
알버트	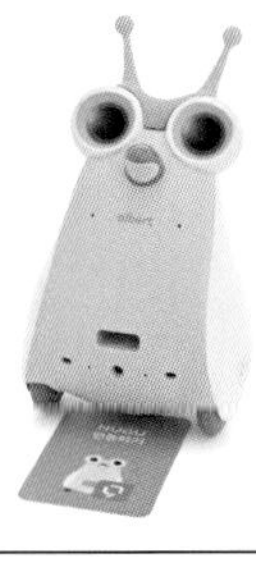	터틀봇	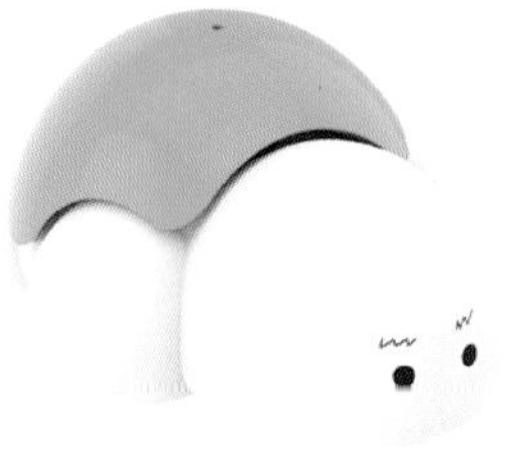

◇ **입력장치(센서)**

센서는 입력장치로 마이크로컨트롤러(MCU) 주변에서 빛, 소리, 온습도와 같은 외부 아날로그값을 감지해서 내부로 수집해주는 도구이다.

■ **버튼**

버튼은 4개의 다리가 있는 형태로 평소에는 다리가 서로 연결되지 않았다가 버튼을 누르면 모든 다리가 연결되어 전류가 흐르는 구조로 되어 있다. '버튼을 누른다', '누르지 않는다'라는 동작은 외부에서 전달되기 때문에 입력장치이다. 버튼을 이용하면 디지털 신호 입력을 제어할 수 있다. '전환하다', '바꾸다'라는 의미로 종종 스위치라고 불리기도 한다. 전기가 지나가는 길을 바꿔주기 때문이다.

■ **조도센서**

주변의 밝기 정도를 알려주는 센서로 일종의 저항이다. 센서의 윗 부분에 꼬불꼬불한 부분이 저항인데, 주변이 밝으면 빛의 양이 많이 들어오면서 저항값이 감소하고 전류가 많이 흐르게 된다. 반대의 상황이면 빛의 양이 적어지면서 저항값이 증가하여 전류가 적게 흐르기 때문에 주위가 어둡다는 것을 알 수 있다.

■ **초음파센서**

초음파를 이용하여 사물이나 벽까지의 거리를 알려주는 센서이다. 초음파를 발사하는 TRIG 부분과 다시 받는 ECHO 부분으로 구성되어 있다. 초음파는 일정한 속도로 똑바로 날아가는 성질이 있고, 사물이나 벽에 부딪히면 반사된다. 경우에 따라서 초음파가 발사된 방향으로 다시 돌아올 수도, 다른 방향으로 날아갈 수도 있다. TRIG에서 일정 시간동안 출력한 초음파를 기다렸다가, 초기값이 LOW신호였던 ECHO 부분의 전압이 HIGH로 바뀌는 순간의 시간을 측정한다. 초음파의 속도인 340m/s를 기준으로, 측정한 시간을 사용하려는 단위의 거리로 변환하여 사용한다.

■ **적외선센서**

우리 주변에서 리모컨에 사용되면서 매우 친숙한 적외선(Infrared Ray, IR)은 10미터 내의 가까운 거리에서 전자기기를 무선제어하기 위해 활용된다. 피지컬 컴퓨팅에서도 저렴한 가격으로 간단하게 무선 조종 장치 등을 제작할 수 있기 때문에 자주 사용한다. 리모컨 버튼을 누르면, 초당 38,000번 깜빡이면서 데이터를 전송한다. 적외선은 자연에서도 흔히 볼 수 있으나, 38khz 주파수 대역은 흔치 않기 때문에 데이터를 전달하는 데 사용한다. 물론 다른 주파수 범위를 사용하는 경우도 있다. 통신 거리가 짧고 송수신기가 마주 보고 있어야 하는 단점도 존재한다.

종류	예시 이미지	종류	예시 이미지
버튼		초음파센서	
적외선센서		비전센서 (카메라)	
모션감지센서		소리센서 (마이크)	
미세먼지센서		조도센서	

◇ 출력장치(액츄에이터)

액츄에이터는 출력장치로 컴퓨터가 전기적인 신호를 이용하여 원하는 출력을 할 수 있게 해주는 도구이다. 스피커로 소리를 출력하거나 조그만 모터로 움직임을 일으키는 등 반응을 할 수 있다.

■ LED(발광다이오드)

전류가 흐르면 빛이 나는 액츄에이터이다. 윗 부분에 둥근 모자처럼 생긴 부분이 LED 렌즈로 지름이 5mm인 것을 많이 사용하지만, 크기는 다양하다. +(plus)와 −(minus) 로 나누어지는 극성을 가지는 특징이 있고, 보통 단색을 표현한다. 빛의 삼원색(RGB)을 조합하여 모든 색을 표현할 수 있는 3색 LED도 있다. 단색 LED는 긴 다리(anode,+) 와 짧은 다리(cathode,−)를 가지는 형태로 되어 있고, +에서 전류를 흘려보내는 신호 를 주고 − 로 나가는 회로를 구성하면 빛이 나게 된다. 이 때 전압을 조절하여 밝기를 표 현할 수도 있다.

- LCD(Liquid Crystal Display)

　　LCD는 액정에 글자를 표시할 수 있는 전자부품이다. 액정(Liquid Crystal)은 액체이면서 고체의 성질을 띄는 물질로 디스플레이로 만들어져서 사용된다. 다양한 종류 중 텍스트 LCD는 고정된 위치에 문자 단위로 영문자 및 숫자를 표시할 수 있어서 간단한 텍스트 출력에 사용한다.

- 피에조부저(스피커)

　　전기적 신호를 이용해 소리를 내는 부품으로, 동작하는 전압에 따라서 크기가 다양하다. 내부에 얇은 쇠판이 있고, 이 판이 피에조 효과에 따라서 수축하거나 확장한다. 특정 물질에 전기적인 신호를 주었을 때, 수축 또는 확장하는 것을 피에조 효과라고 한다. 사람이 목소리를 어떻게 내는지 생각해보면, 피에조부저 내부의 판처럼 사람의 목 내에도 성대라는 얇은 막이 존재한다. 이 막이 파르르 진동하면서 소리를 내는 것이고, 성대가 진동시킨 공기가 물결처럼 퍼져나가서 귀로 들어와 소리로 듣는 원리이다. 공기의 진동을 귀에서 소리로 느끼는 것도 귀 내에 고막이라는 얇은 막이 있어 진동을 소리로 인식하게 된다. 마이크도 동일한 원리로 동작하는데, 우리 주변을 자세히 보면 전자부품들이 사람의 몸과 많이 닮았다는 것을 알 수 있다.

- DC 서보모터

　　귀환 제어 회로를 추가하여 위치 제어가 가능하도록 구성되어 있다. PWM(Pulse Width Modulation) 기능을 이용해 축을 원하는 각도로 회전할 수 있는 액츄에이터로, 일반적으로 0~180도 사이의 원하는 각도로 축을 회전 가능하다. 종류에 따라 연속 회전 서보 모터는 360도까지 완전히 회전도 가능하다. 추가된 내부 회로 때문에 가격이 비싼 단점이 있지만, DC모터랑 비교하였을 때 정밀제어가 가능하고 스텝 모터에 비해 속도가 빨라 많이 사용한다.

- 7-세그먼트

　　7개의 LED조각으로 원하는 글자나 숫자를 표시하는 장치이다. 즉, 각 조각(segment)에 대한 LED가 7개 있고, 점(dot)을 나타내는 LED까지 포함하면 총 8개로 구성되어 있다. 단순히 8개의 LED를 사용하는 것과 원리가 동일하다. 단, 주의해야 할 점은 사용하는 7-세그먼트가 애노드타입(anode type)인지 캐소드타입(cathode type)인지 확인해야 한다. 회로의 차이인데, 각 조각의 이름과 연결된 다리는 같으나 VCC부분과 GND부분이 달라진다. 애노드타입은 가운데 다리를 VCC에 연결하고, LED를 켜고 싶다면 LOW신호를 준다. 반면 캐소드타입은 가운데 다리를 GND에 연결하고, LED를 켜고 싶다면 HIGH신호를 보내줘야 한다.

<그림 2-5-6> 출력장치 또는 액츄에이터

종류	예시 이미지	종류	예시 이미지
LED (발광다이오드)		LCD	
피에조부저 (스피커)		DC모터	
7-세그먼트		서보모터	

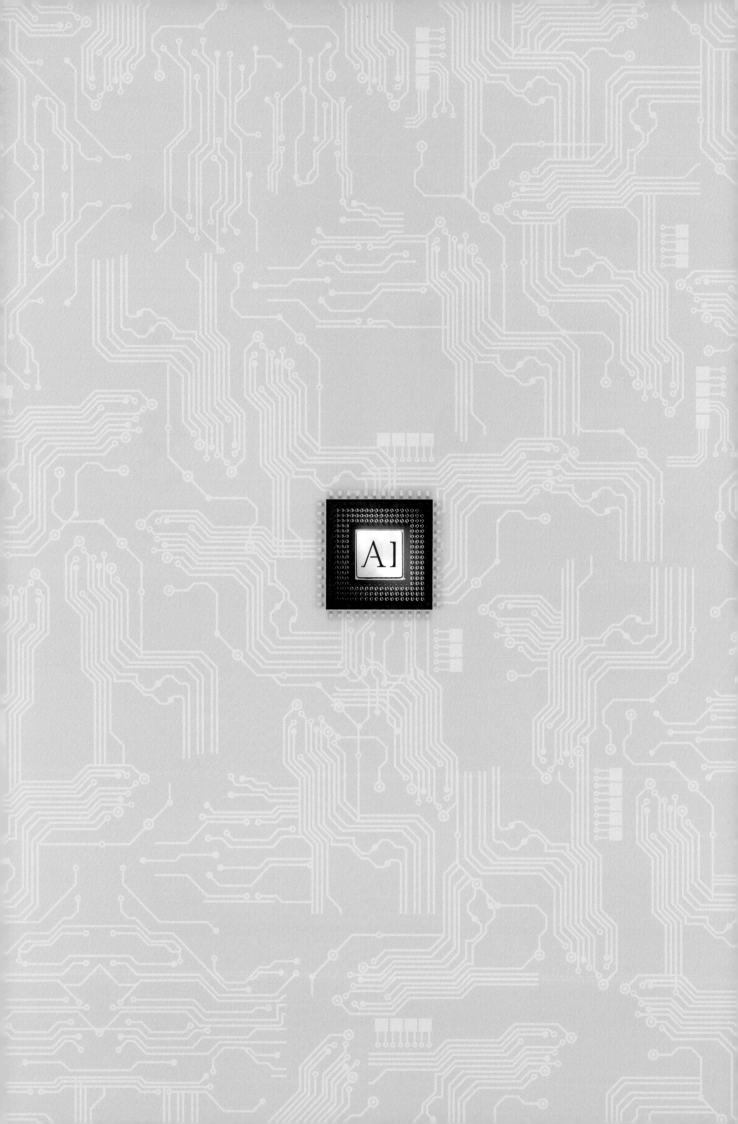

Chapter

인공지능 융합교육 도구 활용하기 III

! 이제는 교육현장에서 인공지능에 대한 이해 교육을 위해 다양한 방법들이 활용될 필요가 있다. 단순히 스피커나 태블릿과 같은 디바이스로 공부에 흥미를 주거나 게임 콘텐츠를 활용한 수업 수준이 아니라 수업 장면이나 학습하는 주제, 학습 환경에 따라 교사는 교육지원의 도구로써 인공지능 기술을 효과적으로 활용할 필요가 있다. 이 장에서는 인공지능 이해 및 활용을 위해 각 교과 교육을 위해 활용할 수 있는 다양한 인공지능 도구의 사용법에 대해 설명한다.

1. 티처블 머신(Teachable Machine)

☞ https://teachablemachine.withgoogle.com/

소개

티처블 머신은 구글에서 제공하는 머신러닝 학습 도구이며, 누구나 쉽고 빠르게 머신러닝 모델을 만들 수 있도록 제작된 웹 기반 도구이다. 이미지, 사운드, 포즈를 인식하는 머신러닝 모델을 만들 수 있도록 지원한다. 티처블 머신으로 만든 학습모델은 웹사이트나 앱 등에서 다양하게 활용할 수 있다.

사용방법

① **[시작하기]** 버튼을 클릭한다.

※ 좌측 상단의 **[메뉴 버튼]**-**[새 프로젝트]** 클릭으로도 시작할 수 있다.

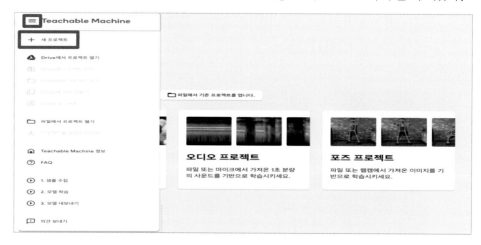

◇ 이미지 인식 모델

① **새 프로젝트**의 [**이미지 프로젝트**]를 선택한다.

② [**표준 이미지 모델**]을 선택한다.

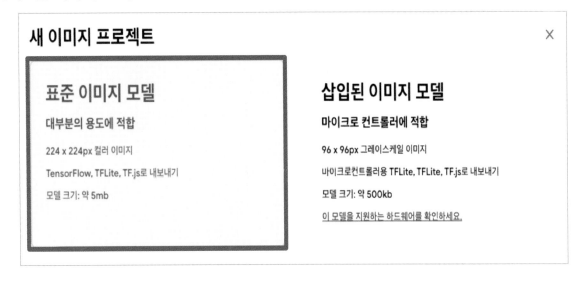

③ 프로젝트 창은 **[이미지 샘플 추가]**, **[학습]**, **[미리보기]** 로 구성되어 있다.
이미지 샘플을 추가하는 방법은 웹캠으로 직접 촬영하는 방법과 이미지 데이터를
업로드 하는 방법이 있다.

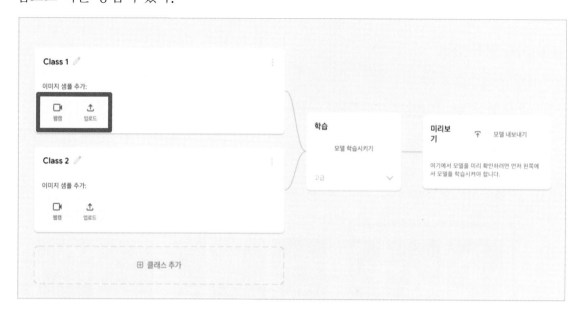

👆 **잠깐!**

이미지 데이터 파일을 이용하여 모델을 만드는 경우에는 학습에 사용할 '샘플 데이터셋'과 인공지능
성능을 확인할 '테스트 데이터셋'을 따로 수집해서 사용하세요.

④ **[클래스 추가]** 버튼을 클릭하여 분류 데이터의 종류를 추가할 수 있다.

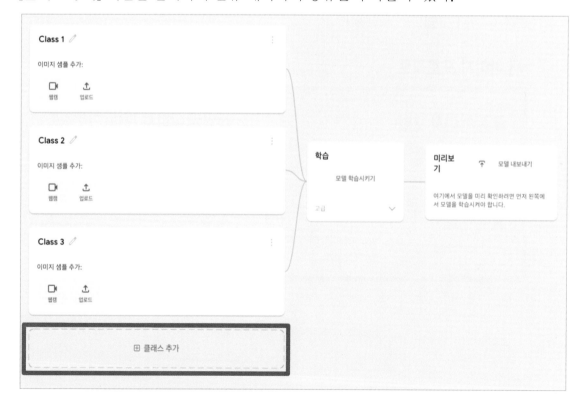

⑤ 분류할 데이터별로 클래스 이름을 입력한다.

　※ 예제에서는 피카츄, 파이리, 이상해씨를 입력한 후 진행

⑥ 웹캠을 켜고 **[길게 눌러 녹화하기]**를 눌러 촬영을 한다.

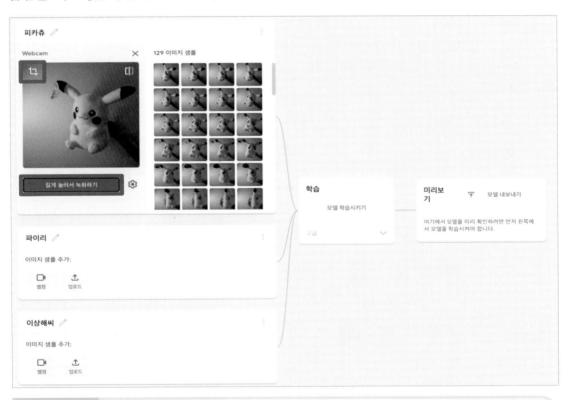

👆 **잠깐!**

> 사람의 눈은 피사체만 인식하지만 카메라는 배경까지 한 덩어리로 인식한답니다.
> 피사체를 촬영할 때 배경은 단순하게 하고, 피사체를 최대한 줌인(zoom in)해 주세요.
> 화면의 **[자르기]**기능을 이용하여 피사체를 중심으로 포커싱(focusing)할 수 있어요.
> 다양한 각도에서 인식할 수 있도록 돌려가며 100장 정도 촬영해주세요.

⑦ 분류할 세 가지 모델을 모두 촬영한 후 **[모델 학습시키기]**를 클릭한다.

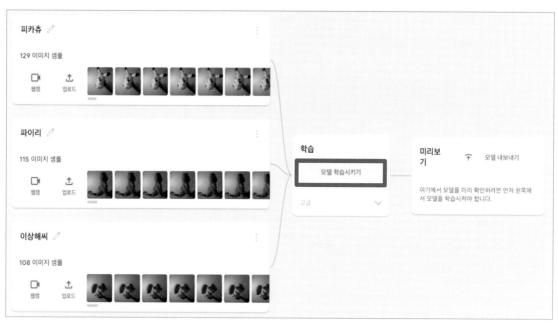

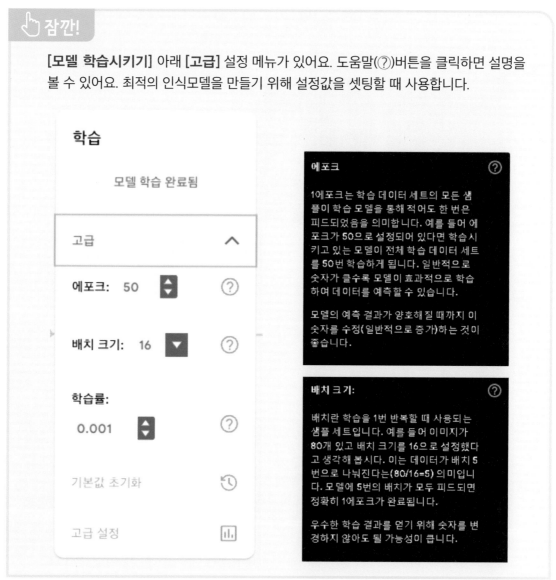

[모델 학습시키기] 아래 **[고급]** 설정 메뉴가 있어요. 도움말(⑦)버튼을 클릭하면 설명을 볼 수 있어요. 최적의 인식모델을 만들기 위해 설정값을 셋팅할 때 사용합니다.

⑧ 학습 진행상황을 확인할 수 있다.

⑨ 학습이 종료되면, **[미리보기]**의 웹캠에 새로운 이미지(피카츄)를 비춰 올바르게 분류하는지 테스트한다. 출력 창에 이미지 인식률이 나타난다.

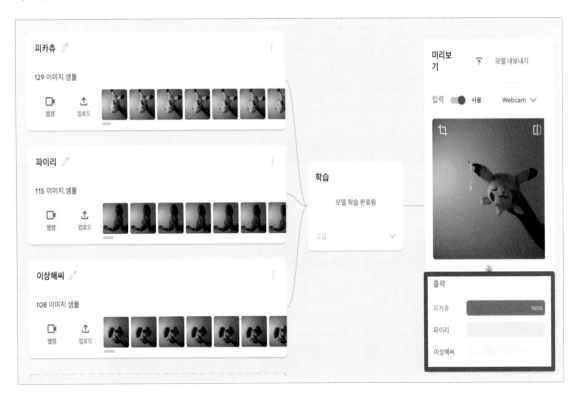

⑩ 두번째 클래스의 이미지(파이리)를 비춰 올바르게 분류하는지 테스트한다. 인식률의 차이를 알 수 있다.

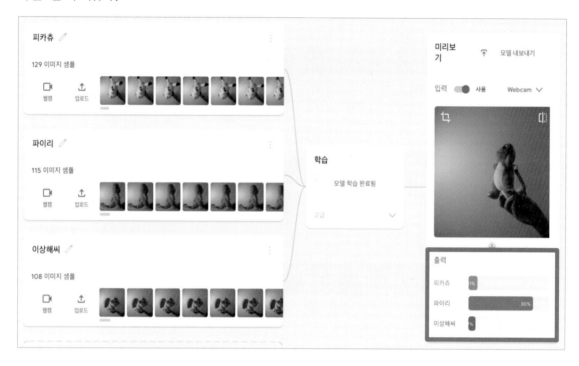

⑪ 세 번째 클래스의 이미지(이상해씨)를 비춰 올바르게 분류하는지 테스트한다. 테스트를 통해 학습모델이 잘 만들어진 것을 확인할 수 있다.

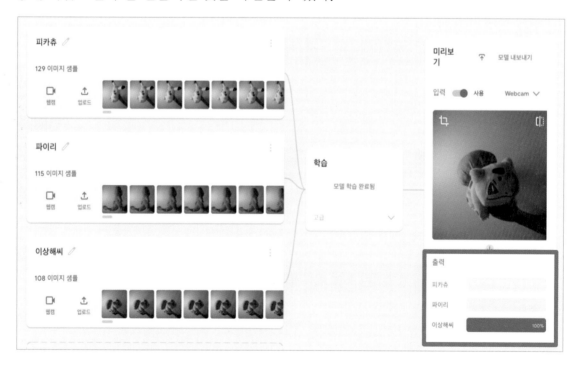

⑫ 완성된 모델은 드라이브에 프로젝트로 저장하고, 불러서 사용할 수 있다.

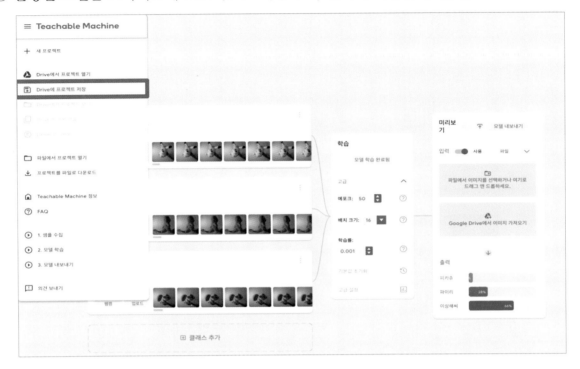

⑬ **[모델 내보내기]**를 이용하여 다양한 형식(Tensorflow.js, Tensorflow, Tensorflow Lite)으로 온라인에 무료로 업로드하거나 다운로드 할 수 있으며, 다양한 프로젝트에 사용가능하다.

수업활용 tip

<초등 1-2학년 과학>
생활 속 도형을 찾아 분류하고, 티처블 머신을 이용하여 세모, 네모, 동그라미 모양의 물건을 인식하는 이미지 학습모델로 만들어 볼 수 있다.

◇ 오디오 인식 모델

① **[오디오 프로젝트]**를 선택한다.

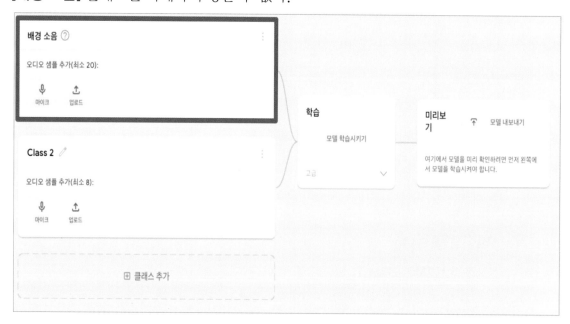

② 오디오 프로젝트 창은 **[배경 소음]**이 기본 데이터로 수집할 수 있도록 되어 있고, **[배경 소음]** 클래스는 삭제나 수정할 수 없다.

③ 분류할 오디오 데이터의 종류만큼 클래스를 추가하여 클래스 명을 입력한다.

※ 예제에서는 기본데이터 클래스인 배경소음 외 음악과 박수를 입력한 후 진행한다.

④ [배경 소음]을 수집하기 위해 마이크를 클릭하고, 녹화시간을 수정하기 위해 옆 설정아이콘을 클릭한다.

※ 녹화의 최소 시간(기본값)은 20초로 설정되어 있다.

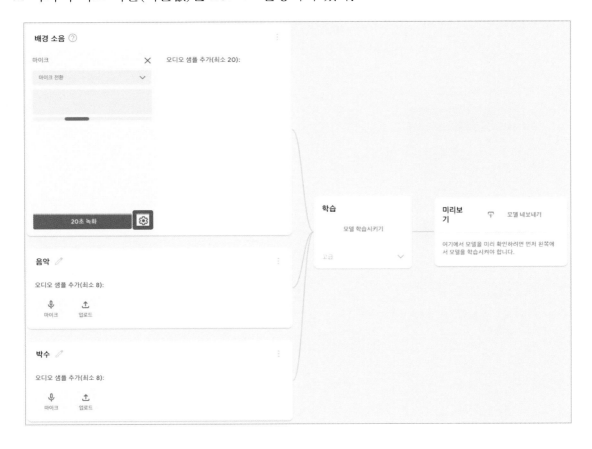

⑤ [**소요 시간**]을 30초로 수정하고 [**설정 저장**]을 클릭한다.

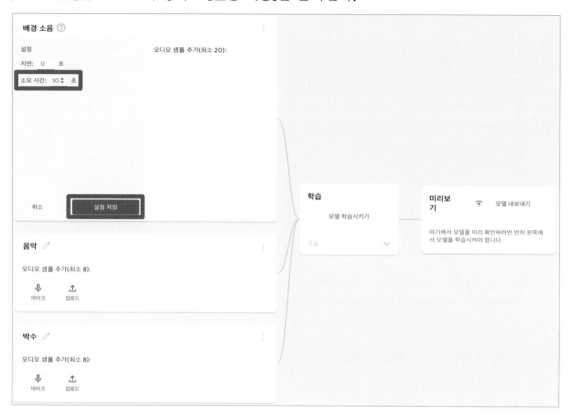

⑥ [**30초 녹화**] 버튼을 클릭하면 30초 분량의 소음을 수집한 후 멈춘다.

⑦ **[샘플 추출]** 버튼을 클릭하면 배경소음 데이터 샘플이 추출된다.

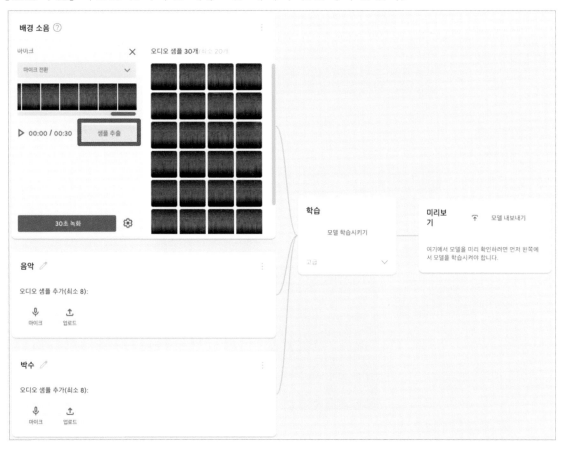

⑧ **[음악]** 샘플을 추출하기 위해 마이크를 켜고 20초 동안 음악을 녹음한다.

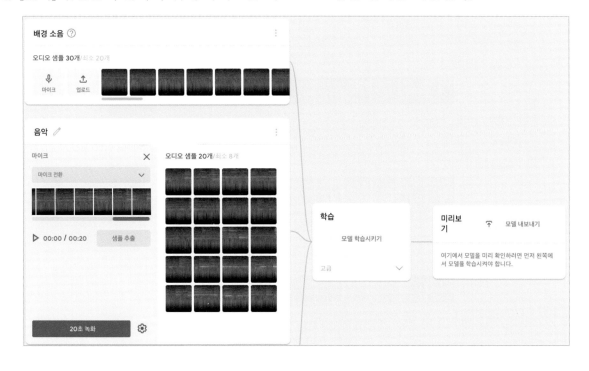

⑨ **[박수]**소리 샘플을 추출하기 위해 마이크를 켜고 **[박수]** 소리를 녹음한다.

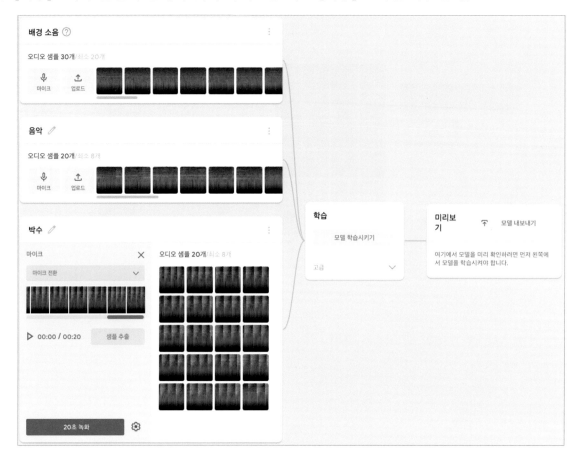

⑩ 분류할 오디오 데이터 샘플이 모두 수집되면 **[모델 학습시키기]**를 클릭한다.

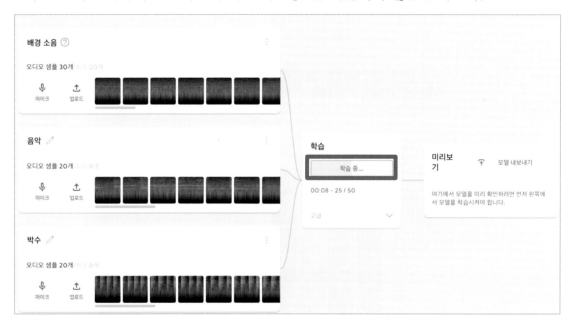

⑪ 소리를 내지 않으면 **[배경 소음]**으로 인식하는 것을 알 수 있다. 출력 창에서 인식률을 확인할 수 있다.

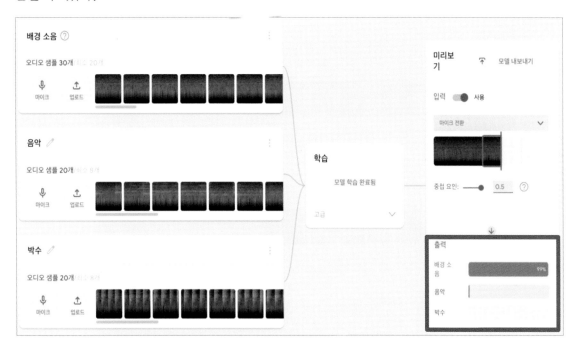

⑫ **[음악]**을 틀어놓으면 **[음악]**으로 인식하는 것을 확인할 수 있다.

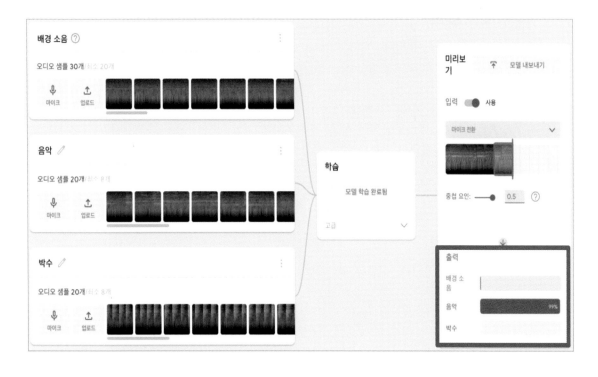

⑬ **[박수]**를 치면 **[박수]**로 인식하는 것을 확인할 수 있다.

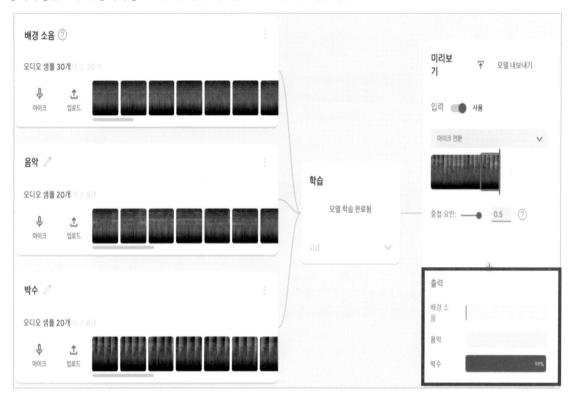

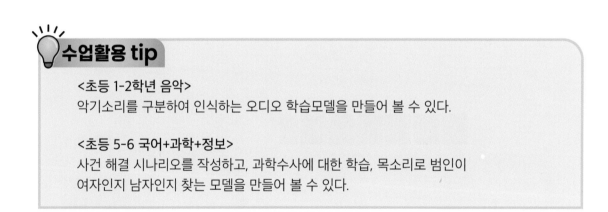

<초등 1-2학년 음악>
악기소리를 구분하여 인식하는 오디오 학습모델을 만들어 볼 수 있다.

<초등 5-6 국어+과학+정보>
사건 해결 시나리오를 작성하고, 과학수사에 대한 학습, 목소리로 범인이
여자인지 남자인지 찾는 모델을 만들어 볼 수 있다.

◇ 포즈 인식 모델

① [포즈 프로젝트]를 선택한다.

② [포즈 프로젝트] 창은 [포즈 샘플 추가], [학습], [미리보기]로 구성되어 있다.

③ 분류할 포즈의 종류만큼 클래스를 추가하여 클래스 명을 입력한다.

※ 예제에서는 차렷자세, 양손들기, 기도하기를 입력한 후 진행

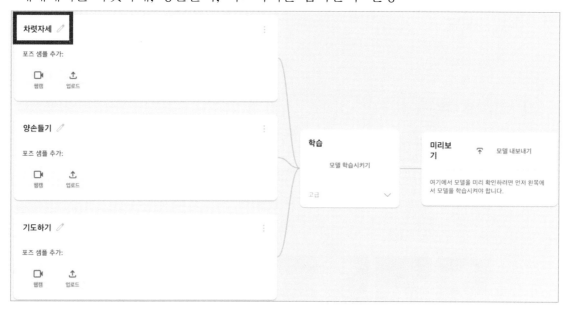

④ [웹캠]을 켜고 [차렷 자세]를 취한 후 [길게 눌러서 녹화하기]를 200장 정도 샘플이 촬영될 때까지 클릭한 상태를 유지한다.

👆 잠깐!

포즈 프로젝트에서 웹캠을 이용하여 촬영데이터를 수집하려면 다른 사람의 도움이 필요해요. 그러므로 포즈 프로젝트의 샘플데이터는 리모컨을 사용할 수 있는 카메라로 촬영을 한 후 [업로드]해서 사용하세요.

⑤ 두 번째 클래스의 [웹캠]을 켜고 [양손 들기]를 한 후 [길게 눌러서 녹화하기]를
200장 정도 샘플이 촬영될 때까지 클릭한 상태를 유지한다.

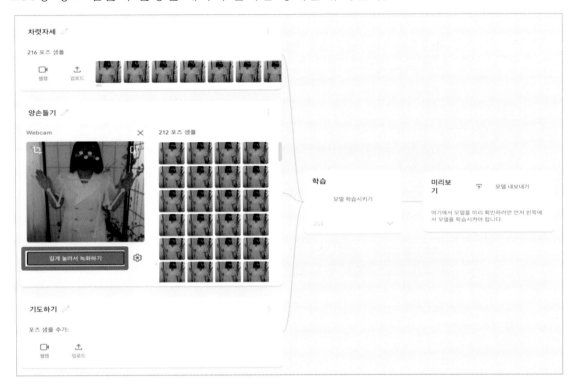

⑥ 세 번째 클래스의 [웹캠]을 켜고 [기도하기] 자세를 취한 후 [길게 눌러서 녹화하기]를
200장 정도 샘플이 촬영될 때까지 클릭한 상태를 유지한다.

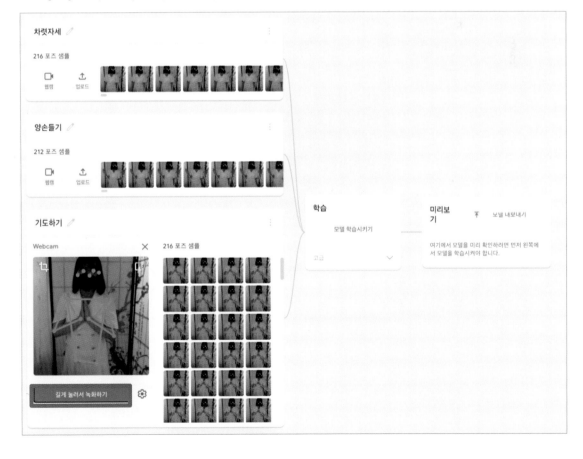

⑦ 포즈 데이터 샘플이 모두 수집되면 **[모델 학습시키기]** 버튼을 클릭한다.

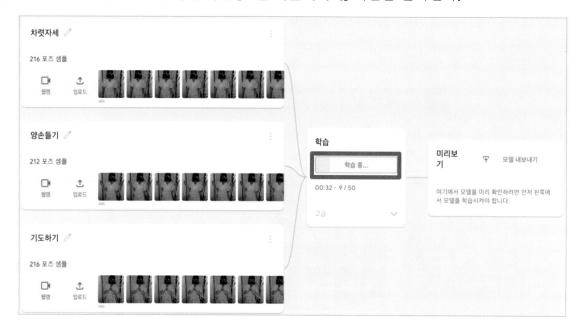

⑧ 학습 모델의 성능을 테스트하기 위해 다른 사람이 포즈를 취해 인식률을 확인한다.
   [차렷 자세]를 테스트한 결과 정확하게 인식하는 것을 확인할 수 있다.

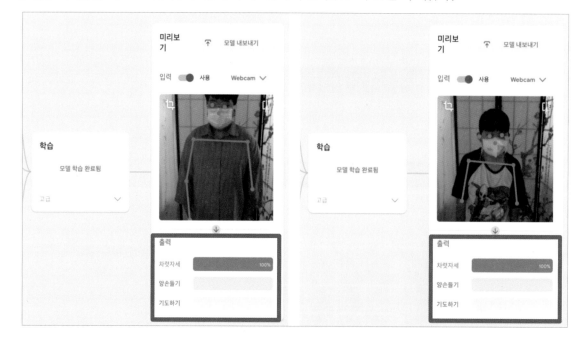

⑨ 학습 모델의 성능을 테스트하기 위해 다른 사람이 포즈를 취해 인식률을 확인한다.

[양손 들기] 자세를 테스트한 결과 정확하게 인식하는 것을 확인할 수 있다.

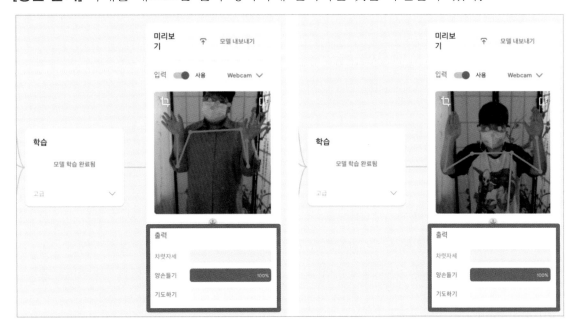

⑩ 학습 모델의 성능을 테스트하기 위해 다른 사람이 포즈를 취해 인식률을 확인한다.

[기도하기] 자세를 테스트한 결과 정확하게 인식하는 것을 확인할 수 있다.

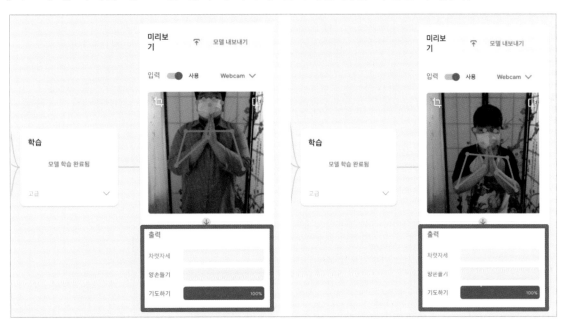

💡수업활용 tip

<초등 1-2학년 창체>
3명이 한 팀으로 가위, 바위, 보 포즈데이터를 학습시켜 학습 모델을 만들어 볼 수 있다.

<초등 5-6학년, 중등 체육>
3~4명이 한 팀으로 스쿼트, 윗몸일으키기 등 올바른 자세인 포즈 데이터를 학습시켜
홈트레이닝 학습모델을 만들 수 있다.

2. 엔트리(Entry)
☞ http://playentry.org/

소개

  엔트리는 교육용 프로그래밍 언어로 블록 코딩을 통해 누구나 쉽게 프로그래밍을 할 수 있다. 엔트리는 명령어 블록을 순서대로 조립하면서 게임이나 도구를 직접 만들어 볼 수 있고, 인공지능과 데이터 분석 기능 확장으로 미래 기술 경험 기회도 제공한다. 또 학습 활동으로 만든 작품들을 여러 사람들과 공유하며 소통할 수 있는 커뮤니티도 제공하고 있어서 다양한 작품들을 보며 영감을 얻을 수도 있다.

사용방법

① 엔트리 홈페이지(https://playentry.org/) 화면 상단에서 메뉴 **[만들기]** – **[작품 만들기]**를 선택한다.

  ※ 엔트리는 회원 가입 없이 사용 가능하지만, 다른 이름으로 저장하거나 공유를 위해서는 회원가입이 필요함.

entry	생각하기	만들기	공유하기	커뮤니티
엔트리 소개	엔트리 학습하기	작품 만들기	작품 공유하기	묻고 답하기
문의하기	교과서 실습하기	교과형 만들기	스터디 공유하기	노하우&팁
제안 및 건의		스터디 만들기		엔트리 이야기
다운로드				공지사항
교육 자료				

엔트리 화면의 구성요소 살펴보기

잠깐!

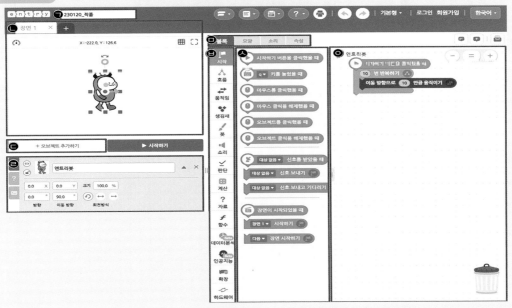

㉠ 작품명 : 현재 작업하고 있는 작품의 파일이름으로 기본 형식은 'YYMMDD_작품'으로 주어진다.

㉡ 장면 : 작업 공간에 한 개의 장면이 기본적으로 주어진다. 장면은 여러 개를 삽입할 수 있으며 우측의 [+] 버튼을 클릭하여 추가할 수 있다.

㉢ 장면에 맞게 오브젝트를 추가할 수 있다. [+ 오브젝트 추가하기] 버튼을 클릭하면 분류된 목록과 오브젝트에서 필요에 따라 선택하여 삽입하면 된다. 뿐만 아니라 [파일올리기], [새로 그리기], [글상자]를 이용하여 자신만의 오브젝트를 사용할 수 있다.

㉣ 삽입된 오브젝트의 정보를 나타낸다. 오브젝트의 이름, 숨기기, 잠금 설정, 위치 좌표, 크기, 정면 방향, 이동 방향, 회전 방식 특성을 변경할 수 있다.

㉤ 오브젝트가 수행할 수 있는 명령 블록 그룹 및 다른 모양 선택, 소리 및 여러 가지 속성(변수, 신호, 리스트, 함수)을 추가할 수 있다.

㉥ 오브젝트에 적용할 수 있는 명령 블록 목록이다.

- 시작 : 오브젝트를 작동시키는 이벤트 명령 블록이 포함되어 있다.
- 흐름 : 대기, 중지, 분기, 반복 명령 블록이 포함되어 있다.
- 움직임 : 이동 위치 및 시간, 방향, 회전 명령 블록이 포함되어 있다.
- 생김새 : 오브젝트 보이기/숨기기, 대화, 모양 대체, 색상/밝기/투명도 효과, 크기 조절, 상/하/좌/우 뒤집기, 앞/뒤 쌓기 순서 명령 블록이 포함되어 있다.
- 붓 : 스탬프와 붓으로 그리며 특성을 설정할 수 있는 명령 블록이 포함되어 있다.
- 소리 : 소리 재생, 소리 크기 변경 등을 설정할 수 있는 명령 블록이 포함되어 있다.
- 판단 : 조건을 비교하여 논리적인 결과인 참과 거짓을 판단할 수 있는 명령 블록이 포함되어 있다.
- 계산 : 계산에 수치 결과 값을 얻을 수 있는 명령 블록이 포함되어 있다.
- 자료 : 데이터를 저장할 수 있는 변수, 리스트 명령 블록이 포함되어 있다.
- 함수 : 사용자가 정의한 함수를 만들 수 있다.
- 데이터 분석 : 데이터를 분석하여 시각화(차트) 및 통계(평균, 표준 편차 등) 정보를 얻을 수 있다. 자료 데이터는 엔트리가 제공하는 데이터, 외부 데이터 파일, 직접 데이터 입력 방법을 사용할 수 있다.
- 인공지능 : [인공지능 블록 불러오기]에서 번역, 비디오 감지, 오디오 감지, 읽어 주기를 사용할 수 있다. [인공지능 모델 학습하기]에서 지도 학습 및 비지도 학습의 머신러닝 기반 모델을 만들 수 있다.
- 확장 : [확장 블럭 불러오기]를 클릭하여 날씨, 생활안전 국민행동요령, 자연재난 국민행동요령, 행사의 명령 블록을 포함할 수 있다. 이 기능은 인터넷이 연결되어 있어야 정상적으로 동작한다.
- 하드웨어 : 하드웨어 연결은 PC에 엔트리를 설치하여 사용할 때만 지원된다. 연결 프로그램을 다운로드 하여 설치해야 하며 아두이노와 엔트리를 연결할 수 있다.

㉦ 명령 블록 그룹에 속한 세부 명령 블록이 나타나는 공간이다.

㉧ 문제해결 절차에 맞도록 ㉦에서 명령 블록을 선택하여 논리적으로 구성하는 공간이다.

잠깐!

기본 기능에 대한 자세한 설명은 이 책에서는 별도로 다루지 않으며, 인공지능과 관련한 기능 (데이터분석, 학습모델 등)만 다룹니다.

◇ 데이터 분석하기

① 데이터를 분석하기 위해 [블록]-[데이터분석]-[테이블 불러오기]를 클릭한다.

② [테이블 추가하기] 메뉴를 클릭하여 [테이블 선택] 탭에서 [국내 코로나19 일일 현황] 샘플데이터를 선택한 후 [추가하기] 버튼을 클릭한다.

③ 테이블이 생성되면 테이터를 시각화해 보기 위해 [**차트**] 버튼을 클릭한다.

④ [＋]버튼을 클릭하여 나타나는 차트 종류에서 분석 특성에 맞는 차트를 선택한다.

Chapter 03 인공지능 융합교육 도구 활용하기

⑤ 차트 구성 항목 [차트 이름], [가로축], [세로축]을 설정 후 [적용하기] 버튼을 클릭한다.

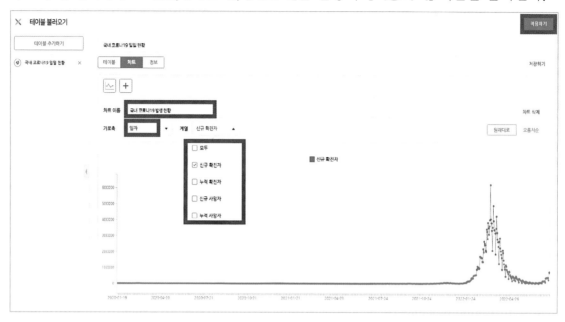

⑥ 현재 데이터 테이블에 추가 데이터를 입력하기 위해 리스트를 사용하자.
   [자료]-[리스트 만들기]를 클릭한다.

일자	신규 확진자	누적 확진자	신규 사망자	누적 사망자
2022-08-11	137,193	20,982,980	59	25,441
2022-08-12	128,679	21,111,659	58	25,499
2022-08-13	124,569	21,236,228	67	25,566
2022-08-14	119,580	21,355,808	57	25,623
2022-08-15	62,077	21,417,885	50	25,673
2022-08-16	84,128	21,502,013	37	25,710
2022-08-17	180,803	21,682,816	42	25,752

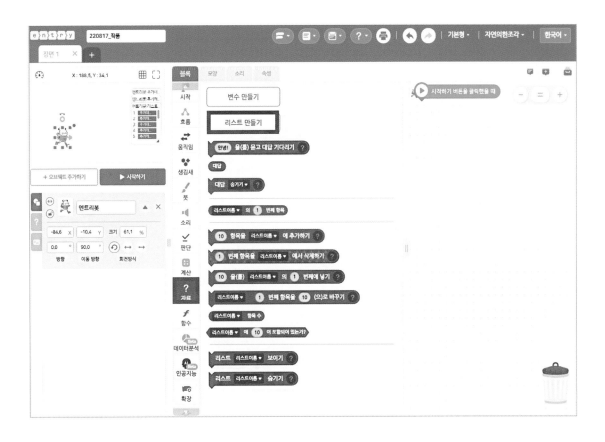

⑦ 사용할 리스트 이름을 입력하고 데이터를 저장하기 위해 **[리스트 불러오기]** 버튼을 클릭한다.

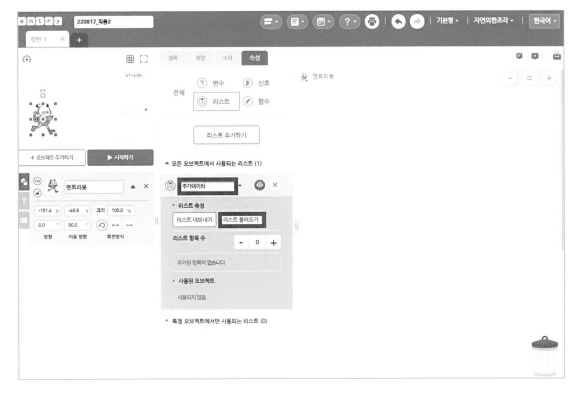

⑧ ⑥의 데이터를 복사하여 붙여넣기 한 후 **[저장하기]** 버튼을 클릭한다.

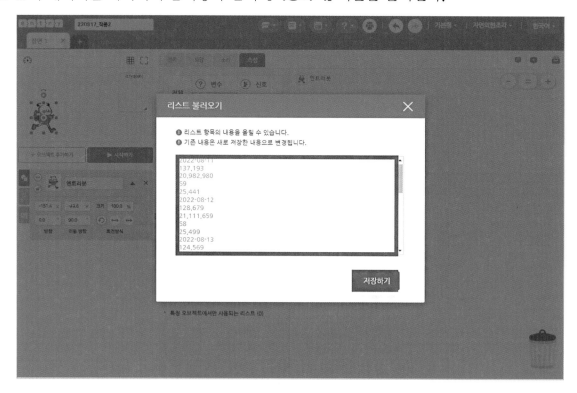

⑨ 리스트의 인덱스로 사용할 변수를 만들기 위해 **[자료]**–**[변수 만들기]**를 클릭한다.

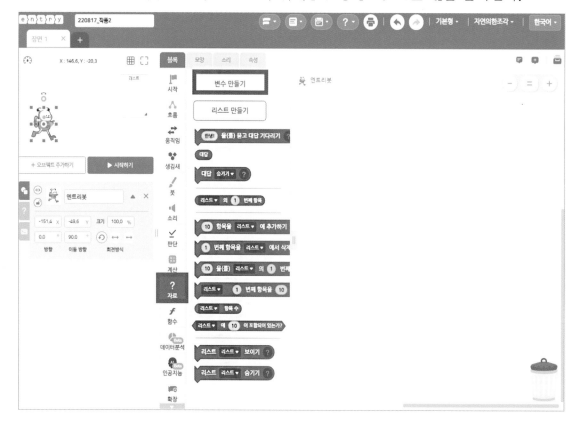

⑩ 변수 이름을 지정하고 변수의 기본값을 0으로 초기화 한다.

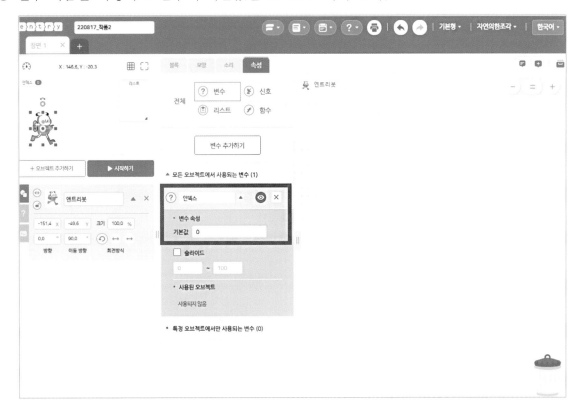

⑪ 리스트에 저장해 놓은 추가 데이터를 테이블에 입력하기 위해 코딩한다.

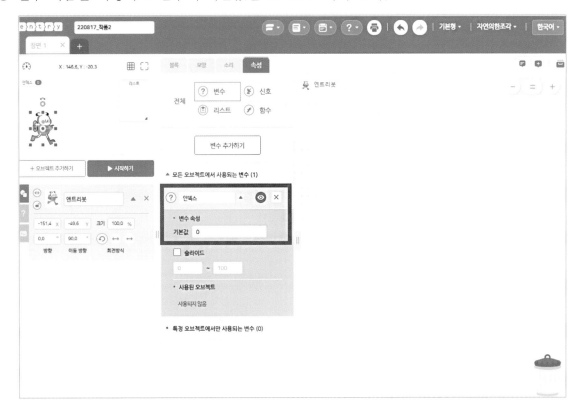

👆 잠깐!

리스트의 인덱스 번호는 1부터 시작 됩니다. 또 테이블의 행 개수는 레이블을 제외하고
계수하지만 행 번호 순서에는 레이블도 계수됩니다.

⑫ 실행 결과로 추가된 데이터가 포함된 차트가 나타난다.

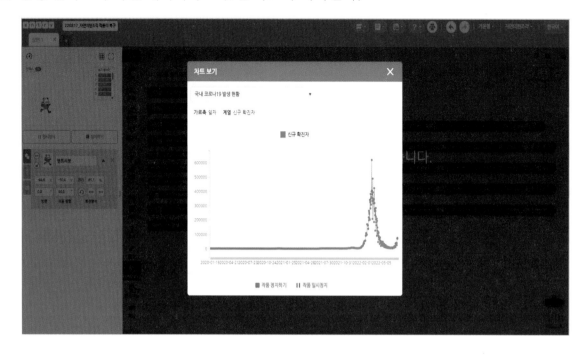

⑬ 데이터 테이블의 정보를 보려면 테이블을 추가한 후에 **[정보]** 탭을 선택한다.

◇ 인공지능 블록 사용하기

※ 인공지능 블록은 엔트리에서 제공하는 학습된 인공지능이다.

번역, 비디오 감지, 오디오감지, 읽어주기 블록이 있다.

① 인공지능 블록 사용을 위해 **[인공지능]-[인공지능 블록 불러오기]**를 선택한다.

② AI 활용블록에서 **[번역]**과 **[읽어주기]**를 선택하고 **[불러오기]** 버튼을 클릭한다.

 잠깐!

AI 활용블록은 인터넷이 연결되어 있어야 정상적으로 동작해요. 한 번에 여러 개를 선택하여 가져올 수도 있어요. 불러오기 한 블록을 제거할 때는 해당 블록의 선택을 해제한 후 **[불러오기]** 버튼을 클릭하면 되요. 하지만 블록이 사용 중일 때는 삭제되지 않으니 참고하세요.

③ 한국어 단어를 영어로 번역하여 말하도록 코딩해 보자.

④ 음성을 인식하여 문자로 바꾸는 작업을 하려면 인공지능 블록 [오디오 감지]를 불러오기
한 후 코딩한다.

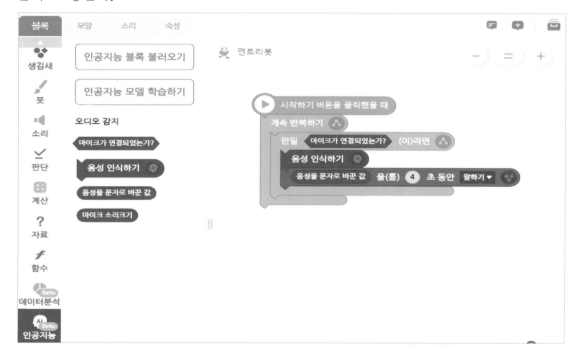

⑤ 실행하여 결과를 확인한다. 먼저 목소리를 감지한 후 문자로 변환하여 나타낸다.

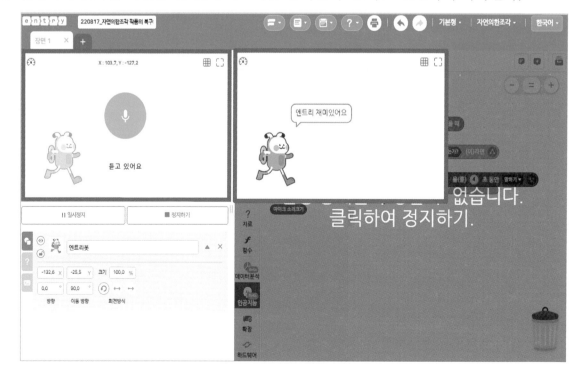

⑥ 사람/사물/얼굴 인식을 하려면 **[비디오 감지]** 블록을 불러오기 한 후 코딩한다.

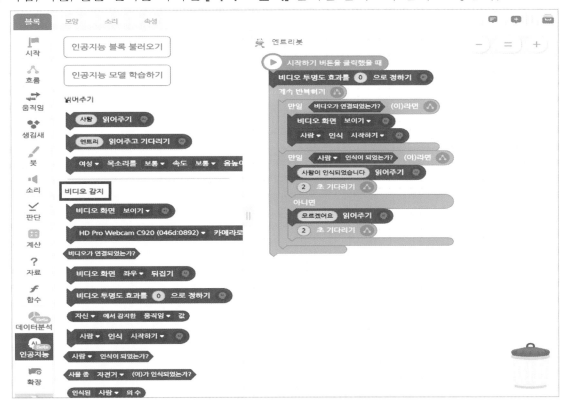

> 👆 **잠깐!**
>
> 비디오 감지 블록을 불러오는데 시간이 조금 걸려요. 모델을 인식하려면 **[사람 인식 시작하기]** 블록을 통해 인식을 시작해야 해요.

⑦ 실행 시 사람이 나타나면 '사람이 인식되었습니다', 사람 이외의 다른 것들이 나타나면 '모르겠어요'라는 음성 메시지가 출력된다.

> 👆 **잠깐!**
>
> 실제 사람이 아닌 사진이나 그림을 비추어도 사람으로 인식해요.

◇ 인공지능 모델 학습하기(지도 학습)

※ 엔트리에서 제공하는 학습된 인공지능을 살펴봤다면, 이제는 직접 인공지능 모델을 만들어 보자. 엔트리에서는 이미지/음성/텍스트, 숫자 자료 유형을 학습시킬 수 있고 지도 학습과 비지도 학습 모델을 만들 수 있다.

> 👆 **잠깐!**
>
> 지도 학습과 비지도 학습에 대한 개념이나 이해 설명은 본 책자의 지도 학습, 비지도 학습을 참고해주세요.

① 인공지능 모델을 만들기 위해 **[인공지능]−[인공지능 모델 학습하기]**를 선택한다.

> 👆 **잠깐!**
>
> 인공지능 모델 학습하기를 할 때는 인터넷 브라우저로 크롬 사용을 권장해요.
> 다른 브라우저에는 동작하지 않거나, 모델 학습 속도가 느릴 수 있어요.
> 모델은 최대 10개까지만 학습시킬 수 있고, 10개를 초과하는 모델에 대해서는
> 비활성화해야 새로운 모델을 학습시킬 수 있어요. 학습에 사용하는 학습 데이터는
> 서버에 저장되므로 저작권에 문제가 없고 개인정보가 아닌 데이터만 활용하세요.

② 새로 만들기 항목에서 어떤 유형의 데이터를 이용하여 학습할지 선택한다. 첫 번째로 이미지 분류 모델을 만들기 위해 **[새로 만들기]−[분류: 이미지]−[학습하기]**를 클릭한다.

③ 모델 이름을 **[사무용품]**으로 입력한 후 인식할 사물의 개수만큼 **[클래스 추가하기]**를 클릭한다. 추가한 클래스에 이름을 입력하고 **[촬영]**을 선택한 후 이미지를 다양한 형태로 배치하면서 **[카메라 버튼]**을 클릭하여 이미지를 생성한다.

④ 각 클래스의 이미지 데이터 입력이 완료되면 **[모델 학습하기]** 버튼이 활성화 된다. 이 버튼을 눌러 학습을 시작한다.

👆 **잠깐!**

모델 생성 상황이 퍼센트(%) 막대로 보이다가 **[학습을 완료했습니다]** 메시지가 출력되면서 모델이 완성되요.

⑤ 학습한 모델의 결과를 확인하기 위해 사물을 카메라에 비추면 사물에 대한 정확도가 표시된다. 모델을 코딩에 사용하려면 **[적용하기]**를 클릭하여 나의 모델에 등록한다.

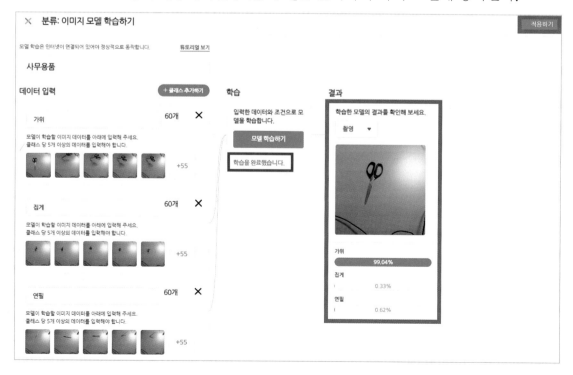

⑥ 인공지능 블록 그룹에 새로 생성된 블록을 테스트하기 위한 코딩을 해 보자.

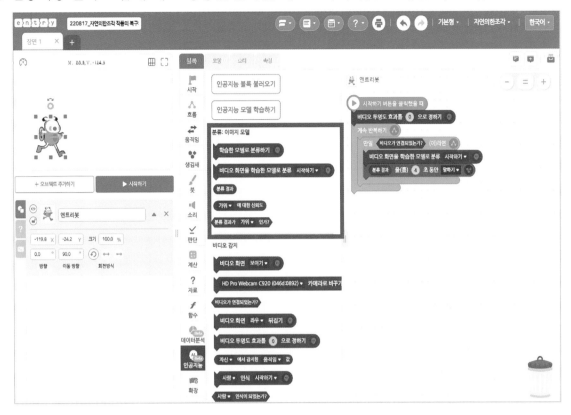

⑦ 실행 화면에서 사물 인식결과를 확인한다.

◇ 인공지능 모델 학습하기(비지도 학습)

① 블록에서 [데이터 분석]-[테이블 불러오기]-[테이블 추가하기]-[테이블 선택]-[전국 중학
교 위치]-[추가하기]를 클릭한다.

② [차트]-[+]-[점 산점도] 선택, [차트이름]-[가로축]-[세로축]-[계열]에 값을 설정하여
차트를 만든 후 [적용하기]를 클릭한다.

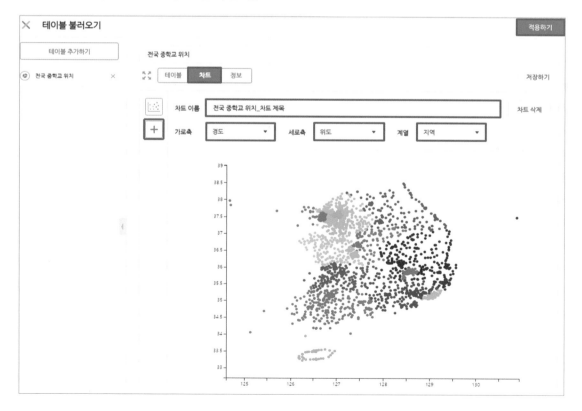

③ 인공지능 모델을 새로 만들기 위해 **[인공지능]–[인공지능 모델 학습하기]**를 선택한다.

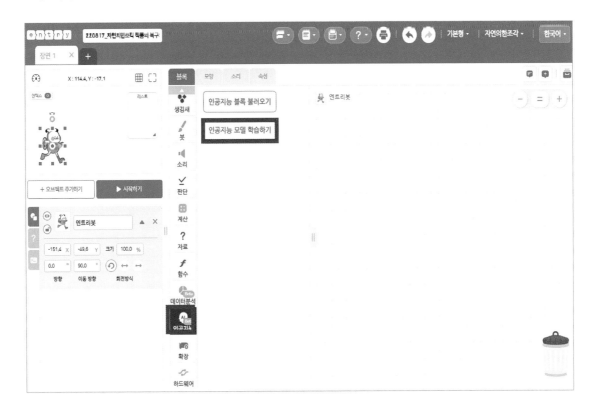

④ 새로 만들기 항목에서 어떤 유형의 데이터를 이용하여 학습할지 선택한다.

군집:숫자 데이터를 핵심 속성으로 사용하기 위해 **[새로 만들기]–[군집: 숫자(k–평균)]–[학습하기]**를 클릭한다.

⑤ 모델 이름을 입력하고 사용할 데이터를 선택하면, 숫자 데이터가 들어있는 속성인 경도, 위도가 나타난다. 이 속성들 중 군집화에 사용할 속성을 선택하여 핵심 속성으로 끌어다 놓은 후, 군집 개수를 입력한다. 중심점 기준은 가장 먼 거리로 설정한 후에 **[모델 학습하기]** 버튼을 클릭한다.

⑥ 학습한 모델 결과를 확인하고 활용하기 위해 **[입력하기]** 버튼을 클릭한다.

⑦ 인공지능 블록 그룹에 새로 생성된 블록을 테스트하기 위해 코딩을 해 보자.

⑧ 실행결과 화면을 확인한다.

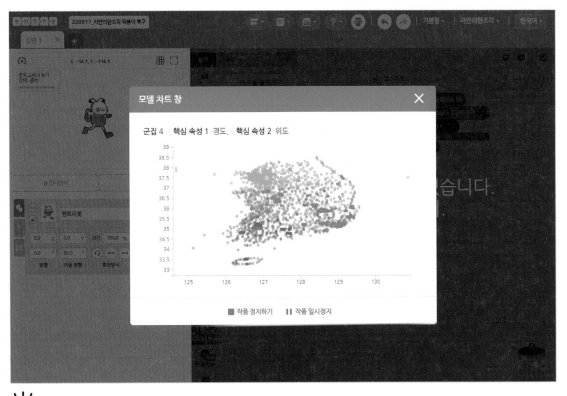

💡 수업활용 tip

<초등4-6학년 국어+영어>
다양하게 활용 가능한 만능 번역 인공지능 모델을 만들 수 있다.

<초등 5-6학년, 중등 사회>
• 미래 인구 예측을 위한 인공지능 모델을 만들 수 있다.
• 연도별 노인 인구 증감 예측을 위한 인공지능 모델을 만들 수 있다.

3. 워드클라우드(Wordcloud)
☞ http://wordcloud.kr/

😊 소개

워드클라우드는 빅 데이터 처리를 위한 자연어처리(NLP: Natural Language Process) 기법 중 하나이다. 단어의 빈도를 기준으로 핵심단어를 선정하여 개념, 특징, 현상 등을 직관적으로 파악할 수 있도록 시각화하여 표현한다. 단어의 집합을 시각화할 때 구름처럼 나타낸다고 해서 워드클라우드라는 용어를 사용한다.

😊 사용방법

① 워드클라우드 사용을 위해 홈페이지(http://wordcloud.kr/)에 접속한다.

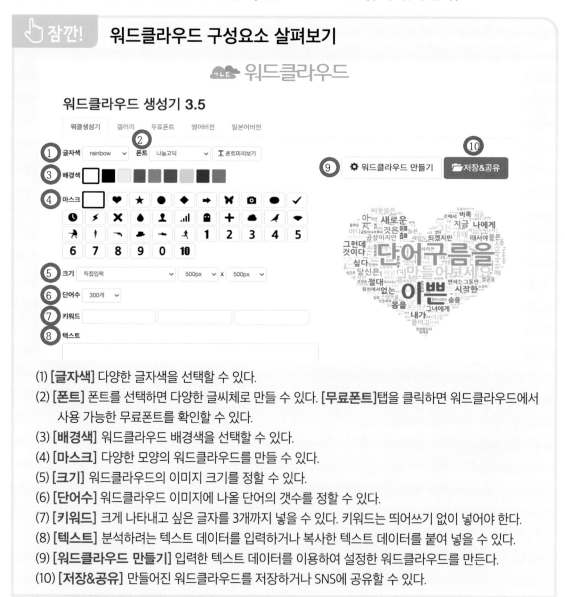

(1) [글자색] 다양한 글자색을 선택할 수 있다.
(2) [폰트] 폰트를 선택하면 다양한 글씨체로 만들 수 있다. [무료폰트]탭을 클릭하면 워드클라우드에서 사용 가능한 무료폰트를 확인할 수 있다.
(3) [배경색] 워드클라우드 배경색을 선택할 수 있다.
(4) [마스크] 다양한 모양의 워드클라우드를 만들 수 있다.
(5) [크기] 워드클라우드의 이미지 크기를 정할 수 있다.
(6) [단어수] 워드클라우드 이미지에 나올 단어의 갯수를 정할 수 있다.
(7) [키워드] 크게 나타내고 싶은 글자를 3개까지 넣을 수 있다. 키워드는 띄어쓰기 없이 넣어야 한다.
(8) [텍스트] 분석하려는 텍스트 데이터를 입력하거나 복사한 텍스트 데이터를 붙여 넣을 수 있다.
(9) [워드클라우드 만들기] 입력한 텍스트 데이터를 이용하여 설정한 워드클라우드를 만든다.
(10) [저장&공유] 만들어진 워드클라우드를 저장하거나 SNS에 공유할 수 있다.

② 워드클라우드를 만들기 위해 인터넷 검색창에서 '애국가'를 검색하여 가사를 드래그하여 복사(Ctrl+C)해 둔다.

동해물과 백두산이 마르고 닳도록 하느님이 보우하사 우리나라 만세

무궁화 삼천리 화려 강산 대한 사람 대한으로 길이 보전하세

남산 위에 저 소나무 철갑을 두른 듯 바람 서리 불변함은 우리 기상일세

무궁화 삼천리 화려 강산 대한 사람 대한으로 길이 보전하세

가을 하늘 공활한데 높고 구름 없이 밝은 달은 우리 가슴 일편단심일세

무궁화 삼천리 화려 강산 대한 사람 대한으로 길이 보전하세

이 기상과 이 맘으로 충성을 다하여 괴로우나 즐거우나 나라 사랑하세

무궁화 삼천리 화려 강산 대한 사람 대한으로 길이 보전하세

③ [배경색] – 핑크, [마스크] – 원, [단어수] – 500개로 선택한 후 [텍스트] 창에 '애국가' 가사를 붙여 넣는다.

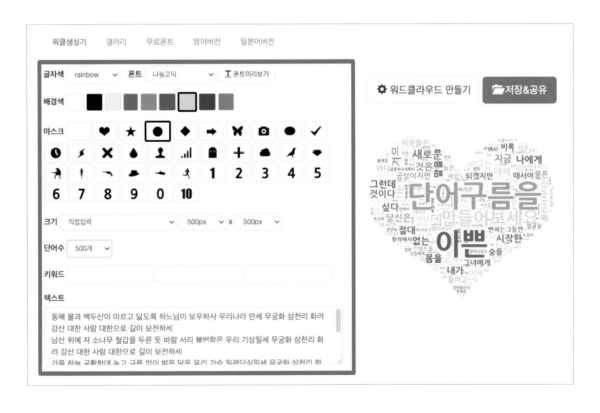

④ [워드클라우드 만들기]를 클릭하면 워드클라우드가 생성된다. 애국가에는 '사람'과 '강산'의 빈도가 가장 높은 것을 알 수 있다.

⑤ [배경색]을 바꾸고, 강조하고 싶은 [키워드(우리나라, 대한, 무궁화)]를 입력한 후 워드클라우드 만들기를 클릭한 결과이다. 입력한 키워드의 빈도를 먼저 분석하여 크게 나타내고, 나머지 단어들을 분석하여 시각화하여 보여주는 것을 알 수 있다.

⑥ **[저장&공유]** 버튼을 클릭하여 **[워드클라우드 다운로드]**하면 워드클라우드 결과가 이미지 (png)파일로 저장된다.

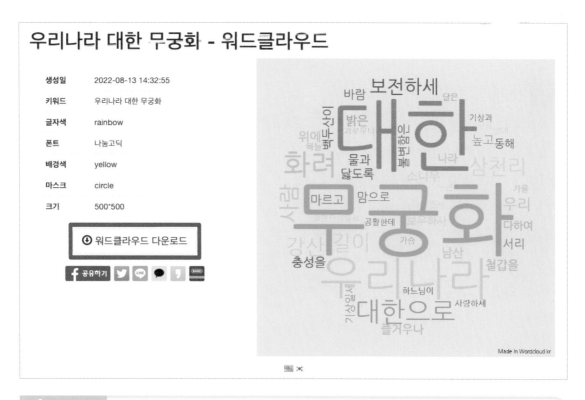

> 👆**잠깐!**
>
> • 수집한 텍스트 데이터는 형태소를 분석해주는 서비스를 이용하면 편리합니다.
>   http://kkma.snu.ac.kr/
>   https://konlpy.org/ko/v0.4.3/morph/
>
> • 무료로 워드클라우드 서비스를 제공하는 사이트입니다.
>   http://wordcloud.kr/
>   https://www.wordclouds.com/
>   https://wordart.com/
>   https://monkeylearn.com/word-cloud/
>   https://www.jasondavies.com/wordcloud/
>   https://konlpy.org/ko/v0.4.3/examples/wordcloud/

💡**수업활용 tip**

<초등 5-6학년, 중등 국어+사회>
뉴스 분야별 제목이나 본문을 찾아 자주 등장하는 단어를 워드클라우드를 이용하여 분석해보고, 이슈를 찾아 토론해보자.

4. 플루오리시(Flourish)
☞ https://flourish.studio/

🤖 소개

　플루오리시(Flourish)는 맥락속에서 데이터를 이해할 수 있도록 해준다. 특히 시각적으로 아름다운 그래프를 통해서 데이터를 탐색하고 설명하는데 유용하다. 이를 위해 다양하고 유연한 템플릿 라이브러리가 제공되며, 온라인 또는 애니메이션 슬라이드 쇼를 이용해서 데이터를 설명할 수 있다. 스프레드시트를 업로드하거나, 라이브 소스에 연결하거나, API와 통합할 수 있다.

　미리 가입된 구글 아이디 등으로 로그인 할 수 있으며, Free 버전을 사용하면 된다.

🤖 사용방법

◇ 노인 보건시설 현황 자료 만들기

　① [Get started for free] 버튼을 클릭한다.

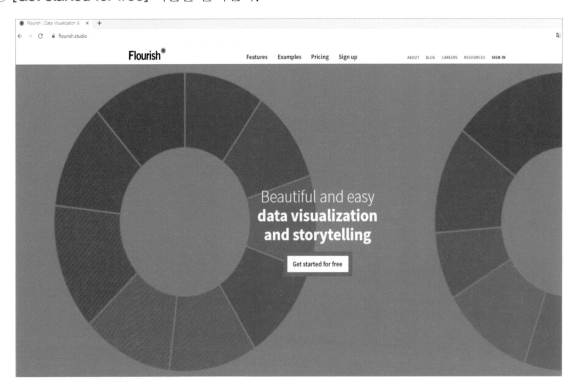

② 가입한 아이디와 비번을 이용하거나 [Log in with Google]을 선택해서 로그인한다.

👆 잠깐!

여기서는 아이디와 비번을 만드는 방법을 다루지 않습니다. 구글 아이디가 있나면
[Log in with Google]을 클릭해서 바로 서비스를 이용할 수 있습니다.

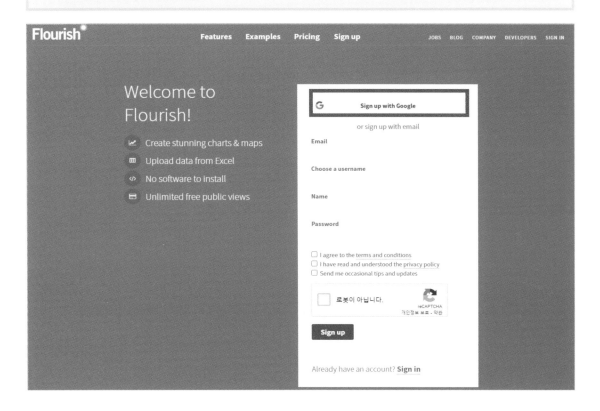

③ [Create new visualisation]을 선택한다.

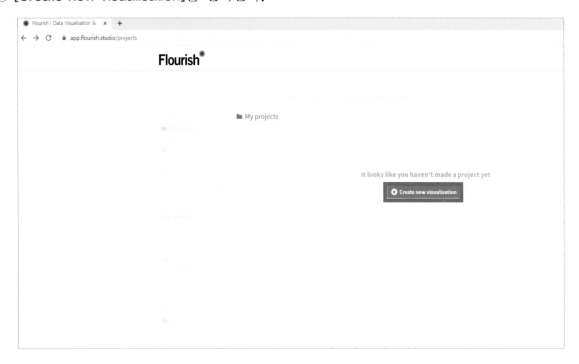

④ 여러분의 데이터를 잘 표현할 수 있는 템플릿을 선택합니다.

여기서는 [Area chart(stacked)] 템플릿을 선택합니다.

> 👆 **잠깐!**
>
> 학생들이 사용해야 할 데이터가 연속된 자료의 변화량에 중점이 있는 것인지 아니면
> 단순히 양적 비교인지를 확인하고 템플릿을 선택합니다.

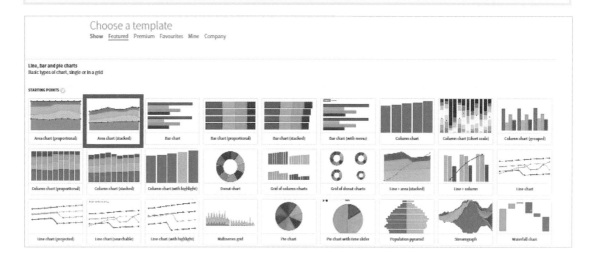

⑤ 선택한 템플릿의 특성을 [Preview]와 [Data]를 각각 클릭해 확인한다.

> 👆 **잠깐!**
>
> 그래프의 X축과 Y축에 필요한 값들을 확인하고, 데이터 계열(Column)을 확인한다.
> 여기서 X축에는 년도, Y축에는 년도에 대한 변화량이 필요하다.
> 데이터 계열은 Column 별로 구분 지을 수 있다.

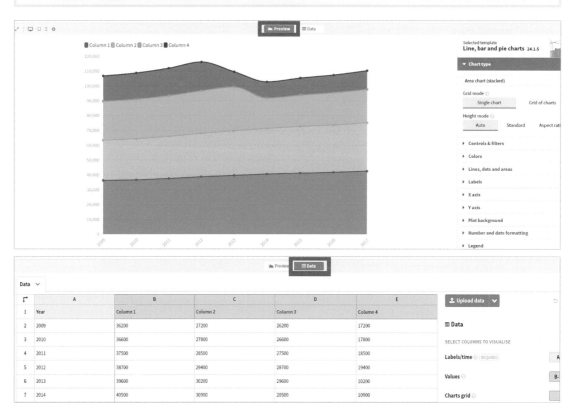

⑥ [Upload Data]를 클릭한다.

잠깐!

여기서부터는 미리 준비해 둔 데이터 파일을 사용한다. 데이터 파일은 이번 장
마지막 부분에 설명해 두었다.

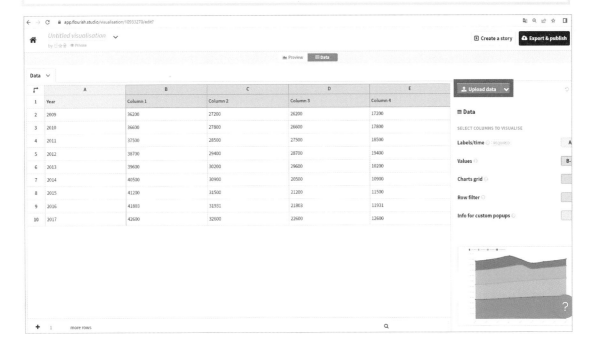

⑦ 미리 준비해둔 "노인복지_생활시설_수_ 및_생활현황_02" 파일을 선택하고 [import]
버튼을 클릭한다. 파일을 준비하기 위해서는 168쪽의 내용을 먼저 참고 합니다.

⑧ 다음과 같이 확인 메시지 대화창이 나타나며, [Next, select the columns]를 클릭한다.

8 rows were uploaded!

Next, select the columns 👉

⑨ 데이터가 잘 업로드된 것을 확인한 다음 [**Preview**] 클릭해서 그래프를 확인한다.
참고로 현 화면의 우측하단에서 미리보기도 가능하다.

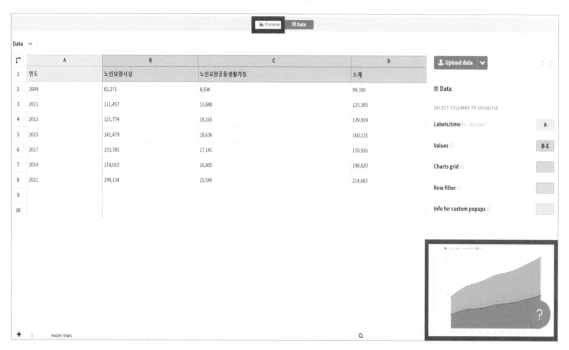

⑩ 도출된 그래프를 확인한다.(X축, Y축 그리고 데이터 계열 등)

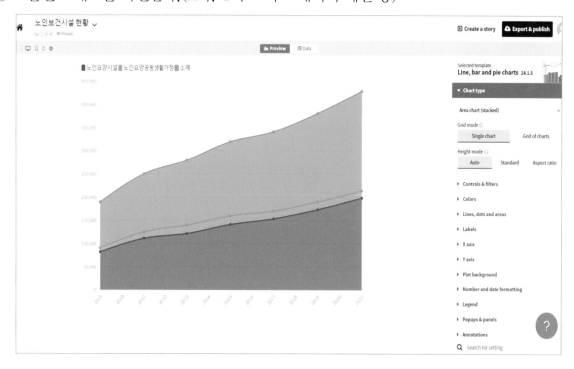

⑪ [Grid of chart]를 선택하면 데이터 계열별로 나누어 비교할 수 있다.

 **수업활용 tip**

<초등 5-6학년 수학>
막대그래프와 꺾은선그래프의 차이점과 그래프의 요소를 다룰 때 사용할 수 있다.

◇ 데이터 준비하기(노인보건시설 현황)

☞ https://app.flourish.studio/login

① 통계청 국가통계포털 누리집 검색서비스에서 **"노인복지시설"**을 검색한다.

② 검색결과에서 인기통계항목 −**[노인복지시설현황]**을 선택한다.

③ 다음과 같이 나온 검색결과창에서 **[노인복지 생활시설 수 및 생활현황]**을 선택한다.

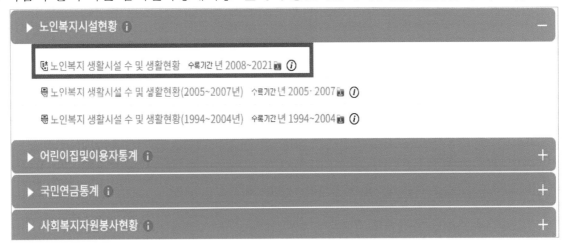

④ **[시점]** 클릭한다.

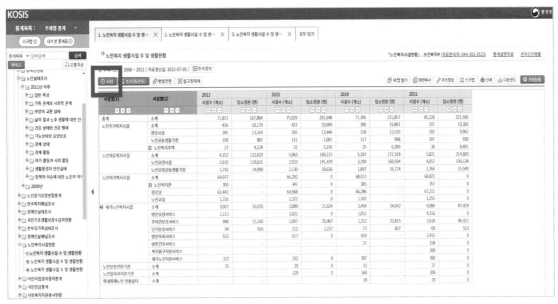

⑤ 아래와 같은 대화창에서 2009년부터 2년 주기로 2011, 2013, 2015, 2017, 2019, 2021
년을 모두 선택하고 **[적용]**버튼을 클릭한다.

⑥ 선택한 연도별 자료를 다운로드 하기 위해 [**다운로드**]버튼을 클릭한다.

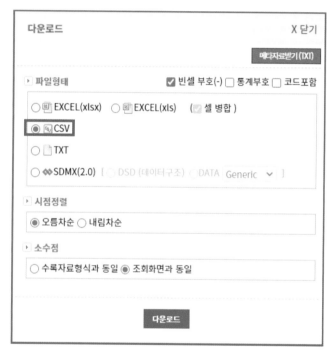

다운로드 받을 파일의 형식을 결정한다. 여기서는 CSV 형식으로 다운받는다.

⑦ 다운로드 받은 파일중 노란색으로 표시된 부분은 모두 삭제한다.

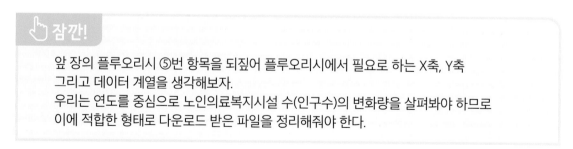

앞 장의 플루오리시 ⑤번 항목을 되짚어 플루오리시에서 필요로 하는 X축, Y축
그리고 데이터 계열을 생각해보자.
우리는 연도를 중심으로 노인의료복지시설 수(인구수)의 변화량을 살펴봐야 하므로
이에 적합한 형태로 다운로드 받은 파일을 정리해줘야 한다.

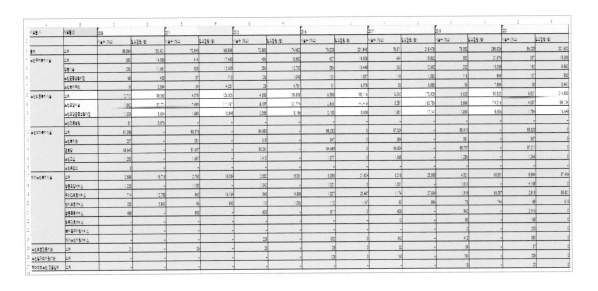

⑧ 삭제하고 남은 자료는 다음과 같다. 우리가 필요한 자료는 연도를 Y축에 두어야 하므로
다음의 표를 행열을 바꾸어 다시 정렬해 줘야 한다.

	A	B	C	D	E	F	G	H
1	시설별(2)	2009	2011	2013	2015	2017	2019	2021
2	소계	99,350	125,305	139,939	160,115	170,926	190,820	214,683
3	노인요양시설	82,271	111,457	121,774	141,479	153,785	174,015	199,134
4	노인요양공동생활가정	8,504	13,848	18,165	18,636	17,141	16,805	15,549

⑨ 위 표를 마우스로 드래그해서 선택 복사한 다음 마우스 우클릭을 하면 다음과 같은 대화
상자가 나온다. **[골라 붙이기(S)]–[행/열 바꿈]** 체크–**[확인]** 클릭

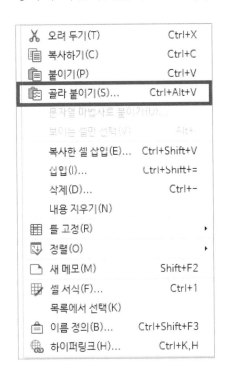

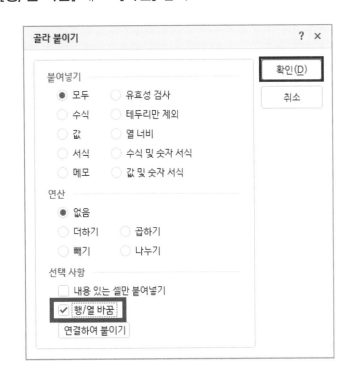

⑩ 제대로 정리된 표를 얻게 되었다. 이 표를 적당한 파일명을 주어 저장해서 앞 **[노인보건 시설 현황자료만들기]** ⑦단계에서 사용한다. (이 교재에서는 "노인복지_생활 시설_수_ 및_생활현황_02"로 저장했다.)

년도	노인요양시설	노인요양공동생활가정	소계
2009	82,271	8,504	99,350
2011	111,457	13,848	125,305
2013	121,774	18,165	139,939
2015	141,479	18,636	160,115
2017	153,785	17,141	170,926
2019	174,015	16,805	190,820
2021	199,134	15,549	214,683

5. 구글 트렌드(Google Trends)

☞ https://trends.google.co.kr/

😊 소개

구글 트렌드는 구글에서 제공하는 다양한 서비스 중 하나로 검색어 동향을 실시간으로 취합 및 분석하여 제공하는 서비스이다. 구글 트렌드는 특정 주제, 특정 장소 및 특정 시간에 사용자들이 가장 관심을 가지고 검색한 결과를 정량적인 데이터로 변환하여 그래프 형태로 보여준다. 또한 데이터를 활용 및 공유 가능한 형태로 제공하며 비교 검색 기능을 통해 관심 있는 주제와 관련 동향을 쉽게 살펴볼 수 있게 제공하고 있다.

😊 사용방법

① 구글 트렌드 사이트 (https://trends.google.co.kr/)에 접속한다.
② **[검색어 또는 주제 입력]** 영역에 검색하고 싶은 검색어나 주제를 입력한다.

> ☝ 잠깐!
>
> 특정 키워드를 입력하면 아래 드롭다운 메뉴의 특성이 표시된다. 정확하게 어떤 주제를 검색하려고 하는지 선택하면 더 정확한 검색이 가능하다.

③ 예시로 [**인공지능**]이라는 검색어를 입력한 결과 각각 [**시간 흐름에 따른 관심도 변화**], [**하위 지역별 관심도**], [**관련 주제**] 및 [**관련 검색어**]의 급상승 결과를 보여준다.

> 👆 **잠깐!**
>
> 급상승/인기 검색어와 검색어 트렌드는 구글 트렌드의 핵심 기능 중 하나로 검색어를 입력하고 검색했을 때 관련 주제나 관련 검색어 중 급상승하거나 가장 높은 확률로 같이 검색되는 결과를 확인할 수 있다.

④ [+비교]를 클릭하면 동시에 최대 5개까지 검색어에 대해 비교 검색을 할 수 있다. 비교 검색의 경우도 '시간 흐름에 따른 관심도 변화', '하위 지역별 관심도' 및 검색어 각각에 대한 '관련 주제' 및 '관련 검색어'를 확인할 수 있다.

⑤ 예시로 검색어 4개(인공지능, 로봇, AI, SW)를 입력하고 비교 검색한 결과이다. 검색 결과는 국가별, 기간별, 카테고리별, 대상별(웹, 이미지, 유튜브 검색 등)로 지정하여 확인하는 것도 가능하다.

⑥ 검색 결과마다 오른쪽 상단에 있는 [⬇ ⟨⟩ ⟨] 아이콘은 각각 CSV, 퍼가기, 공유를 의미하고 있으며, 필요한 아이콘을 클릭하여 데이터를 다운로드 및 활용하는 것이 가능하다.

💡 수업활용 tip

<초등 3-6학년 수학>

데이터, 그래프 및 통계의 개념에 대한 이해를 위한 수업에서 활용해볼 수 있다.

<초등 5-6학년, 중등 정보컴퓨터>

데이터의 개념, 수집/분석 및 데이터 시각화의 이해를 위한 수업에서 활용해 볼 수 있다.

<초등 6학년, 중등 국어, 사회>

포털 및 검색 서비스와 댓글통계 등을 활용하여 시민교육 및 글쓰기 등을 통한 사회 참여 수업 등에서 활용해볼 수 있다.

6. 네이버 데이터 랩(Data Lab)
☞ https://datalab.naver.com

소개

데이터 랩은 네이버에서 제공하는 데이터 분석 서비스이다. 네이버에서 검색한 주제의 분석 및 통계를 기반으로 지역 통계, 댓글통계 등을 제공하고 있으며, 기간별/성별/연령별/기기별로 구분하여 검색결과를 볼 수 있다.

사용방법

① 데이터 랩 사이트(https://datalab.naver.com)에 접속한다.
　※ 검색어트렌드, 쇼핑인사이트, 지역통계, 댓글통계 메뉴가 있으며,
　　 분야별 클릭 추이와 검색어 현황 확인 가능

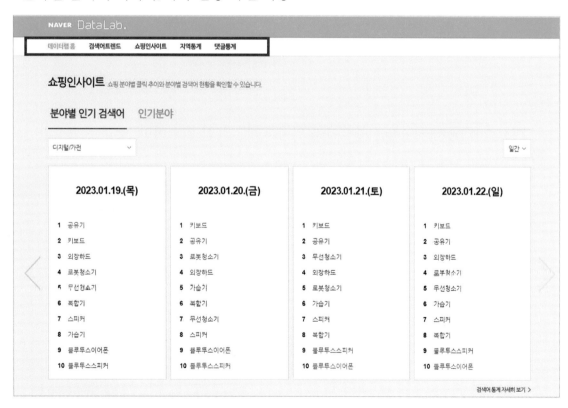

> ✋잠깐!
>
> 분야별 인기 검색어를 선택하면 일자별로 해당 일자에 선택한 분야별 인기 검색어를
> 순위대로 10위까지 보여준다.

② **[검색어트렌드]**를 클릭하면 주제어를 5개까지 입력할 수 있으며, 기간, 범위, 성별 및 연령을 지정하여 검색할 수 있다.

※ 주제어 및 하위 주제어를 검색할 수 있고, 입력한 단어 합산 추이 확인 가능

③ 예시로 **[인공지능]**이라는 주제어를 입력하여 검색한 결과이며, 결과는 엑셀파일로 다운로드 받아 활용할 수 있다.

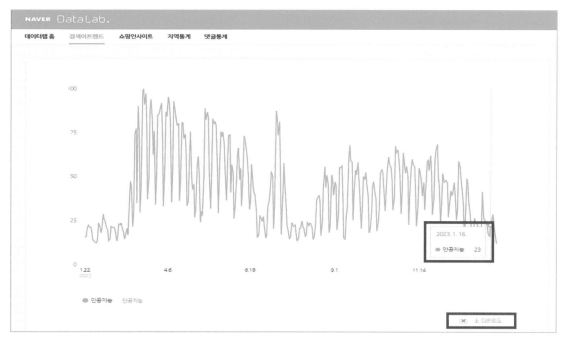

④ 예시로 주제어 4개(인공지능, 로봇, AI, SW)를 입력하여 조회한 결과이다.

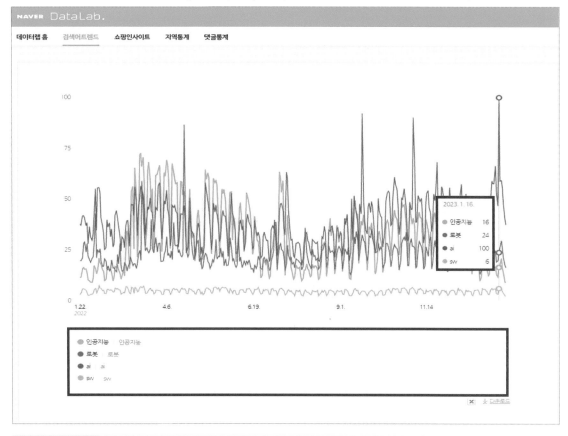

⑤ [**지역통계**]는 네이버 검색데이터와 다른기관/기업의 데이터를 통해 만들어진 정보로 지역별/업종별 추이를 확인할 수 있다. 우리나라 시/군/구 지역을 하나 선택하며, 해당 지역의 관심 업종 순위 및 업종별 인기 지역을 확인할 수 있다. 이 외에도 맞춤형 트렌드 분석 등이 제공되고 있다.

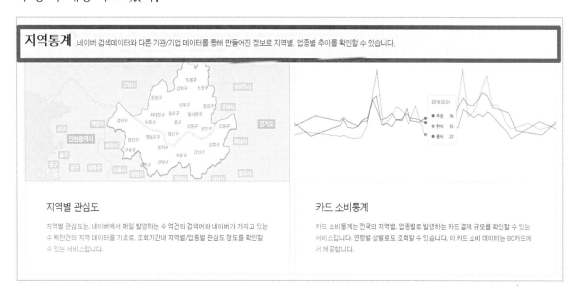

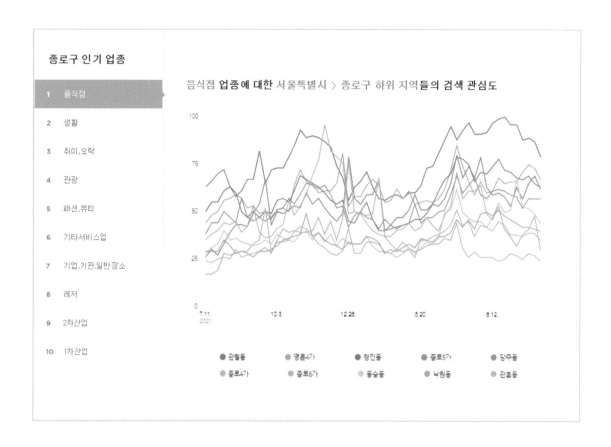

⑥ **[댓글통계]**는 뉴스 서비스에서 작성한 댓글 현황을 데이터로 제공하고 있다. 댓글수, 작성자수, 섹션별 분포, 시간대별 분포, 성별/연령별 분포, 기기별 분포, 국가별 분포 등으로 제공되고 있는 것을 확인할 수 있다.

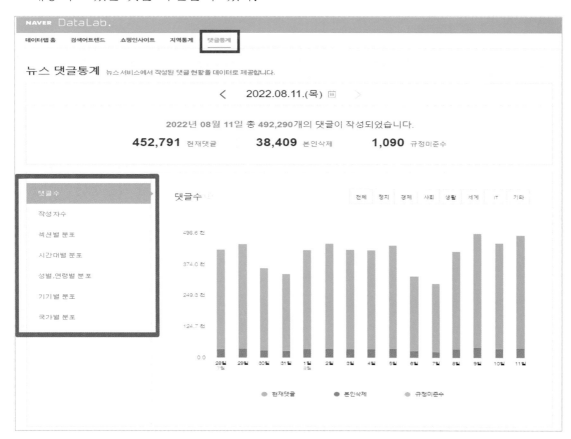

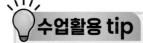

<초등 3-6학년 수학>
데이터, 그래프 및 통계의 개념에 대한 이해 수업에서 활용해볼 수 있다.

<초등 5-6학년, 중등 정보컴퓨터>
데이터의 개념, 수집/분석 및 데이터 시각화의 이해 수업에서 활용해볼 수 있디.

<초등 6학년, 중등 국어, 사회>
포털 및 검색 서비스와 댓글통계 등을 활용하여 시민교육 및 글쓰기 등을 통한
사회 참여 수업 등에서 활용해볼 수 있다.

7. 오토드로우(AutoDraw)

☞ https://www.autodraw.com/

소개

오토드로우는 구글에서 개발한 그리기 도구이다. 머신러닝 기술을 통해 사용자가 윤곽을 그리면, 유사 이미지를 보여주어 선택하게 함으로써 빠르게 원하는 그림을 그릴 수 있도록 도와준다. 무료로 사용할 수 있으며, 컴퓨터, 스마트 기기 등 어디에서나 작동한다.

사용방법

① 오토드로우 사이트에 접속한 후, 캔버스 크기를 정한다.

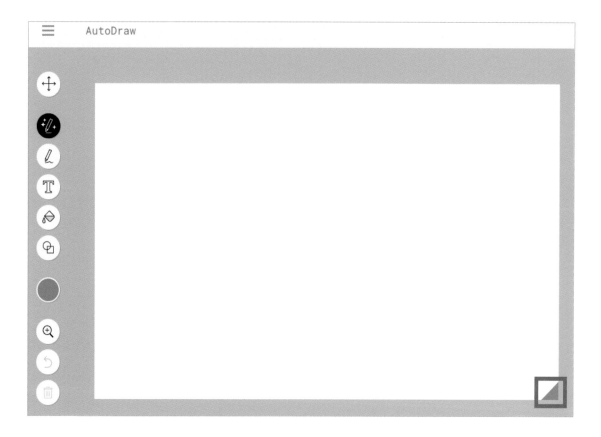

② 화면 좌측의 도구 메뉴에서 오토드로우 아이콘을 선택한 후 그림의 대략적인 윤곽선을
그리면 화면 상단에 이미지 리스트가 나타난다. 이미지 리스트에서 원하는 그림을 선택
하여 삽입한다.

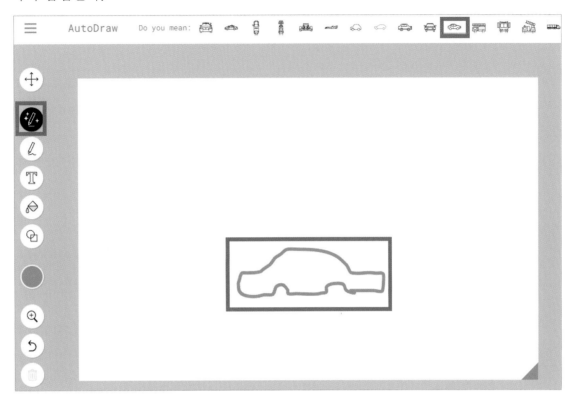

③ Draw 아이콘을 클릭하여 선의 색상과 굵기를 설정한 후, 상세하게 표현해야 할 부분을
직접 그려넣는다.

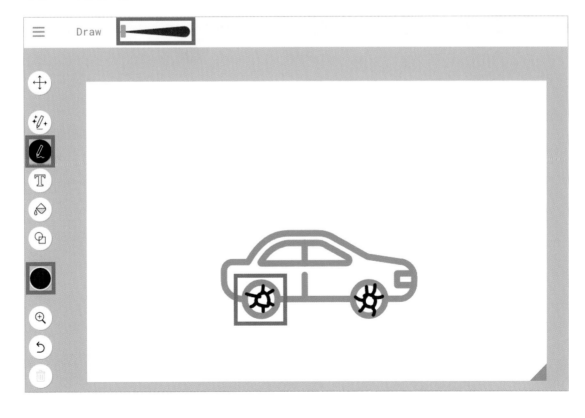

그림을 그리다가 지우고 싶은 부분이 있으면 ✛(Select) 아이콘을 클릭한 후 그려 놓은 개체를 선택하여 Delete 버튼을 누르세요. 또 ↺(Undo) 아이콘을 클릭하면 순차적으로 되돌리면서 지울 수 있다.

④ 색상을 넣으려면 Fill 아이콘을 선택한 후 색상을 지정하고 그림에서 채우고자 하는 부분에 클릭한다.

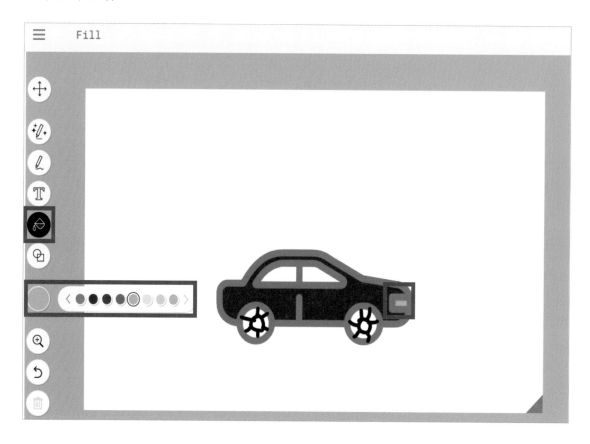

채우기 할 영역은 반드시 닫혀 있어야 한다. 그러지 않으면 배경까지 같은 색으로 채워진다. Zoom 아이콘을 이용하여 확대하면 원하는 부분을 정확하게 선택하기 쉽다.

⑤ 기본 도형을 그릴 때는 Shape 아이콘을 클릭하여 화면 상단에 나타나는 원, 사각형, 삼
각형 모양을 선택한 후 색상을 지정하여 그리면 된다. 내부 색상을 채우는 것은 ④의 방
법과 같다.

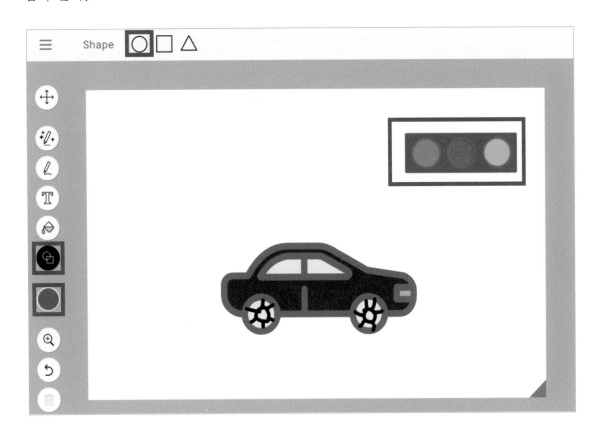

👆잠깐!

겹쳐서 그림을 그릴 때는 뒷 배경이 되는 그림부터 먼저 그려야 한다. 선 색은 도형을 그리기
전에 선택하거나, 그려 놓은 도형을 선택한 후 색상을 지정하면 변경가능하다. 같은 도형을
그릴 때는 Ctrl+C(복사하기), Ctrl+V(붙여넣기) 단축키를 사용하면 편리하다.

⑥ 완성된 그림은 메뉴에서 [Download]를 선택하여 오프라인 문서에 삽입할 수 있고, [Share]를 선택하여 온라인 문서에 적용할 수 있다.

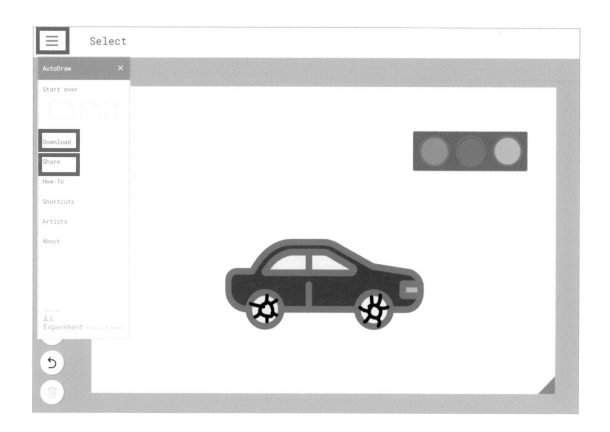

👆잠깐!

다운로드 되는 그림 파일 형식은 png이다. 배경색을 지정하지 않으면 투명하게 처리한다.
공유하기(Share)는 이용할 수 있는 사이트는 매우 제한적이다.

💡수업활용 tip

<초등 5-6학년 국어+창체>
간단한 애니메이션 시나리오를 작성하고, 오토드로우와 스크래치를 결합하여 애니메이션
영화를 제작할 수 있다.

8. 퀵 드로우(QUICK, DRAW)

☞ https://quickdraw.withgoogle.com/

🤖 소개

퀵 드로우는 컴퓨터가 사물이나 개념을 제시하면 정해진 시간 안에 사용자가 윤곽을 그려서 컴퓨터가 그것을 추측하도록 한다. 게임적인 요소와 결합하여 학습자가 재미있게 머신러닝 기술을 이해할 수 있다.

🤖 사용방법

① **[시작하기]** 버튼을 클릭한다.

② 컴퓨터가 제시하는 물체를 시간제한 내에 그리라는 안내가 나타나면 **[알겠어요]** 클릭한
다.

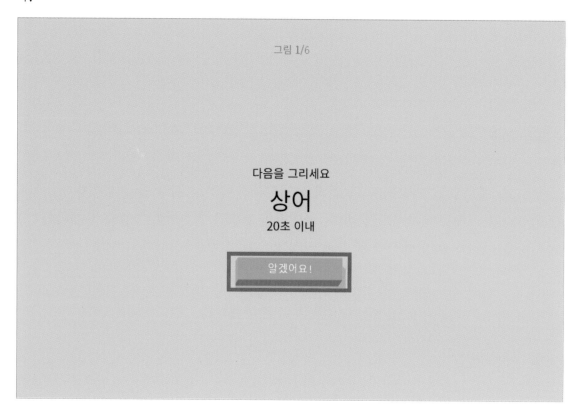

③ 그림을 그리면, 컴퓨터가 해당 그림을 예측하여 맞추거나 제한 시간내에 맞추지 못하면
다음 과제로 넘어간다.

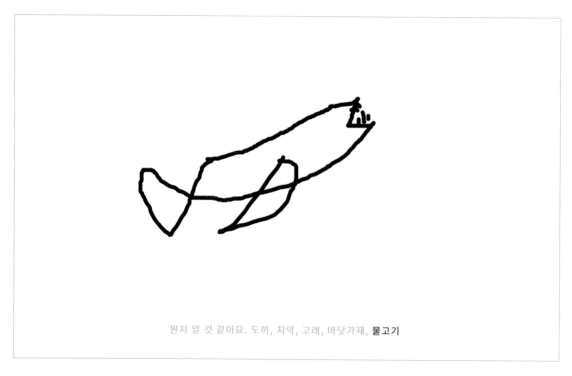

④ 제시된 과제를 모두 수행하면 결과 창이 나타난다. 여기에서 알아보지 못한 낙서를 클릭하면 신경망이 학습한 다른 사람들이 그린 예를 볼 수 있다.

← 뒤로

주어진 그림 주제: 상어

이 그림을 그리셨지만 신경망이 인식하지 못했어요.

신경망은 그림이 다음과 더 닮았다고 생각했어요.

가장 비슷한 그림 고래	두 번째로 비슷한 그림 치약	세 번째로 비슷한 그림 바닷가재

신경망은 상어이(가) 어떻게 생겼다고 생각할까요?
신경망은 다른 사람들이 그린 다음과 같은 예를 보고 학습했습니다.

 잠깐!

내가 그린 그림도 이 신경망에서 훈련 데이터로 사용된다.

수업활용 tip

<초등 창체>
팀별 그림 맞추기 대항전을 게임에서 활용하고, 머신러닝의 훈련 데이터에 대해
설명할 수 있다.

<중등 정보>
문제해결 단원에서 추상화를 설명할 때, 개체 식별의 정확도에 기여하는
핵심 특징(Feature Extraction) 추출 훈련에 적용할 수 있다.
인공지능 기초 수업의 머신러닝 지도 학습에서 사용되는 훈련 데이터 셋의 의미와
중요성을 설명에 사용할 수 있다.

9. AI가 도와주는 스케치

☞ https://magic-sketchpad.glitch.me/

소개

　magic sketchpad는 사용자가 스케치 할 이미지의 카테고리를 선택하고 스케치하면, 자동으로 다음 이미지를 그려주는 프로그램이다. magic sketchpad에서 사용하는 데이터 셋은 퀵 드로우의 데이터 셋으로 해당 데이터 셋에는 어떤 순서로 그림을 그렸는지에 대한 연속적 데이터가 포함되어 있어, 일부를 그리고 나면 비슷한 순서와 모양으로 그려준다.

사용방법

① 홈페이지에 접속하여 [LET'S GO!] 버튼을 클릭한다.

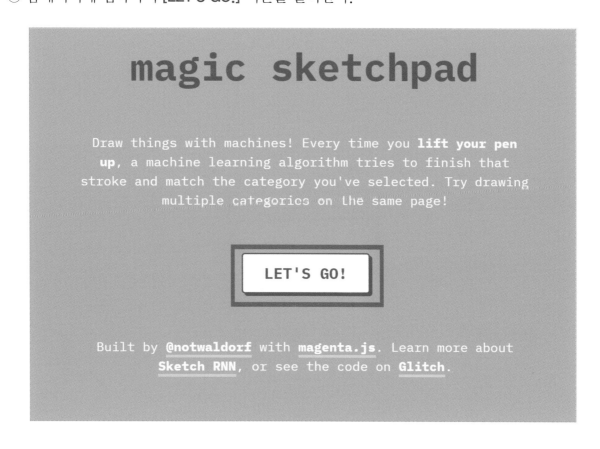

② **[카테고리]**를 선택한다.

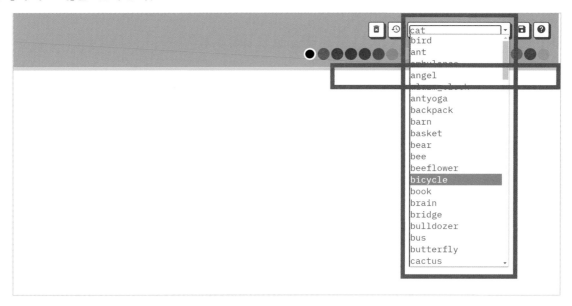

③ **[펜의 컬러]**를 선택한다.

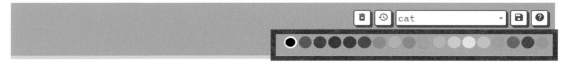

④ 아래 흰 부분에 마우스 오른쪽 버튼을 클릭한 채로 드래그하여 원하는 이미지를 스케치한다.

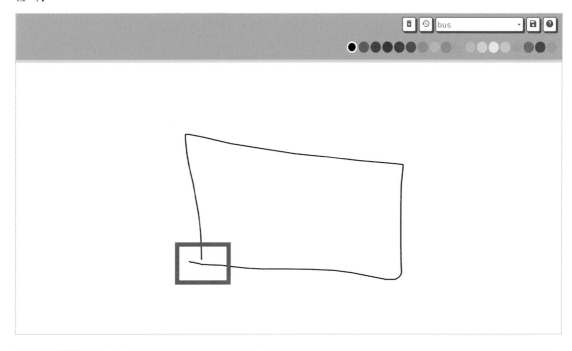

👆 **잠깐!**

사용자가 스케치를 어느 부분에서 시작하느냐에 따라 결과에 많은 영향을 준다.
스케치의 시작 위치를 다양하게 하여, 결과를 비교해 보자.

⑤ 마우스에서 손을 떼면 자동으로 그림을 이어서 스케치한다.

⑥ 재시작 버튼을 클릭하면, 내가 그렸던 부분 위에 그림을 이어서 그려준다.

👆잠깐!

재시작 버튼을 누를 때마다 내가 그린 밑바탕 그림에 다양한 형태로 이어서 그림을 그려준다.
마우스 버튼에서 손을 떼는 순간 스케치가 끝나고, 바로 이어서 자동으로 스케치가 완성된다.
연속적인 동작으로 스케치를 완성해야 한다.
이미지를 부분적으로 수정하거나 지울 수 없으며, 휴지통 메뉴를 통해 한 번에 초기화할 수 있다.

⑦ 카테고리를 바꿔서 여러 이미지를 그릴 수 있다.

⑧ 저장 메뉴를 통해 jpg파일로 이미지를 저장해서 활용할 수 있다.

 **수업활용 tip**

<초등 창체>
　인공지능 기술을 활용하여 그림카드 놀이를 진행할 수 있다. 주제를 선별해서
　다양한 그림카드를 그린 후 팀별로 나눠서 그림 맞추기 놀이를 진행해볼 수 있다.

<중등 정보>
　• 복잡한 것을 단순화 시켜서 표현하는 추상화에 대한 개념을 이해할 수 있다.
　• 지도학습을 이해하기 위한 데이터를 생성하고, 데이터의 중요성을 이해할 수 있다.

10. 인공지능 듀엣(A.I. Experiments : A.I. Duet)
☞ https://experiments.withgoogle.com/ai/ai-duet/view/

소개

　인공지능 듀엣은 구글에서 제공하는 머신러닝 학습 도구로, 컴퓨터와 듀엣으로 음악을 연주해 볼 수 있다. 피아노 연주 방법을 알지 못해도 컴퓨터나 전자 키보드를 통해 몇 개의 건반을 누르면 컴퓨터가 해당 멜로디에 반응하여 잘 어울리는 음악으로 멜로디를 연주해준다. 사용자가 동일한 음을 반복적으로 연주해도 컴퓨터는 매번 다른 멜로디로 응답하기 때문에 머신러닝을 이해하는데 도움이 된다.

사용방법

① [PLAY] 버튼을 클릭한다.

② 건반을 눌러 원하는 멜로디를 입력한다.

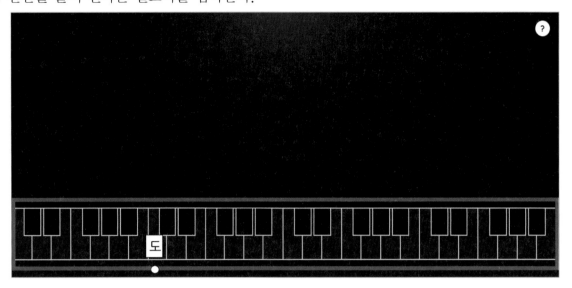

③ 앞소절 멜로디 입력 후 컴퓨터가 만든 뒷소절 멜로디를 들어본다.

노란색 : 사용자가 입력한 멜로디
파란색: 컴퓨터가 출력한 멜로디

④ 동일한 멜로디를 여러 번 입력하여 컴퓨터가 출력하는 매번 다른 멜로디를 들어본다.

⑤ 인공지능을 소개하고, 인공지능이 음악에 활용되었을 때 어떤 일들이 벌어질까?를 함께 이야기해 본다.

수업활용 tip

<초등 3-4학년 음악>
내가 좋아하는 동요의 앞 소절을 입력한 후 인공지능 듀엣을 활용하여 창의적으로 음악을 만들어 표현할 수 있다.(이때, 재생되는 음악 전체를 녹음하여 마음에 드는 부분만을 잘라 소개하고, 교실 내에서 투표하기를 진행해보자)

11. 협업 작곡(SHARED PIANO : 쉐어드 피아노)

☞https://musiclab.chromeexperiments.com/Shared-Piano/#GcusJJeT4

소개

쉐어드 피아노는 방을 만들어, 함께 연주할 사람을 초대해서 다같이 실시간으로 여러 악기를 연주해볼 수 있는 솔루션이다. 여러 동물 캐릭터가 등장하여 학생들의 흥미를 이끌어 낼 수 있으며, 연주된 음악은 URL을 통해 공유할 수 있다.

사용방법

① 쉐어드 피아노에 접속해 함께 연주에 참여할 사람을 초대한다. Copy link를 누르면 공유가 가능한 URL이 만들어진다.

② 초대가 되면, 여우, 문어, 토끼 등으로 왼쪽 하단에 입장한 사람들이 보여진다.

③ 각자 연주할 악기(드럼, 마림바, 신디사이저 등)를 선정한다. 기본값은 피아노(Piano)로 설정되어 있다.

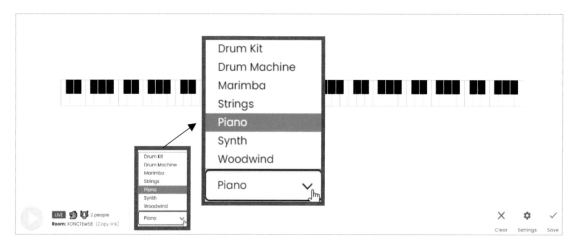

④ 악기가 선정되었으면, 연주를 시작한다. 연주가 시작되면 협업하는 모든 사람에게 동시에 실시간으로 보여지며 자동으로 녹화(녹음)이 시작된다. 누가 연주하고 있는지는 캐릭터별로 보여진다.

컴퓨터나 전자(MIDI)피아노를 통해 연주가 가능하다.
컴퓨터로 연주할 경우 마우스나 키보드로 가능한데, 마우스가 익숙하지 않을 경우,
키보드에서 하얀 건반은 키보드의 A~L, 검은 건반은 Q~P를 활용해서 연주할 수 있다.

⑤ 음악 연주가 종료되었다면, 하단의 **[save]**버튼을 클릭하면 연주한 노래를 공유할 수 있
도록 링크가 생성된다.

⑥ 공유된 URL을 열어 녹화(녹음)된 음악의 재생시간을 확인하고 재생시켜본다.

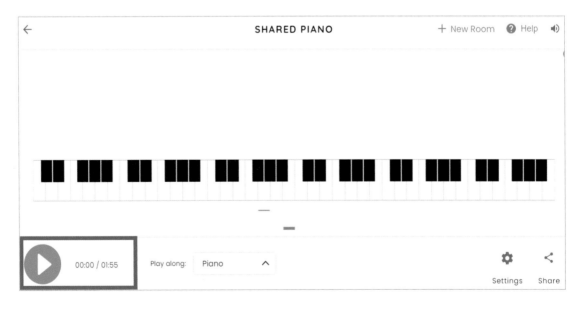

💡 **수업활용 tip**

<초등 3-4학년 음악>
악곡의 특징을 이해하며 친구들과 함께 피아노, 드럼, 신디사이저 등의 역할을 맡아
동요하나를 연주할 수 있다.

12. 세미 컨덕터(Semi-Conductor)
☞ https://semiconductor.withgoogle.com/

 소개

세미 컨덕터는 구글에서 개발하여 제공하는 인공지능 모션인식 서비스이다. 인공지능이 캠을 통해 사람의 움직임을 인식하여 누구나 오케스트라 지휘자가 되어볼 수 있게 한다. 화면의 무대에 악기들이 배치되어 있고, 곡은 모차르트의 '아이네 클라이네 나흐트무지크(Eine Kleine Nachtmusik)'로 정해져 있다. 웹캠에 인식된 몸동작의 방향과 팔의 높이 등에 따라 곡의 템포, 소리의 크기, 악기의 종류를 조절하며 지휘하여 자신만의 공연을 연출 할 수 있다.

 사용방법

① [시작] 버튼을 클릭한다.

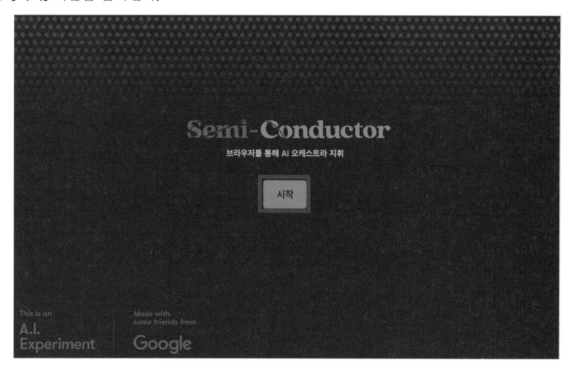

👆 잠깐!

시작하기 전에 웹캠을 확인하고, 오케스트라의 연주 소리가 들리도록 스피커를 켜준다.
크롬브라우저 사용 권장

② 안내(팔을 움직여 오케스트라를 연주하세요. 빠르게 움직일수록 음이 빨라진다.)를 확인 후 [**다음**]버튼을 클릭한다.

③ 안내(팔을 위아래로 움직여 소리의 크기를 조절할 수 있다. 위로하면 소리가 커진다.)를 확인 후 [**다음**]버튼을 클릭한다.

④ 안내(몸을 움직이는 방향의 악기가 연주된다.)를 확인 후 [갑시다]버튼을 클릭한다.

⑤ 지휘자의 몸을 프레임에 맞추라는 화면이 나타난다.

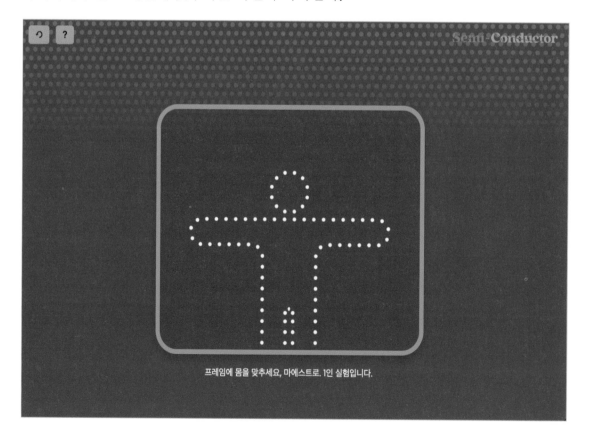

⑥ 웹캠 사용을 허용한 후, 화면에 나타난 프레임 앞에서 기본자세를 취한다.

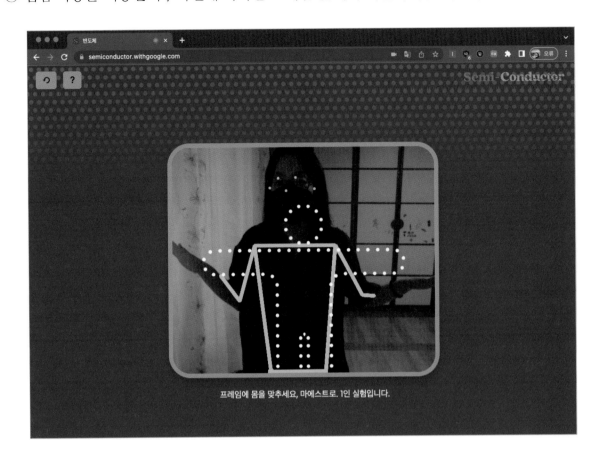

👆잠깐!

처음 자세를 취하면 인공지능이 몸을 인식하는데 시간이 걸리지만, 같은 사람이 반복하면 빠르게 인식한다.

⑦ 지휘자의 얼굴, 몸, 팔이 잘 인식된 것을 알 수 있다.

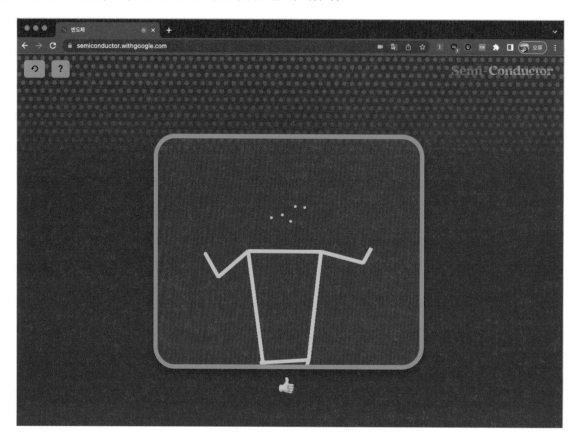

⑧ 팔을 움직이면 연주를 시작한다. 화면 상단에 **[연주진행 상태]**를 확인할 수 있다.

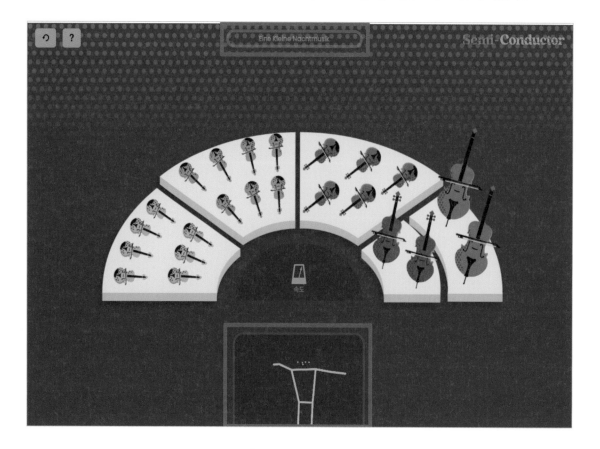

⑨ 팔을 빨리 움직이면 음악도 빨라진다. 가운데 메트로놈 아이콘이 속도를 나타낸다.

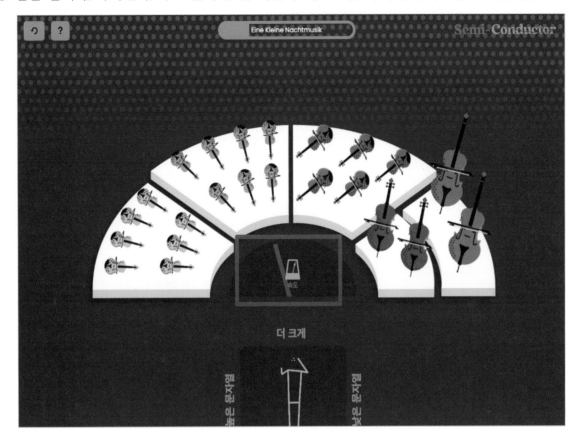

⑩ 몸을 왼쪽으로 돌려 지휘하면 방향에 위치한 악기가 연주된다.

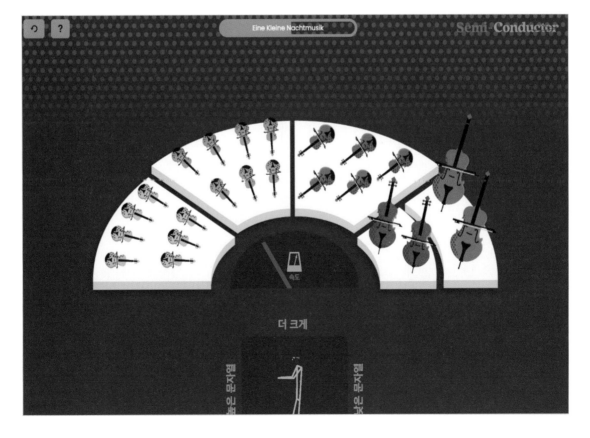

제3장_인공지능 융합교육 도구 활용하기 | 209

⑪ 몸을 오른쪽으로 돌려 지휘하면 방향에 위치한 악기가 연주된다.

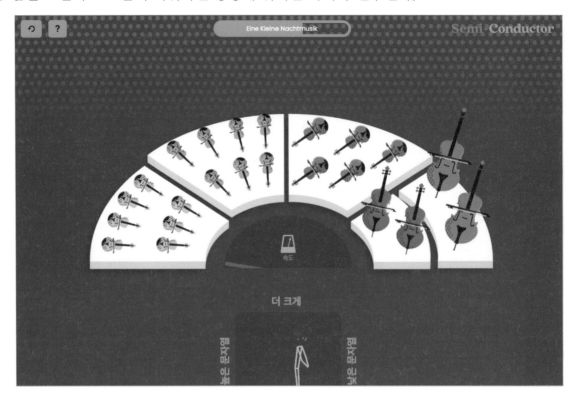

⑫ 손을 가까이 모아 천천히 움직여 지휘하면 조용하고 느리게 연주한다.

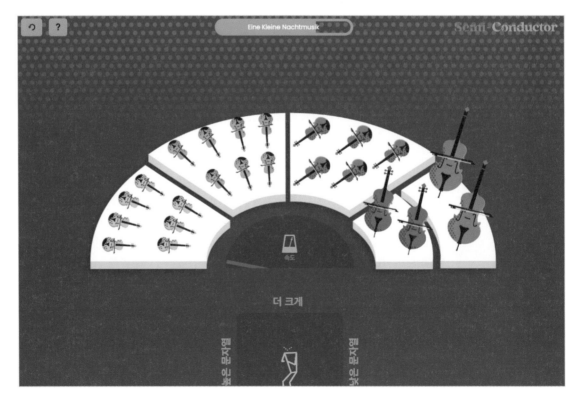

⑬ 연주를 마치면 '브라보' 와 환호성, 박수소리와 함께 화면에 꽃이 쌓인다.
   [다시 플레이]를 눌러 반복할 수 있다.

💡**수업활용 tip**

<초등 음악+사회>
   인공지능 기술이 예술분야에 활용되는 점을 찾아 이야기해 보고, 인간과 AI가 협력하여
   사는 방법에 대해 이야기할 수 있다.
   이를 통해 인공지능의 도움으로 자신만의 오케스트라 연주를 할 수 있게 된다는 것을
   체험하게 할 수 있다.

13. 크롬 뮤직 랩(Chrome Music Lab)
☞ https://musiclab.chromeexperiments.com/

 소개

구글 크롬에서 음악교육을 지원하기 위한 목적으로 개발한 웹 사이트이다.

Shared piano 등의 기능을 중심으로 총 14가지 다양한 음악적 체험을 할 수 있으며, 로그인 없이 바로 사용할 수 있다.

아이콘	(이름)내용
	(Shared piano) 다른 사용자와 같이 연주가 가능하다. 좌측 하단에 코드가 있는데, 다른 사용자가 이 코드/ 공유링크를 공유한다면 같이 실시간으로 피아노를 칠 수 있다. 설정에서는 옥타브나 음정 표시 등의 기능을 조정할 수 있다.
	(Song maker) 멜로디, 리듬, 박자 등을 가미해 간단한 작곡을 할 수 있다. 화면에 나타나는 격자를 터치하면 음계에 맞는 색과 함께 소리가 나오며, 이를 이용해 간단한 음악을 만들 수 있다. 이는 다시 터치하면 사라진다. 그 외 다른 기능으로는 악기 소리 변경, 비트 추가, 템포 변경 등이 있다.
	(Rhythm) 비트를(3비트, 4비트, 5비트, 6비트) 다양하게 설정해서 리듬연주를 할 수 있으며 각각 3가지 종류의 타악기를 배치하여 다양한 리듬을 탐색하고 만들어 볼 수 있다.
	(Spectrogram) 소리를 스펙트로그램으로 보여주며 재생이 가능한 프로그램이다. 소리를 입력하거나, 마우스(손)의 움직임, 악기, 새소리 등의 다양한 유형의 소리가 나타내는 특징을 살펴볼 수 있다.
	(Sound waves) 피아노 건반을 클릭하면 그와 연동되어 파란색 점들이 움직이며, 돋보기 버튼을 클릭한 상태로 건반을 클릭하면 소리의 파동 변화를 시각, 청각으로 확인할 수 있다.
	(Arpeggios) 장/단조를 확인하고 그에 따른 화음을 확인할 수 있다. 좌측 하단의 버튼은 피아노 건반/하프 두 가지 악기 중에서 선택할 수 있으며, 우측 하단의 버튼을 이용해서 템포 조절이 가능하다.

아이콘	(이름)내용
	(Kandinsky) 마우스로 점이나 선, 도형 등을 그리면 그에 해당하는 소리를 재생해 준다. 원을 그리면 눈, 코, 입 등이 나타난다.
	(Voice Spinner) 목소리나 주변의 소리를 녹음하고 이 내용을 정/역방향으로 속도를 다르게 재생해서 들려준다.
	(Harmonics) 배음(Overtone)을 확인할 수 있다.
	(Piano roll) 미리 제작된 음악 몇 가지를 들을 수 있다.
	(Oscillators) 오브젝트를 마우스나 터치 등을 통해 좌우로 끌어당기는 조작으로 진동수를 변경해서 들을 수 있다.
	(Strings) 마우스나 터치 등을 통해 기타 줄을 튕기는 동작으로 소리를 듣고 현의 길이와 음의 높낮이의 관계를 직접 확인할 수 있다.
	(Melody maker) Song Maker에서 반주를 제외하고 멜로디만 연주할 수 있다.
	(Chords) 선택한 장·단조에서 선택한 계이름을 근음으로 하는 3화음을 들을 수 있다.

◇ 스펙트로그램(SPECTROGRAM)

① [SPECTROGRAM]을 선택해서 클릭한다.

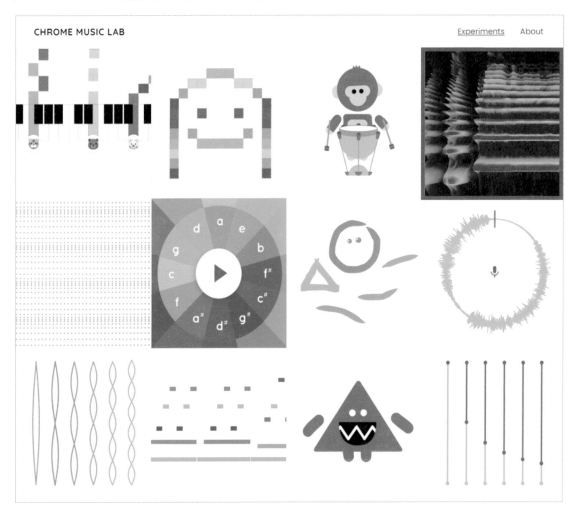

② SPECTROGRAM이 실행되면 아래쪽으로 10가지 아이콘이 나타난다. 아이콘별로 주요 기능은 다음 표와 같다.

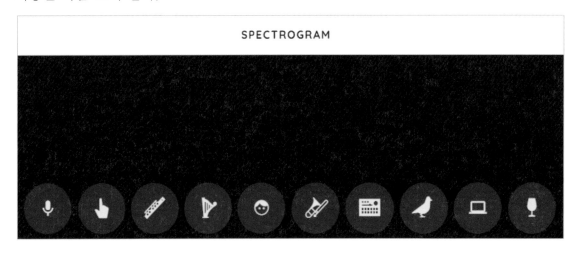

아이콘	기 능	아이콘	기 능
🎤	소리를 입력받아서 스펙트럼 형태로 출력해준다.	🎺	미리 저장된 트럼본 소리를 소리와 함께 스펙트럼 형태로 출력해준다.
👆	마우스/터치를 입력받아서 소리와 함께 스펙트럼 형태로 출력해준다.	🎛️	미리 저장된 비트를 소리와 함께 스펙트럼 형태로 출력해준다.
🎵	미리 저장된 플룻 소리를 소리와 함께 스펙트럼 형태로 출력해준다.	🐦	미리 저장된 새소리를 소리와 함께 스펙트럼 형태로 출력해준다.
🎼	미리 저장된 하프 소리를 소리와 함께 스펙트럼 형태로 출력해준다.	💻	미리 저장된 모뎀 소리를 소리와 함께 스펙트럼 형태로 출력해준다.
😊	미리 저장된 휘파람 소리를 소리와 함께 스펙트럼 형태로 출력해준다.	🍷	미리 저장된 유리잔 진동소리를 소리와 함께 스펙트럼 형태로 출력해준다.

③ 🎤 을 선택하고 목소리나 주변의 소리를 입력해 보면 해당하는 소리의 SPECTROGRAM 을 보여준다.

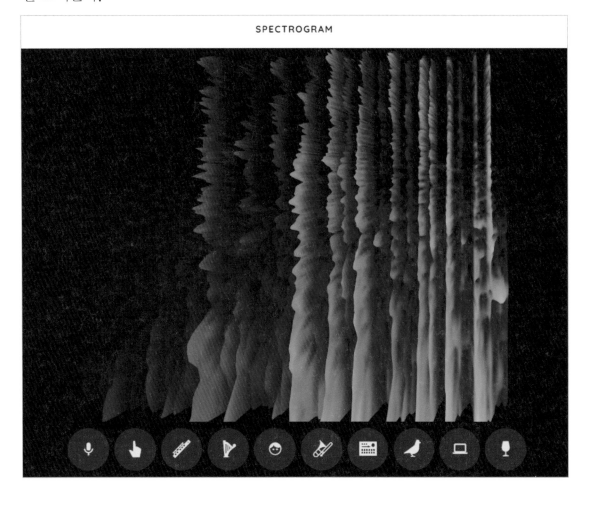

◇ SONG MAKER

① [SONG MAKER]를 클릭한다.

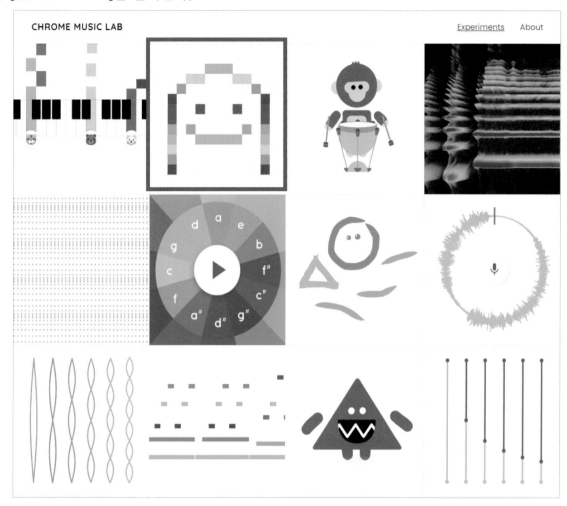

② [SONG MAKER]를 클릭하면 아래와 같은 화면이 나타나고 각 부분의 명칭은 다음과 같다.

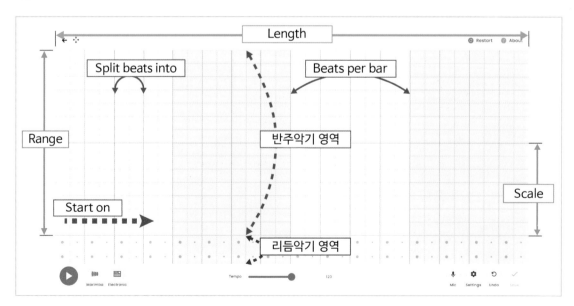

③ 기능은 다음과 같다.

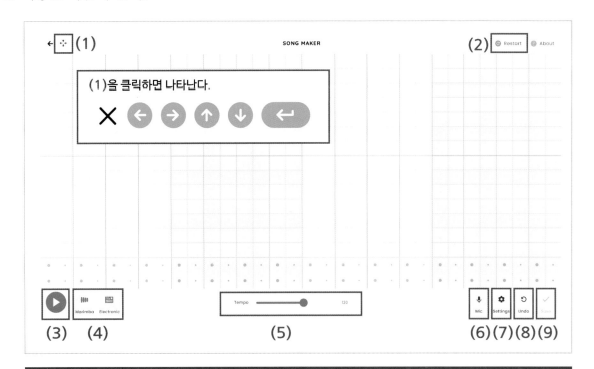

(4)-1 : (4)의 마림바와 전자비트를 클릭하면 다음과 같은 목록이 순차적으로
나타난다.

반주 파트				리듬 파트			
Marimba	마림바	Strings	현악기	Electronic	전자비트	Blocks	블록
Piano	피아노	Woodwind	목관악기	Kit	드럼	Conga	콩가
Synth	신디사이저						

(7)-1 : (7)을 선택해서 클릭하면 나타나는 대화상자의 내용은 아래와 같다.

Length　　　　4 bars ⊖ ⊕
　바의 개수 설정

Scale　　　　　Major ⌄
　장음계, 반음계, 오음음계 설정

Beats per bar　　4 ⊖ ⊕
　하나의 바에 속해 있는
　비트의 개수 설정

Start on　　Middle ⌄ C ⌄
　가장 아래쪽 칸의 음높이 설정

Split beats into　2 ⊖ ⊕
　비트를 구성하는 칸의
　개수 설정

Range　　2 octave ⊖ ⊕
　음계의 개수 설정

번호	기능	번호	기능
(1)	키보드를 이용해서 레인지 속 비트에 표시할 수 있다.	(5)	음악 재생 템포 조정
(1)-1	방향버튼을 클릭하면 레인지 속 비트를 이동할 수 있고 **[엔터]** 클릭하면 색이 채워진다.	(6)	녹음기능
(2)	만들어진 비트들을 모두 지워준다.	(7)	설정기능
(3)	재생/정지	(7)-1	바의 개수, 음계, 바에 포함된 비트 개수, 가장 아래쪽 음높이 설정, 비트 구성 칸의 개수, 음계의 개수 등을 결정
(4)	악기 설정	(8)	실행취소 기능
(4)-1	반주 파트와 리듬 파트에 해당하는 악기 소리를 선택할 수 있다.	(9)	저장 기능

◇ 칸딘스키(KANDINSKY)

① [KANDINSKY]를 선택해서 실행한다.

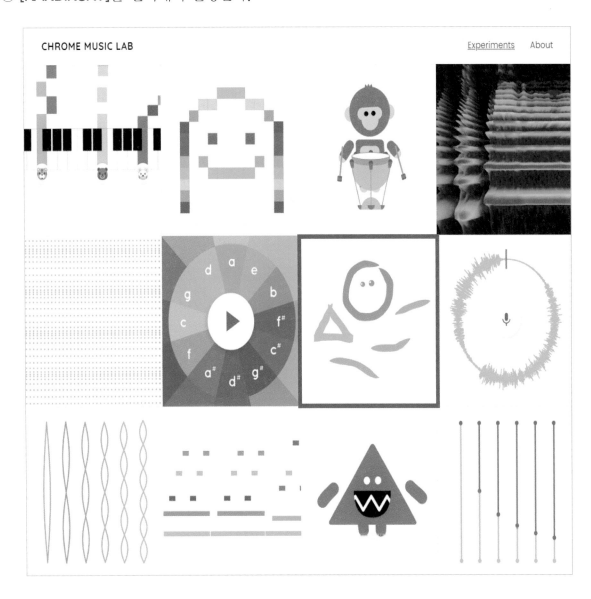

② **[KANDINSKY]**를 실행하면 다음과 같은 화면이 나타난다. 각 기능은 다음과 같다.

번호	기 능	번호	기 능
(1)	캔버스에 그려진 모든 내용을 지운다.	(3)	재생/정지
(2)	캔버스에 그리는 내용들의 색조를 바꾼다.	(4)	캔버스에 그린 최근의 내용부터 지워나간다.

👆 **잠깐!**

칸딘스키는 원을 그리면 눈과 입모양이 나타난다.

💡 **수업활용 tip**

<초등 3-6학년 음악>
비트, 멜로디, 리듬, 박자 등의 특징을 이해하고 음악을 만들거나 난타연주에 필요한 다양한 리듬을 만들어볼 수 있다.

14. 구글 번역
☞ https://translate.google.co.kr/?hl=ko

 소개

구글 번역은 텍스트 번역을 위해 구글이 무료로 제공하는 다언어 기계 번역 서비스이다. 2006년에 처음 선보인 후 현재 100개가 넘는 언어에 대해 번역 서비스를 지원하고 있다. 모바일용(안드로이드, IOS), PC(웹페이지) 모두를 지원하며 번역의 유형으로는 텍스트 외 손글씨, 사진, 문서, 음성 번역을 지원한다.

사용방법

① 크롬 브라우저를 열어 https://translate.google.co.kr/?hl=ko 에 접속한다.

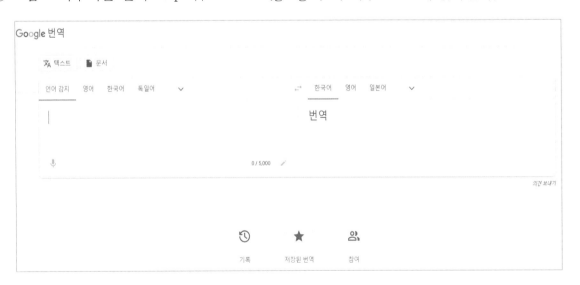

> 👆 **잠깐!**
>
> 모바일 기기(스마트폰, 스마트패드)에서 앱형태로 다운로드 받아 사용 가능하다.
> 안드로이드의 경우 플레이스토어(Play store)에서 아이폰의 경우 앱스토어(App store)를
> 통해 '구글번역'을 검색 후 다운로드 받아 활용할 수 있다.

② 왼쪽에 번역하고 싶은 내용을 텍스트 형태로 입력하고, 오른쪽에는 번역하기 원하는 언어를 선택하면 자동 번역이 된다.

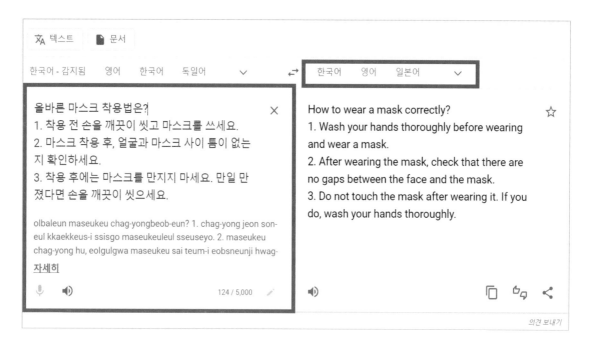

③ 번역하고자 하는 언어는 상호 교차가 가능하다.

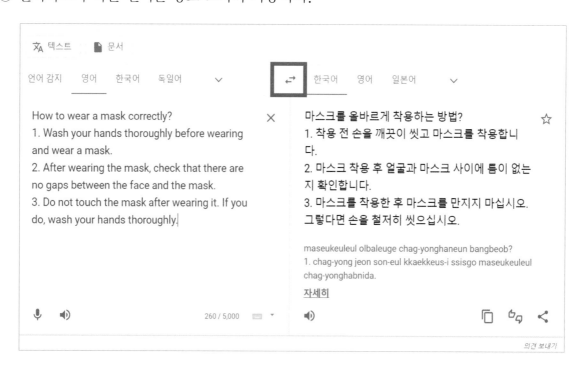

④ 손글씨를 번역하고자 할 때는 왼쪽 하단의 펜 버튼을 누른 후 글자를 작성한 후 엔터를 치면 번역이 진행된다.

⑤ 음성 입력을 번역하고자 할때는 왼쪽 하단 마이크를 눌러 음성입력을 하면 번역이 진행된다.

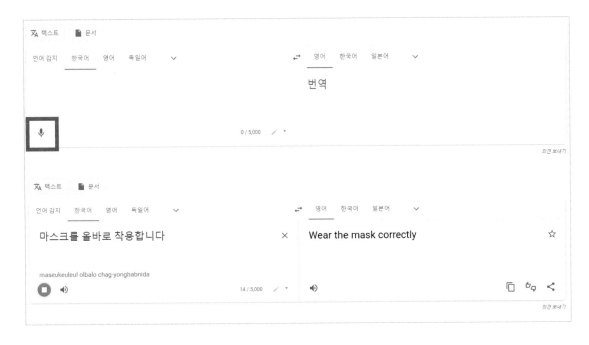

⑥ 문서를 번역하고자 할때는 번역할 문서를 업로드하면 번역이 진행된다.

> 👆 잠깐!
>
> 번역이 가능한 문서의 크기는 10MB이하이고, .docx, .pdf, .pptx, .xlsx 형식의 문서만을
> 번역할 수 있다.

⑦ 번역할 문서를 업로드 한 후 번역을 클릭하면, 번역이 진행되고, 번역이 완료되면 번역
다운로드 버튼을 통해 번역된 문서를 다운로드 받는다.

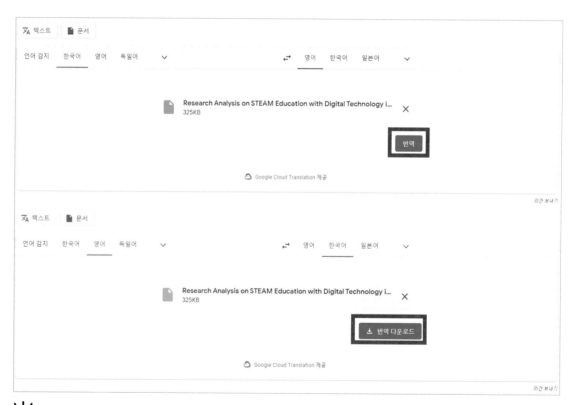

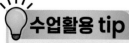 수업활용 tip

    <초등 사회+영어>
    우리나라의 문화나 지역을 외국에 알리기 위해 행사 포스터를 제작해보자.
    세계 각 지역에 사는 친구들을 대상으로 다양한 언어로 포스터를 만들어 본다.
    인공지능의 도움으로 손쉽게 여러 언어가 번역될 수 있음을 체험하게 한다.

15. 파파고 번역

☞ https://papago.naver.com/

 소개

    파파고 번역은 NAVER(네이버)가 무료로 제공하는 다언어 기계 번역 서비스이다. NAVER LABS에서 자체 개발한 인공신경망(Artificial Neural Network) 기반 번역 서비스로 현재 사용 가능한 언어는 한국어, 영어, 일본어, 중국어, 프랑스어, 스페인어, 베트남어, 태국어, 인도네시아어, 러시아어, 독일어, 이탈리아어, 힌디어이다. 모바일용(안드로이드, IOS), PC(웹페이지) 모두를 지원하며 번역의 유형으로는 텍스트 외 손글씨, 사진, 문서, 음성 번역을 지원한다.

사용방법

① 인터넷 브라우저를 열어 https://papago.naver.com/에 접속한다.

👆 **잠깐!**

모바일 기기(스마트폰, 스마트패드)에서 앱 형태로 다운로드 받아 사용 가능하다.
안드로이드의 경우 플레이스토어(Play store), 아이폰의 경우 앱스토어(App store)를
통해 '네이버 파파고'를 검색 후 다운로드 받아 활용할 수 있다.

② 왼쪽에 번역하고 싶은 내용을 텍스트 형태로 입력하고, 오른쪽에는 번역하기 원하는 언어를 선택하면 자동 번역이 된다.

③ 번역하고자 하는 언어는 상호 교차가 가능하며, 한국어의 경우 높임말로도 표시 가능하다.

④ 손글씨를 번역하고자 할때는 왼쪽 하단의 펜 모양을 누른 후 글자를 작성하면 컴퓨터가 손 글씨를 인식하여 '마스크착용'이란 단어가 녹색으로 나타난다. 해당 글자를 클릭하면 번역이 진행된다.

⑤ 웹사이트를 번역하고자 할때는 상단 메뉴에서 **[웹사이트 번역]**을 클릭한 후 번역하고자 하는 주소(URL)를 입력한다.

⑥ 번역된 웹사이트는 기존 언어로도 변경해서 확인할 수 있다.

⑦ 문서를 번역 할 때는 상단 메뉴에서 **[문서 번역]**을 클릭한 후 파일 업로드를 통해 번역을 진행한다.

🖑 잠깐!

번역이 가능한 문서의 크기는 10MB이하, 글자수는 1만자 이하 문서만 번역할 수 있다.
번역이 가능한 문서의 형태는 .docx, .pptx, .xlsx, hwp형식 문서로 특징적으로는
한글(.hwp)을 지원하고 있으며, 현재는 월10개의 문서까지만 번역할 수 있다.

⑧ 번역하고자 하는 언어를 선택하고, 번역 버튼을 누르면 다음과 같이 번역된 문서를 다운
로드 받을 수 있다.

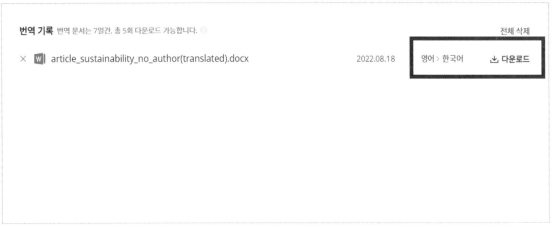

💡 수업활용 tip

<초등 사회+창체>
세계 나라 중 1개의 나라를 정해, 해당 나라를 5일동안 여행할 수 있도록 여행 계획을
세워보자. 나라별 대표할 수 있는 관광지 정보를 각 나라에서 운영하는 웹사이트에서
찾아보고, 근처 추가 관광지도 탐색하여 계획을 세워보자. 이때, 웹페이지를 번역하는
체험을 한다.

<인공지능 비교>
인공지능을 통한 기계 번역 서비스를 찾아보고, 동일한 내용(텍스트, 음성, 손글씨 등)을
입력하였을 때 번역되는 내용을 비교해 보자. 이를 통해 인공지능의 비지도 학습에
대해 이해해 보자.

16. Google 렌즈

☞https://play.google.com/store/apps/details?id=com.google.android.
googlequicksearchbox&gl=US

소개

Google 렌즈는 용도에 맞게 분류된 기능에 따라 인식한 이미지에 알맞은 정보를 보여준다. 기존 구글 이미지 검색은 통합된 검색결과로 정보를 보여주지만, Google 렌즈는 동일한 이미지여도 기능에 맞게 다른 정보를 보여주는 특징이 있다. 사용 환경(안드로이드, IOS(아이폰), PC)에 따라 사용법이 다르고 기능에 제약이 있다는 점을 참고하여 사용해야 한다. 세부적으로는 번역, 텍스트, 검색, 과제, 쇼핑, 장소, 음식점으로 분류되어 있다. 번역, 텍스트는 이미지에 포함된 문자를 식별하여 번역하거나 텍스트 변환이 가능한 기능이고, 검색은 구글 이미지 검색을 보여 준다. 과제 기능은 수식 계산을 해주는 것으로 수식 풀이 과정까지 보여 주지만 아직은 단순한 수준에만 머물러 있다. 쇼핑/장소/음식점은 모두 위치 접근을 허용한 상태에서 주변 정보를 제공한다.

사용방법

① 스토어에서 [Google 렌즈]를 검색하여 설치한다.
② 구글앱을 열어 검색창 오른쪽에 카메라 모양의 아이콘을 클릭한다.

③ **[카메라로 검색]**을 클릭한다. (니바이스 사진첩에 저장되어 있는 이미지를 검색하고 싶은 경우 아래 메뉴에서 선택할 수 있다.)

④ **[카메라 사용]**을 클릭한다.

 잠깐!

카메라 사용을 선택하였을 때, 접근을 허용해야만 사용이 가능하다.
돋보기 모양의 아이콘 왼쪽에 있는 사진 모양의 아이콘을 누르면 이전 화면으로 돌아간다.

⑤ 인식할 이미지를 화면 중앙에 잘 위치시킨 뒤, 화면 하단에 있는 돋보기 모양 버튼 **[셔터버튼]**을 클릭한다.

⑥ 검색 탭 아래의 결과를 끌어올려 확인한다.

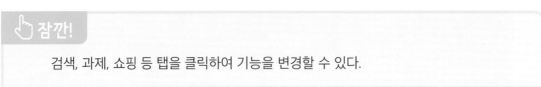

검색, 과제, 쇼핑 등 탭을 클릭하여 기능을 변경할 수 있다.

⑦ 번역 탭 기능을 선택하고, 이미지를 인식한다.

⑧ 인식된 이미지에서 번역된 결과를 확인한다.

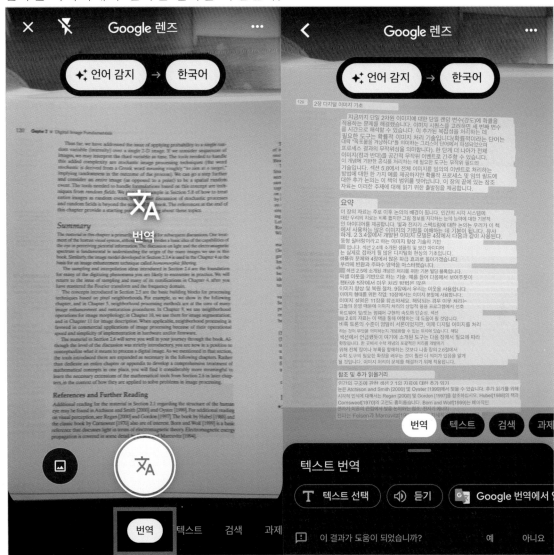

 잠깐!

텍스트와 번역 탭의 텍스트 선택 기능을 활용하면 전체 텍스트 복사 및 붙여넣기가
가능하여, 바로 문서화도 가능하다.

💡 수업활용 tip

<초등 1~6학년 미술, 창체, 실과, 영어>
- 세계 나라 중 1개의 나라를 정해, 해당 나라를 5일동안 여행할 수 있도록
  여행 계획을 세워 볼 수 있다.
- 주변 사물을 찍고 사물의 이름을 확인할 수 있다.
- 학교 내에 심어진 꽃의 이름을 찾아볼 수 있다.
- 여러 나라의 동전을 사진으로 찍어 어느나라에서 활용되고 있는 동전인지와
  화폐단위 등을 확인할 수 있다.
- 외국어로 되어 있는 문서를 읽고 의미를 파악할 수 있다.

17. 네이버 스마트렌즈

☞ https://play.google.com/store/apps/details?id=com.nhn.android.search

소개

네이버의 스마트렌즈는 이미지로 정보를 검색하는 서비스로 구글렌즈와 유사한 서비스이다. 스마트렌즈, 쇼핑렌즈, 결제/네이버 주문, QR/바코드, 문자인식, 와인라벨로 기능이 나뉘어져 있다. 인식한 이미지와 유사하거나 관련성이 있는 이미지가 검색 결과로 제공되며, 이미지를 기반으로 유추한 텍스트 정보도 포함될 수 있다. 원하는 이미지를 스마트렌즈로 검색 후 검색어 추가 영역을 클릭하여 텍스트 검색어를 추가하면 최적의 검색이 가능하다.

사용방법

① 스토어에서 네이버 앱을 검색하여 설치한다.
② 네이버앱을 열어, **[하단 중앙에 동그란 버튼]**을 클릭한다.

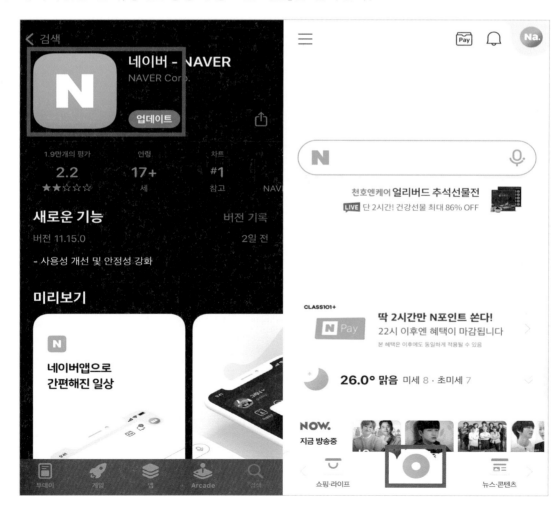

③ 기본 스마트렌즈 기능인 **[렌즈]**버튼을 클릭한다.

④ 처음 사용하는 경우 스마트렌즈의 기본적인 설명을 보여준다.

⑤ 인식할 이미지를 화면 중앙에 잘 위치시킨 뒤, 화면 하단에 있는 동그란 촬영 버튼 **[셔터버튼]**을 클릭한다.

⑥ 스마트렌즈의 결과를 끌어올려 확인한다.

⑦ 아래 기능탭을 [쇼핑렌즈]로 이동한다.

⑧ 인식할 이미지를 검색하고 쇼핑렌스의 결과를 확인한다.

⑨ 아래 기능탭을 [문자인식]으로 이동한다.

⑩ 인식할 문자이미지를 검색하고 결과를 확인한다.

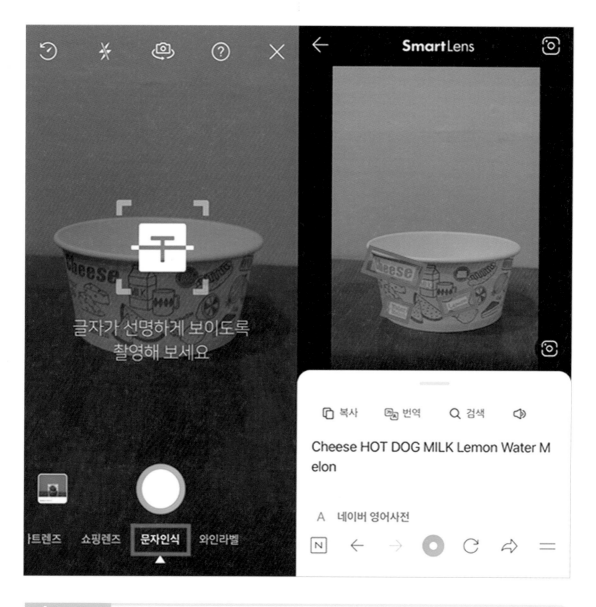

👆 잠깐!

문자인식 기능은 모르는 한자, 영어단어 등 뜻과 음을 알고 싶을 때 사용하면 유용하다.
또한, URL, 전화번호, 이메일도 인식할 수 있고 URL의 경우 해당 URL로 바로 이동하거나
전화를 걸거나 이메일을 보낼 수 있다.

⑪ 문자인식 결과에서 번역/검색/듣기 기능을 사용할 수 있다.

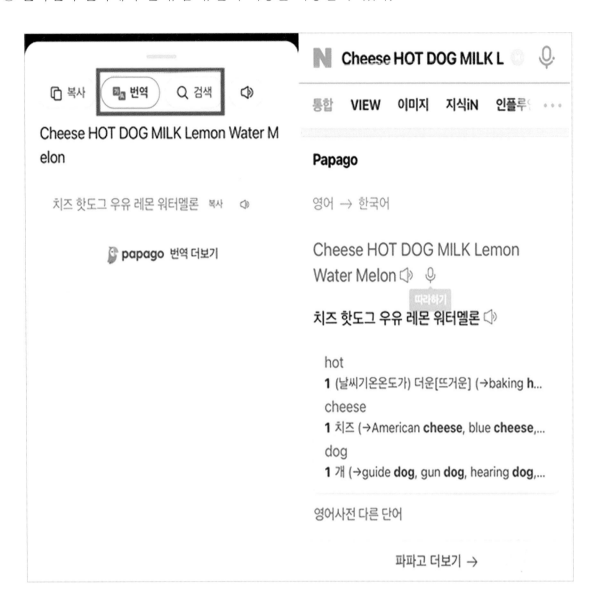

Chapter 03 인공지능 융합교육 도구 활용하기

 잠깐!

사진에서 인식된 텍스트는 복사, 수정할 수 있다.
또한, 인식된 텍스트가 외국어일 경우 음성으로 들어볼 수 있다.
단, 영어, 중국어, 일본어, 스페인어만 가능하다.

18. 마인드마이스터(MindMeister)
☞ https://www.mindmeister.com/

 소개

마인드마이스터는 마인드맵을 만들 수 있는 서비스를 제공하고 있다. 다양한 마인드맵을 템플릿 형태로 제공하고 있어 쉽게 마인드맵을 그릴 수 있다. 또한 팀을 만들고 구성원들을 초대하는 것이 가능하여 공동작업 등에 활용할 수 있으며, 마인드맵에 파일 및 이미지 등을 첨부하는 것이 가능하여 다양한 마인드맵을 제작하는 것이 가능하다. 단, 무료와 유료에서 사용할 수 있는 기능이 차이가 있다.

사용방법

① 회원가입 후 로그인을 한다. 로그인을 하고 나면 내 최근 맵, 즐겨찾기한 맵 등의 자료를 확인할 수 있다.

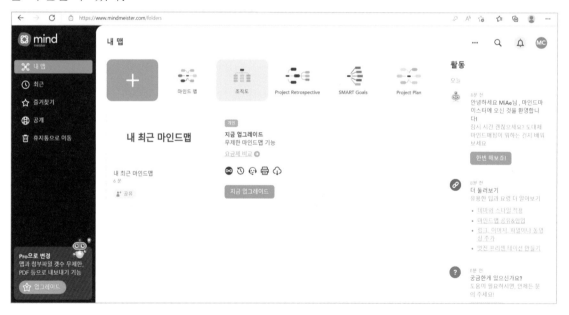

☝ 잠깐!

마인드맵은 이미지와 텍스트가 결합된 거미줄 같은 구조로 정보를 더 잘 이해하고 분석할 수 있도록 해주는 도구이며, 공개맵을 클릭하면 백 만개 이상의 공개된 맵을 둘러 보고 활용할 수 있다.

② 아래와 같이 [**+**] 영역을 클릭하여 새 마인드맵, 템플릿에서 새로 만들기, 새폴더, 가져오기 등의 기능을 활용하여 마인드맵을 만들 수 있다.

③ 마인드맵을 만들기 위해 아래와 같이 [**마인드맵**] 영역을 클릭한다.

👆 **잠깐!**

마인드마이스터는 업그레이드를 통해 더 많은 기능을 활용할 수 있으나, 유료로 제공되고 있으며, 마인드맵을 만들 수 있는 다양한 무료 서비스들을 이용하는 것도 가능하다.

④ 작업창이 열리고 텍스트 입력이 가능한 파란색 상자가 만들어진다. 마인드맵 주제를 텍스트 상자에 입력하여 마인드맵 작성을 시작한다.

⑤ 주제를 입력한 텍스트 상자를 클릭하면 ⋯아이콘과 ⊕아이콘이 활성화되며, ⊕아이콘 클릭을 통해 하위레벨을 추가할 수 있다. 예시로 우리가족이라는 주제로 마인드맵을 만들고 하위레벨로 가족 구성원인 아빠, 엄마, 형, 동생을 추가할 수 있다.

또한 ⋯아이콘을 클릭하면 파일이나 링크를 붙여 넣을 수 있고 메모를 추가하는 것도 가능하다. 작업창 왼쪽 아래에 있는 확대, 축소 및 마인드맵 중앙으로 옮기기를 활용할 수 있다.

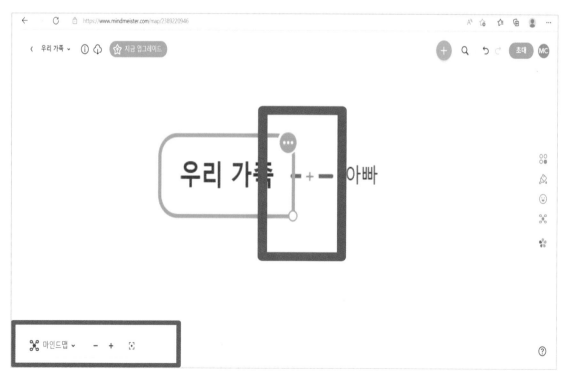

🖐 잠깐!

스타일 적용, 이모티콘 추가가 가능하고, 👥 🖌 😀 ✂ ··· 아이콘 클릭을 통해
복사, 붙이기 등이 가능하다.

⑥ 이 외에도 마인드맵은 내보내기와 인쇄가 가능하다. 내보내기 기능을 활용하면 워드
(doc), 파워포인트(ppt), 이미지(png, jpg) 형태로 만들 수 있다.

💡수업활용 tip

<초등 & 중등 국어>
주제에 맞춰 생각을 정리하고 스토리를 만들기 위한 브레인스토밍 단계에서 활용할 수
있으며, 다양한 파일, 미디어 등을 첨부할 수 있고, 협동 학습이 가능하다.

<초등 & 중등 SDL(Self Directed Leaning)>
초등학생 및 중학생들이 수업 내용을 요약정리하고 구조화할 때 활용할 수 있다.

19. 모럴 머신(Moral Machine)

☞ https://www.moralmachine.net/

🤖 소개

모럴 머신은 MIT 공대에서 개발한 플랫폼으로 인공지능의 윤리적 결정에 대한 사회적 인식을 수집하는데 그 목적이 있다. 딜레마 상황에서 어떤 선택을 해야 하는지를 논할 때 가장 많이 등장하는 고전적 '트롤리 딜레마'에 토대를 두고 자율주행 자동차의 딜레마 상황을 시나리오로 제시한다. 사용자가 딜레마 상황을 하나씩 선택하여 제시된 시나리오를 모두 결정하면 자신이 무엇을 중요시하는지 확인할 수 있다.

🤖 사용방법

① 언어 선택을 위해 **[한국어]** 버튼을 클릭한다.

② **[클래식]** 탭을 클릭하면 고전 '트롤리 딜레마'에 대한 설명을 볼 수 있다.

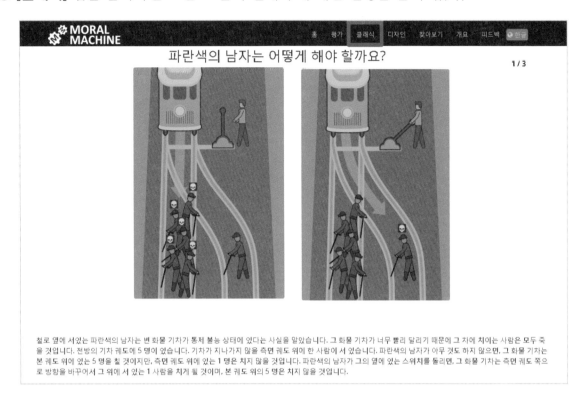

③ **[시작하기]** 버튼을 클릭한다.

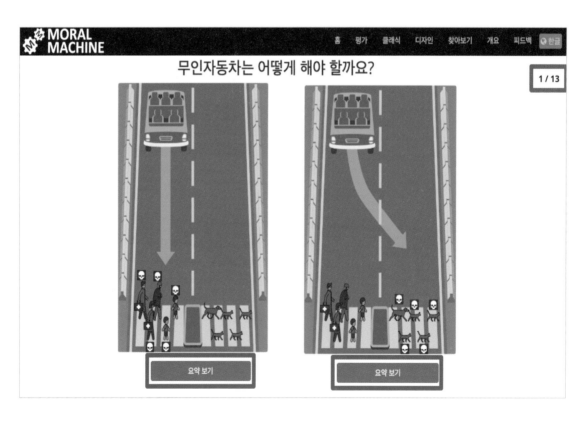

잠깐!

모럴머신을 통해 수집된 전 세계 사람들의 인식은 자율주행 자동차를 설계할 때, 인공지능이 윤리적 선택을 해야하는 상황에서 판단의 기준으로 활용될 수 있다. 따라서 우리는 모럴머신에서 딜레마 상황을 선택하는데 있어 진지하게 고민하고 선택해야 한다.

◇ 판단 시나리오 체험하기

① 1번 상황이 나타난다. 무인자동차의 제어장치가 고장난 경우 어떤 선택을 하도록 설계되어야 하는지 고르는 것이다. 그림 아래 **[요약보기]**를 클릭한다.

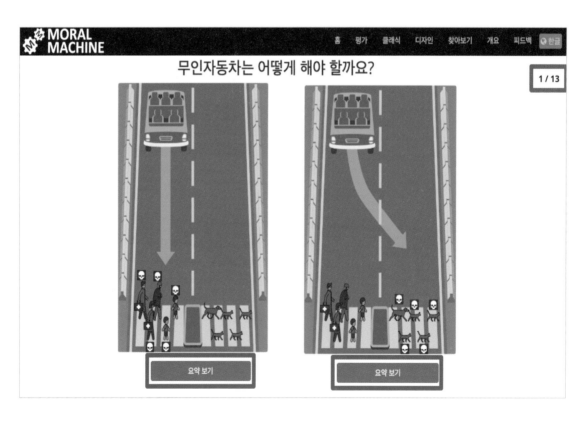

② 무인자동차의 운전방향에 따라 사망하는 대상이 누구이며 몇인지 보여준다.

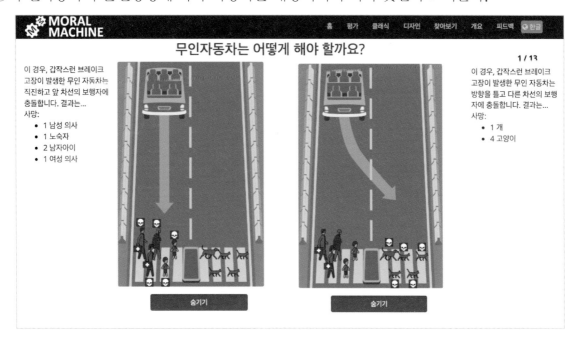

③ 사람과 동물 중 어떤 대상을 희생시키는 것이 더 나은지 선택한다.

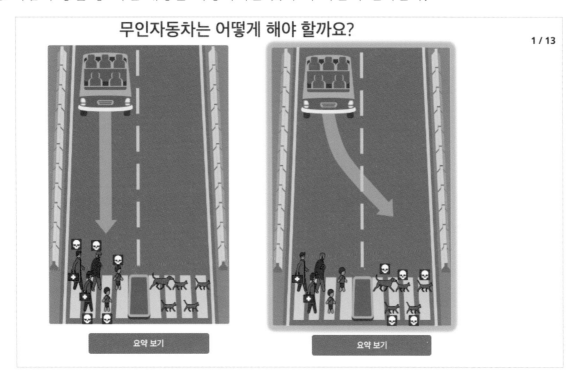

④ 두 번째 시나리오에서는 탑승자와 보행자 중 누구를 보호할 것인지 선택한다. 또 무단횡단을 하는 보행자를 보호해야 하는지에 대한 판단도 포함하여 선택한다.

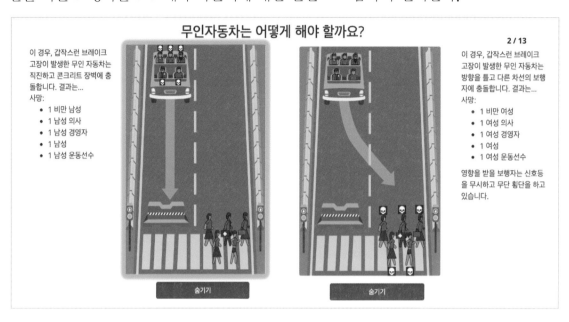

⑤ 운동선수와 비만인 사람에 대한 인식에 따라 희생자를 선택한다.

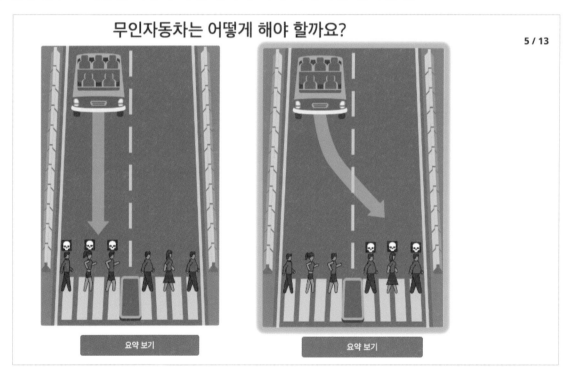

✋ 잠깐!

모럴머신의 시나리오는 매번 다르게 나타난다. 매우 다양한 상황에서 누구를 희생시켜야 하는지를 선택하는 고민을 하게 된다. 사용자들이 시나리오를 설계하여 제출하면 테스트에 사용되기도 한다.

⑥ 제시된 모든 시나리오의 선택을 마치면, 윤리 인식데이터를 확보하기 위한 기본 정보를
요청한다. [예] 버튼을 클릭한다.

⑦ '종에 대한 선호도', '사회적 가치에 대한 선호도' 등에 대한 선택 결과를 확인할 수 있다.

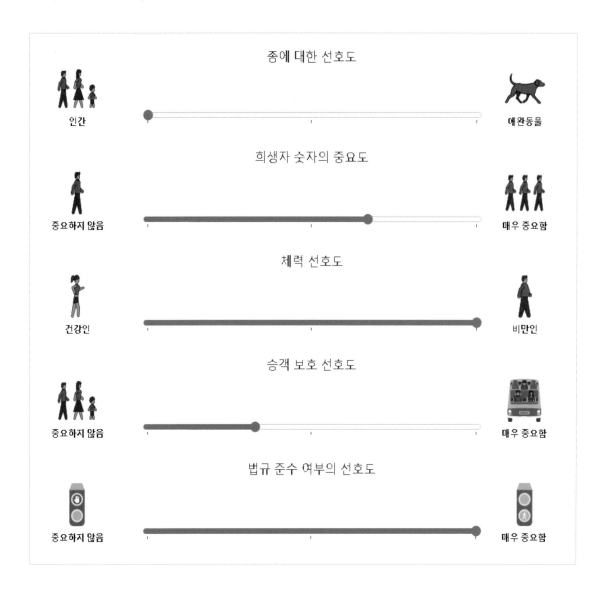

◇ 시나리오 디자인

① 시나리오 설계를 위해 [디자인]을 클릭한다.

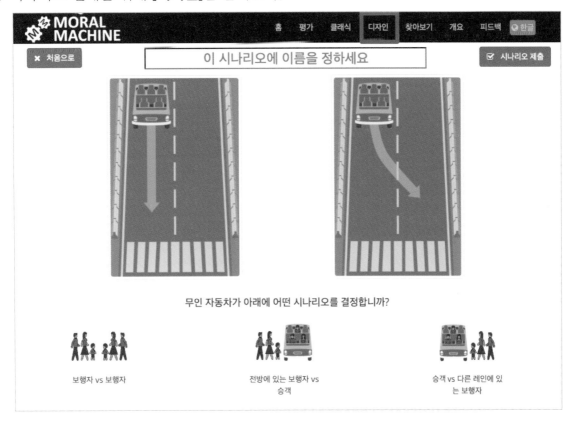

② 시나리오의 이름을 입력한다.

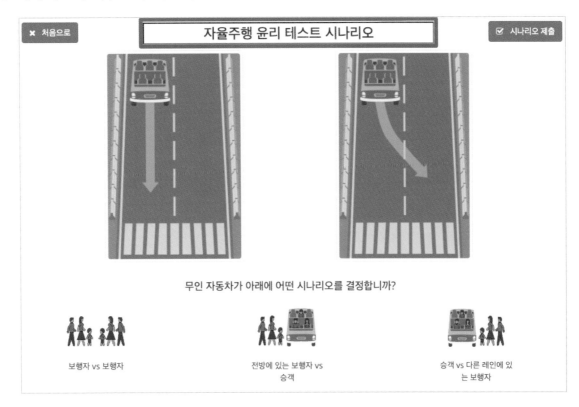

③ 보행자의 교통법규 위반 여부를 선택한다. 여기서는 준수를 선택한다.

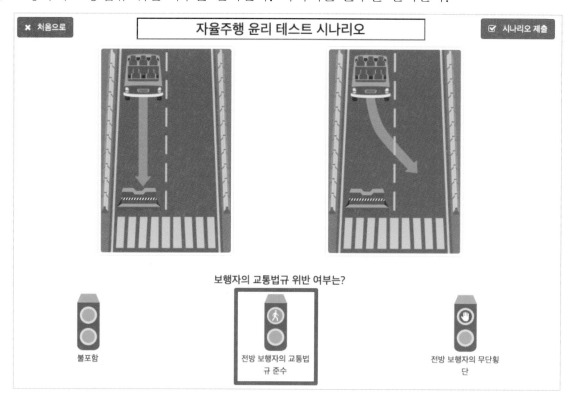

④ 주행차선별로 희생의 정도와 보행자를 선택한다.

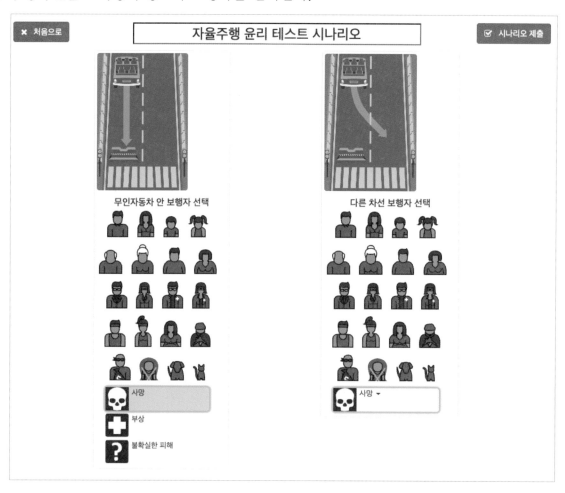

⑤ 시나리오를 완성하면 [시나리오 제출]을 클릭한다.

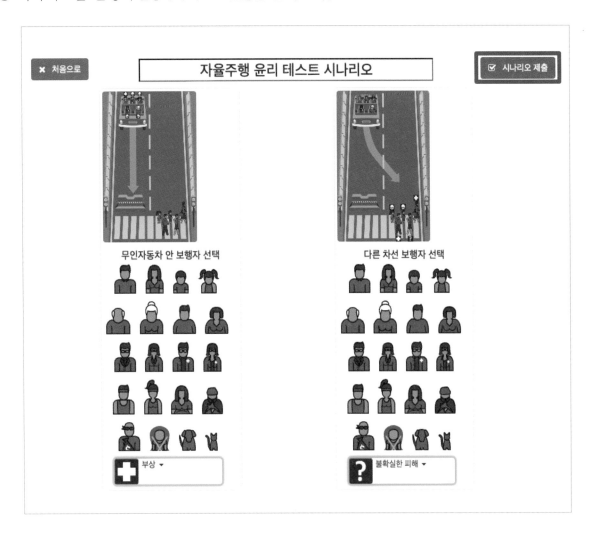

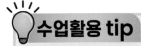

<초, 중, 고 인공지능 윤리>

   딜레마 시나리오를 체험하고, 내가 선택한 상황에 대해서 발표할 수 있다.

   또한, 자율주행 자동차 설계자가 되어 어떤 판단을 해야할지에 대한 딜레마 상황을
설정해 볼 수 있다.

20. 코드닷오알지(Code.org)

☞ https://code.org/

 소개

코드닷오알지는 미국에서 개발한 비영리 코딩교육 사이트다. 저학년부터 고학년까지 코딩을 이해하기 쉽도록 구성하고 있으며, 학습자의 흥미를 자극하고 조작하기 쉬운 다양한 컴퓨터 과학 프로그래밍 퍼즐을 활용하여 학생들이 직접 학습할 수 있다. 교사는 교실을 구성하여 학생에게 필요한 교육과정을 구성하고 관리할 수 있다.

사용방법

① 교사로 회원가입을 한다.
② 내 대시보드 페이지에 접속한다.

③ 섹션 생성을 클릭하여, 로그인 방법을 선택한다.

> ☞ 잠깐!
>
> 사진 로그인 방법은 유치원, 저학년 등 비밀번호 로그인이 힘든 학생이 대상인 경우 활용할 수 있다. 개인 로그인은 구글 개인 계정을 갖고 있는 학생을 대상으로 활용할 수 있다.

④ 섹션 이름, 등급, 코스 등을 설정한다.

> ☞ 잠깐!
>
> 섹션의 이름은 반이름_해당년도로 구분하면 관리하기 편하다.
> 등급은 K1~12, other까지 설정할 수 있다.
> 과정선택은 컴퓨터 전과정, CS과정 등을 설정하고, 버전(년도)를 선택할 수 있다.

◇ 생성한 섹션에 학생 가입 시킨 후 학습 안내하기

① (교사) 교실 섹션에서 학생 추가 버튼을 클릭한다.

② (교사) 학생의 이름, 나이, 성별을 입력 후 **[추가]**버튼을 누른다.

③ (교사) 각 학생에게 로그인 사이트를 알려주거나 로그인 카드를 출력해서 안내한다.

④ (학생) 교사가 알려준 사진 로그인 사이트로 이동한 후 자신의 이름을 클릭하고 사진을 선택하여 로그인한다.

⑤ (학생) 교사가 미리 설정한 코스를 학습할 수 있다.

◇ 학생 관리하기

① (교사) 교실 섹션을 클릭하면 학생별 진행도, 텍스트 응답결과, 통계 등 학생 관리가 가능하다.

② (교사) 진도 수준을 조절하거나, 학생 인증서 인쇄도 가능하다.

Print a batch of certificates

Enter up to 30 names, **one per line**. A printable page with personalized Hour of Code certificates will be generated.

Want a blank certificate template to write in your students' names? **Print one here.**

It is recommended that you choose **Landscape** when you print the certificates.

Print certificates

Print ice art from Frozen tutorials

      Print all

👆 **잠깐!**

개인 로그인의 경우 구글 계정을 갖고 있는 경우만 가능하고,
로그인 시 구글 계정+6자리 섹션코드만 있다면 편리하게 사용할 수 있다.

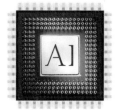

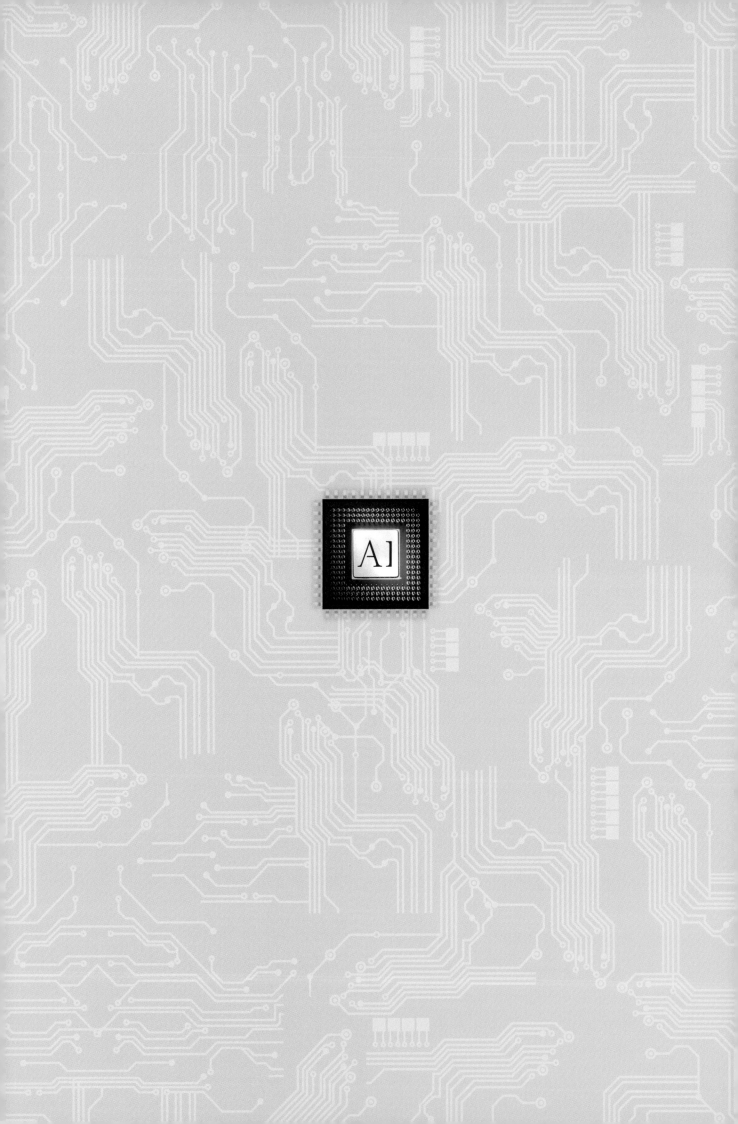

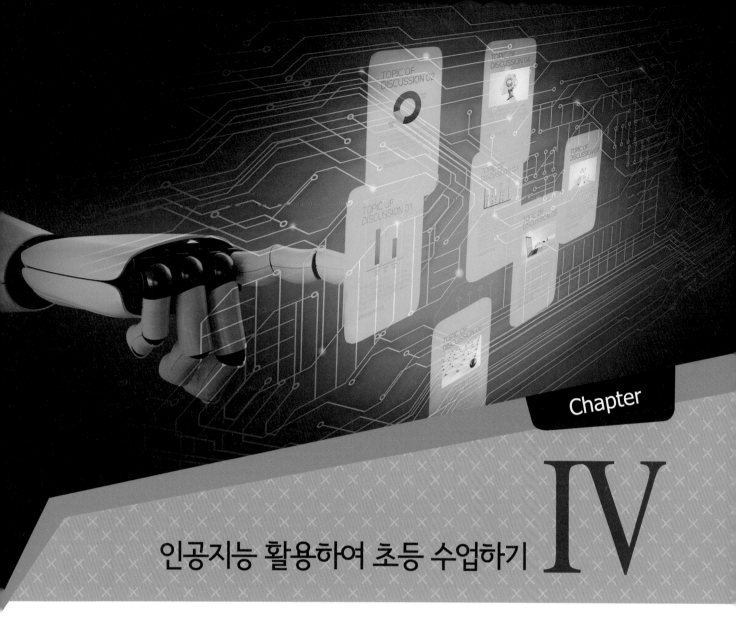

!

미래사회를 대비하기 위해 정부는 인공지능 교육의 필요성에 대해 강조하고 있다. 이러한 필요성에 대해 초·중·고등학교에서는 학생을 대상으로 인공지능을 보다 쉽게 이해하고, 만들어보고, 활용할 수 있도록 각 교과목별로 교육을 해야 한다. 그렇다면 과연 각 교과에서 '인공지능 교육을 어떻게 적용해 볼 수 있을까?'의 물음에 이번 장에서는 인공지능을 활용한 초등 수업에 대한 사례를 제시하고자 한다.

1. 4컷 만화로 내 생각 표현하기

수업 목표
1. 작가가 전달하는 메시지를 해석할 수 있다. 2. 이미지를 활용하여 자신의 느낌과 생각을 전달할 수 있다.

관련 교과 및 성취 기준	
국어	[6국05-02] 작품 속 세계와 현실 세계를 비교하며 작품을 감상한다. [6국03-02] 목적이나 주제에 따라 알맞은 내용과 매체를 선정하여 글을 쓴다.
미술	[6미01-04] 이미지를 활용하여 자신의 느낌과 생각을 전달할 수 있다. [6미01-05] 미술 활동에 타 교과의 내용, 방법 등을 활용할 수 있다. [6미03-04] 다양한 감상 방법(비교 또는 단독 감상, 내용 또는 형식 감상 등)을 알고 　　　　　활용할 수 있다.

활용한 솔루션
• 주요 신문 만평 모아보기 : https://lekohoo.com/news/cartoon.php • AutoDraw : https://www.autodraw.com • 패들렛 : 자료 공유 및 학생 제작 작품 전시

수업을 위한 교사 준비 사항
- 학생용 1인 1태블릿, 활동지, 필기도구 - 신문 만평, AutoDraw, Padlet 사전 접속 가능 여부를 확인하고, 안내한다. - 학생들의 ICT 활용 능력을 고려한 모둠 구성을 한다.

[수업 지도안]

단계	교수·학습 활동
도입	■ 신문 만화 함께 살펴보기 • 등장인물은 누구인가? • 왜 만화에 등장했을까? • 작가(그린이)가 전달하는 메시지는 무엇일까? 출처: 국민일보 2022.5.24. 만평 출처: 경기청소년신문 2021.3.4. 만평 ■ 학습 문제 확인 작가가 전달하는 메시지를 해석하고, 이미지를 활용하여 자신의 느낌과 생각을 표현하기

학습 활동	■ 학습 순서 안내
	
	<활동 1> : 주요 신문 만화 살펴보기
	<활동 2> : 만화에 나온 인물이나 사건 알아보기
	<활동 3> : AutoDraw를 활용한 4컷 만화 그리기
	
	■ 활동하기
	<활동 1> 주요 신문 만화 살펴보기
	• 주요 신문 만화(https://lekohoo.com/news/cartoon.php)를 살펴본다.
	  - 학생 이해 수준에 맞는 만화를 찾도록 안내한다.
	  - 왜 만평에 나왔을까?
	  - 작가가 전달하는 메시지는 무엇일까?
	
	<활동 2> 만화에 나온 인물이나 사건 알아보기
	• 본인이 찾아본 신문 만화를 패들렛(Padlet)에 공유한다.
	• 신문 만화와 관련된 기사를 검색하여 공유한다.
	• 친구들이 찾은 만화와 기사의 연관성을 살펴보고, 이야기를 나눠본다.
	  - 만화의 소재/형식/캐릭터/스토리/작가의 메시지를 분석해서 얘기해 볼까?
	
	<활동 3> AutoDraw를 활용한 4컷 만화 그리기
	• 나의 일상생활 중 한 가지를 골라 만화로 그려본다.
	• 내가 읽은 신문 기사나 문학작품에서 느낀 점을 만화로 표현한다.
	• 자기 작품을 패들렛에 공유한다.

정리	■ 정리 • 각자 그린 만화를 발표하고 의견을 나눈다. • 차시예고
과제	1. 찰리브라운 주인공 만화 "피너츠" 관련 지식채널e 살펴보기 https://www.youtube.com/watch?v=CQCECKBf2Gw 2. 수업 중 작품에 연결된 스토리 4컷 만화 그려보기
보충 자료	<활동지 4-1> 4컷 만화 그리기

<활동지 4-1>

4컷 만화 그리기

학년   반   이름   모둠명

* AI 교육용 툴 AutoDraw를 활용하여 4컷 만화로 그려보는 활동입니다.
  내용이 잘 드러나도록 주요 장면을 표현해 보세요.

제목 :
주제 :

①	②
그림설명:	
③	④
그림설명:	

4컷 만화 그리기 (예시)

학년   반   이름   모둠명

* AI 교육용 툴 AutoDraw를 활용하여 4컷 만화로 그려보는 활동입니다.
  내용이 잘 드러나도록 주요 장면을 표현해 보세요.

제목 : 1년에 딱 하루 즐거운 날!
주제 : 코로나가 줄어서 체험학습 갈 때 　　　 버스에서 우리가 원하는 노래를 틀어주세요

2. 우리 학교 식물지도 그리기

수업 목표
1. 학교에 사는 여러 가지 식물을 조사할 수 있다. 2. 우리 주변에 여러 가지 식물이 살고 있음을 설명할 수 있다.

관련 교과 및 성취 기준	
과학	[4과 05-01] 여러 가지 식물을 관찰하여 특징에 따라 식물을 분류할 수 있다. [4과 05-02] 식물의 생김새와 생활 방식이 환경과 관련되어 있음을 설명할 수 있다.
미술	[4미 01-01] 자연물과 인공물을 탐색하는 데 다양한 감각을 활용할 수 있다. [6미 01-05] 미술 활동에 타 교과의 내용, 방법 등을 활용할 수 있다

활용한 솔루션
네이버 렌즈 / Google 렌즈

수업을 위한 교사 준비 사항
- 데이터 사용 가능한 모바일 도구, 활동지, 필기도구 - 학생 활동지 및 필기도구, 사인펜 등 색칠 도구, 식물지도를 그릴 큰 도화지 - 학생들의 ICT 활용 능력을 고려한 모둠 구성

[수업 지도안]

단계	교수·학습 활동
도입	■ 괭이밥을 볼 수 있는 곳 생각하기 • 괭이밥은 어떻게 생겼나요? • 왜 괭이밥이란 이름을 붙였을까요? • 또 어디에서 괭이밥을 볼 수 있을까요? 괭이밥 (출처:아이스크림) ■ 학습 문제 확인 학교에 사는 여러 가지 식물을 조사해서 우리 학교 식물지도 만들기
학습 활동	■ 학습 순서 안내 <활동 1> : 인공지능 이미지 검색으로 식물 조사하는 방법 알기 <활동 2> : 우리 학교 식물지도 만들기 <활동 3> : 완성된 우리 학교 식물지도 발표하기 ■ 활동하기 <활동 1> 인공지능 이미지 검색으로 식물 조사하는 방법 알기 • 네이버 렌즈 인공지능 이미지 검색의 사용 방법을 알아보고, 　우리 학교의 식물 조사해보기 　- 네이버 앱 설치가 필수 　- 네이버 앱 실행 한 후 메인페이지 하단 중앙에 있는 [녹색 동그라미 버튼] 터치 　- [녹색 동그라미 버튼] 터치 후 네이버 그린닷 퀵휠 실행 / [렌즈] 선택 　- 촬영한 유사한 식물이나 꽃을 검색한 후 조사하기

학습 활동	**<활동 2> 우리 학교 식물지도 만들기** • 반 친구들과 토의해 전지에 학교 지도를 간단하게 그려보기 - 학교 울타리를 그리기 - 학교 안 주요 건물의 윤곽선을 그리기 - 건물이나 장소의 특징이 잘 드러나도록 꾸미기 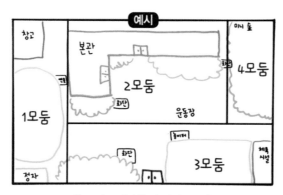 학교 지도 예시(출처:아이스크림) • 모둠별로 조사할 학교의 장소 정하기 • 모둠 내에서 각자의 역할 정하기 • 모둠별로 맡은 장소에서 식물을 관찰하고 조사해보기 - 식물을 관찰해 사진을 찍기 - 식물도감이나 스마트 기기를 활용해 식물의 이름을 조사하기 - 식물의 이름과 식물을 관찰한 곳을 기록하기 • 모둠원과 토의해 조사한 식물 중 학교 지도에 나타낼 식물의 이름과 관찰한 곳, 식물 안내 문구 정리하기 • 모둠에서 찍은 식물 사진을 출력해 학교 지도에 붙이고, 식물의 이름과 안내 문구를 써넣어 우리 학교 식물 안내도 완성하기 **<활동 3> 완성된 우리 학교 식물지도 발표하기** • 우리 모둠과 다른 모둠이 완성한 식물지도 발표하기 • 완성한 우리 학교 식물 안내도의 잘된 점과 개선할 점을 이야기해 볼까요? • 식물 안내도를 만들면 어떤 점이 좋을까요? • 학교에 사는 식물을 조사하는 활동을 통해 알게 된 점은 무엇인가요?
정리	■ 정리 • 학교와 같은 우리 주변에는 여러 가지 식물이 살고 있다는 것을 알고 의견을 나눈다. • 차시예고: 다음 시간에는 잎의 특징에 따라 식물을 분류하는 방법 알아보기
과제	다른 모둠의 작품 칭찬 기록지 자기 평가지
보충 자료	<활동지 4-2> 다른 모둠의 작품 칭찬하기 <활동지 4-3> 자기 평가하기

다른 모둠의 작품 칭찬하기

학년   반   이름   모둠명

모둠 이름	칭찬할 점	새롭게 알게 된점

자기 평가하기

학년   반   이름   모둠명

평가 항목	★★★	★	★
식물이 왜 중요한지 설명할 수 있나요?			
인공지능 이미지 검색을 사용할 수 있나요?			
모둠 활동에 성실하게 참여하였나요?			
식물을 조사할 때, 안전하게 조사하였나요?			
식물을 관찰하며 느낀 점을 적어봅시다.			
인공지능 이미지 검색을 하며 느낀 점을 적어봅시다.			

3. 저출산 고령화가 우리 생활에 주는 영향 알아보기

수업 목표

1. 저출산 고령화가 우리 생활에 주는 영향을 3~4가지 정도로 설명할 수 있다.
2. 저출산 고령화가 우리 생활에 주는 영향을 공공데이터를 활용해서 확인할 수 있다.
3. 원인과 결과를 고려하여 조사한 자료를 발표할 수 있다.

관련 교과 및 성취 기준

사회	[4사04-05] 사회 변화(저출산 고령화, 정보화, 세계화 등)로 나타난 일상생활의 모습을 조사하고, 그 특징을 분석한다.
국어	[4국01-03] 원인과 결과의 관계를 고려하며 듣고 말한다.

활용한 솔루션

- **인구로 보는 대한민국** : https://kosis.kr/visual/populationKorea/index/index.do?mb=N
  => 인구통계자료 시각적 확인 및 간단한 통계적 조작
- **Flourish** : https://app.flourish.studio/projects
  => 공공데이터를 활용한 저출산 고령화에 의한 사회 변화 모습을 확인할 수 있다
- **국가통계포털** : https://kosis.kr/index/index.do
  => 인구자료 등 필요한 관련 통계자료를 확인하고 다운로드 받을 수 있다.

수업을 위한 교사 준비 사항

- 공공데이터 포털, 통계청 등에서 제공하는 공공데이터를 미리 찾아 학생들이 사용하기 쉽게 정리한다.
- AI 활용 간단한 비주얼 통계 도구 사용 방법 숙지 등
- 교실내 와이파이, 태블릿 활용 점검 등

[수업 지도안]

단계	교수·학습 활동
도입	■ 경험 나누기 (동기) 　• 다음의 자료들이 무엇을 표현하고 있는지 말해보자. 　　- 자료제시 : 저출산 고령화 관련 인포그래픽 자료 보여주기 　• 저출산과 고령화의 용어를 설명한다. 　• 오늘 학습할 내용은 다음과 같습니다. ■ 학습 문제 확인 　　공공데이터를 활용해서 저출산 고령화가 우리 생활에 주는 영향을 3~4가지 정도로 설명할 수 있다.
학습 활동	■ 학습 순서 안내 　<활동 1> : 비주얼 통계자료를 확인하고 우리나라의 인구구성 현황 알아보기 　<활동 2> : 비주얼도구를 활용해 저출산 고령화가 우리 생활에 주는 영향 확인하기 　<활동 3> : 모둠 조사자료를 정리하고 발표하기 ■ 활동하기 <활동 1> 　• 인구로 보는 대한민국 접속하기 　• 인구피라미드 확인하기(2020~2070) 　• 숫자로 보는 인구- 출생, 사망인구수, 연령별 구성비 등의 비주얼 자료를 통해서 저출산 고령화와의 관련성을 확인하기 <활동 2>　• 비주얼 도구를 활용한 저출산 고령화가 우리 생활에 주는 영향 확인하기 　　　　　• 다음 모둠별 택1 후 비주얼라이제이션 활동하기 　• 노인복지시설 증감현황　• 노동 연령(연령별 경제활동 상태) 　• 가족구성원 수 변화(2005, 2010, 2015, 2020) 　• 노인 일자리 수 변화(고령자 고용율, 55세 이상) ※ 이 활동 이전에는 비주얼라이제이션 도구를 사용해 본 경험이 있어야 한다. <활동 3> 　• 인구변화에 따른 노인복지, 일자리, 복지시설 변화의 관계 정리하기 　• 정리된 내용을 모둠별로 발표하고 게시하기
정리	■ 정리 　• 차시예고 - 우리가 정보를 생활에 어떻게 이용하고 있는지 학습해 봅시다.
과제	1. 우리의 일상생활 속에서 정보를 어떻게 활용하는지 사례 알아오기 2. 정보와 정보화의 말뜻 알아오기
보충 자료	<활동지4-4> 저출산 고령화가 우리 생활에 주는 영향 알아보기 1 <활동지4-5> 저출산 고령화가 우리 생활에 주는 영향 알아보기 2

저출산 고령화가 우리 생활에 주는 영향 알아보기 1

학년   반   이름   모둠명

<활동 1> 다음은 2023년도 우리나라의 인구를 성별, 나이별로 나타낸
인구피라미드 그래프입니다.

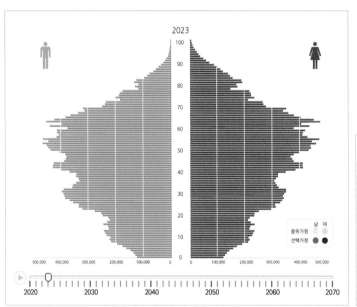

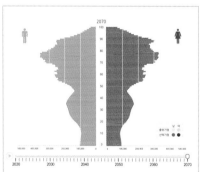

1) 이 그래프를 보고 알 수 있는 사실들을 적어 보세요.

2) 위 그림에서 아래쪽 "1"의 슬라이드를 2070년도 쪽으로 천천히 움직여 보세요
   앞으로 우리나라의 인구 구성은 어떻게 변할 것으로 예상할 수 있나요?

저출산 고령화가 우리 생활에 주는 영향 알아보기 2

학년   반   이름   모둠명

<활동 2> 여러분이 비주얼라이제이션 도구를 활용해서 알아보려는
         주제를 적어주세요

1) 여러분이 만들어본 결과물을 통해서 알 수 있는 사실을 적어주세요

2) 저출산 고령화와 같은 변화에 알맞게 우리 사회도 적절히 변화하려고
   노력하고 있다고 생각합니까? 그 이유는 무엇입니까?

3) 위 2)에서 답한 결과를 바탕으로 우리 사회가 저출산 고령화와 같은
   변화에 더 알맞게 변해야 한다면 어떤 것이 있을까요?

4. 주변의 소리를 탐색하고 표현하기

수업 목표

1. 주변의 소리에 관심을 갖고 탐색할 수 있다.
2. 자연에서 들은 다양한 소리를 표현할 수 있다.

관련 교과 및 성취 기준

음악	[4음01-05] 주변의 소리를 탐색하여 다양한 방법으로 표현한다.
미술	[4미01-02] 주변의 대상을 탐색하여 자신의 느낌과 생각을 다양한 방법으로 나타낼 수 있다.

활용한 솔루션

• **크롬 뮤직랩** : https://musiclab.chromeexperiments.com/
=> 다양한 음악적 활동을 체험해 볼 수 있다.

수업을 위한 교사 준비 사항

- 컴퓨터, 태블릿 등의 기기와 이들 기기가 소리의 입출력 동작이 원활한지 확인한다.
- 학급내 활동 중 학습자들이 작업하는 소리가 간섭되지 않도록 개별 헤드셋을 활용하면 좋다.

[수업 지도안]

단계	교수·학습 활동
도입	■ 경험 나누기 (동기) 　• 다음 들려주는 다양한 소리들의 출처가 어딘지 발표해 보자. 　　- 자료제시 : 바람소리, 물소리, 문 여닫는 소리, 전철도착/출발소리 등 　• 생활 속 다양한 소리에 귀 기울여 보자. 　• 오늘 학습할 내용은 다음과 같습니다. ■ 학습 문제 확인 우리 주변의 다양한 소리를 탐색해보고 다양한 방법으로 표현해 봅시다.

학습
활동
	■ 학습 순서 안내
	
	      <활동 1> : 크롬랩-SPECTROGRAM 활용한 소리 탐색하기
	      <활동 2> : 크롬랩-SONG MAKER 혹은 KANDINSKY 활용한 소리 표현하기
	      <활동 3> : 모둠 조사 자료를 정리하고 발표하기
	
	■ 활동하기
	
	<활동 1> 크롬랩-SPECTROGRAM 활용한 소리 탐색하기
	　• **[크롬랩]** 방문 **[SPECTROGRAM]** 실행하기
	
	　• 샘플 스펙트럼 확인하기 의 다양한 아이콘을 클릭하고 나타나는 소리의 스펙트럼을 살펴본다.
	　• 를 클릭하고 주변의 다양한 소리를 입력해 보고 나타나는 스펙트럼에 대한 다양한 관찰이 이루어지도록 한다.
	　　- 소리마다 나타나는 스펙트럼이 같은가, 소리마다 나타나는 스펙트럼의 특징을 이야기 해보자(크기, 모양, 색깔 등)
	　　- 나타나는 화면을 캡처 해 둔다.
	　※ 크롬랩에서 제공하는 모든 도구는 저장되지 않는다. 학생들이 화면 캡처 등을 할 수 있도록 안내한다.
	
	<활동 2> 크롬랩-SONG MAKER 혹은 KANDINSKY 활용한 소리 표현하기
	　• (소리로 표현하기) 저장해 둔 스펙트럼 화면을 참고해서 SONG MAKER에 비슷한 모양으로 표현해 준다.
	　• 만들어진 내용을 실행해 보고 수정작업을 통해 나타난 <활동 1>의 스펙트럼의 소리와 비교해 본다.

학습 활동	• (그림과 소리로 표현하기) KANDINSKY를 활용해서 저장해 둔 스펙트럼과 같은 모양으로 그림을 그려 준 다음 실행버튼을 눌러 소리를 들어본다. • 만들어진 내용을 실행해 보고 수정작업을 통해 나타난 <활동 1>의 스펙트럼의 소리, SONG MAKER 등에서 실행한 소리와 비교해 본다. <활동 3> : 모둠 조사 자료를 정리하고 발표하기 　• 개인 혹은 모둠별 활동내용을 학급에 공개하고 발표해 본다. 　• 학습지를 활용해서 활동 소감을 적어본다. 　• 정리된 내용을 모둠별로 발표하고 게시하기
정리	■ 정리 　• 오늘은 주변의 소리를 찾아 특징을 탐색해보고 그 내용을 중심으로 소리로 표현해 봤습니다. 　• 차시예고 - 우리 주변에서 들을 수 있는 소리를 목록으로 만들어보고 이들을 리듬, 음정, 박자가 드러나도록 표현해 봅시다.
과제	1. 우리 주변에서 들을 수 있는 소리 중에서 일정한 규칙(리듬, 음정, 박자 혹은 세 가지 중 1가지 만이라도)을 찾을 수 있는 소리를 3~4가지 찾아봅시다. 2. 정보와 정보화의 말뜻 알아오기
보충 자료	<활동지 4-6> 소리 탐색하기

소리 탐색하기

학년   반   이름   모둠명

■ SPECTROGRAM의 기능 이해하기
1. 다음의 아이콘들이 어떤 기능을 갖고 있는지 적어보자.

아이콘	기 능	아이콘	기 능

2. SPECTROGRAM을 통해 입력해 본 소리의 모양을 캡처해서 다음에 붙여보거나,
간단하게 스케치 정도로 표현해 보자.

■ SONG MAKER를 이용해서 표현해 보기

3. SONG MAKER의 반주악기 영역과, 리듬악기 영역에 표현할 내용 표시해 보기
   (가급적 SPECTROGRAM으로 나타난 보양을 따라 그린다. 앞의 "2" 단계의 결과를 활용한다.)

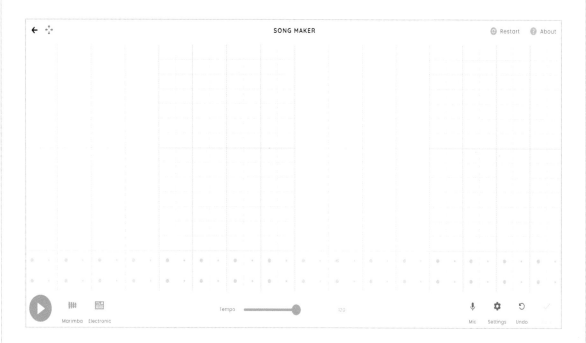

■ KANDINSKY를 이용해서 표현해 보기

4. KANDINSKY의 캔버스에 그릴 내용을 앞의 "2" 단계의 결과를 활용해서 미리 그려본다.

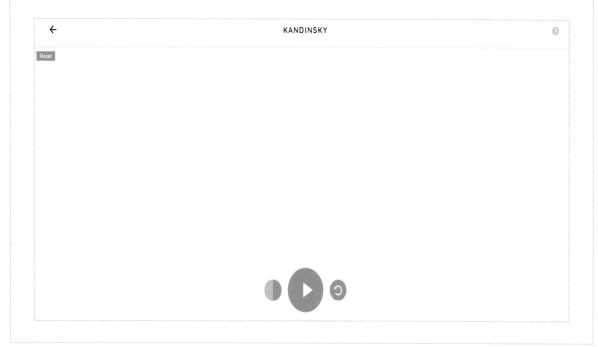

■ 활동 느낌 정리해 보기

5. 활동한 내용을 다음의 관점에서 정리해 보자.

> • 소리를 청각으로 들었을 때와 시각으로 들었을 때의 관계에 대해서 생각해 보자.
> • 소리를 시각화 시키는 방법 이외의 다른 방법으로 표현하는 방법은 없는지 알아보자.

5. 오케스트라 지휘 연주해보기

수업 목표

1. AI 기술을 활용하여 자신만의 오케스트라 연주 느낌을 표현해 볼 수 있다.
2. 팔을 움직여 음악의 템포, 볼륨 및 악기를 변경하여 연주해 볼 수 있다.

관련 교과 및 성취 기준

음악	[4음01-02] 악곡에 어울리는 신체표현을 한다.
체육	[4체04-02] 느낌이나 생각을 창의적인 움직임으로 표현하는 데 적합한 기본 동작을 다양한 표현 상황에 적용한다.

활용한 솔루션

- **인공지능(AI) 웹 사이트** : https://semiconductor.withgoogle.com/
- **구글 클래스** : 자료 공유 및 학생 제작 음악 공유

수업을 위한 교사 준비 사항

- 본인이 알고 있는 간단한 8마디 동요 멜로디를 익힌다.
- 오케스트라에 기본 이해와 사용되는 악기에 대해 설명한다.
- 교사 및 학생의 동영상 캡처와 구글클래스와 같은 공유 플랫폼을 준비한다.

[수업 지도안]

단계	교수·학습 활동
도입	■ 인공 지능과 인간 오케스트라 협주 동영상 　https://youtu.be/dTvR3eKPFI0 ■ 경험 나누기 (동기) 　• 음악을 지휘 해본 경험이 있는가? 　• 오케스트라의 연주를 들어 본적이 있는가 ? ■ 학습 문제 확인 　┌──────────────────────────────────┐ 　│ AI 기술을 활용하여 자신만의 오케스트라 연주 느낌을 표현해 볼 수 있다. │ 　└──────────────────────────────────┘
학습 활동	■ 학습 순서 안내 　┌──────────────────────────────────┐ 　│ <활동 1> : 인공지능 Semi Conductor를 활용하여 연주할 수 있다. │ 　│ <활동 2> : 팔을 움직여 가며 노래의 빠르기, 볼륨, 악기 변경을 해볼 수 있다. │ 　└──────────────────────────────────┘ ■ 활동하기 <활동 1> 인공지능 Semi Conductor를 활용하여 연주할 수 있다. 　• 웹캠이 부착된 기기를 통하여 크롬브라우저로 https://semiconductor. 　　withgoogle.com/사이트 에 접속할 수 있다. 　• 웹캠에 자신의 상반신을 맞춘다, 　• 상반신이 인식이 되면 카운트다운에 맞춰 움직인다. <활동 2> 팔을 움직여 가며 노래의 빠르기, 볼륨, 악기 변경을 해볼 수 있다. 　• 팔을 움직여 노래의 빠르기, 볼륨, 악기 등 바꿔 지휘 해본다. 　• 연주해 본 영상을 영상캡처 하여 플랫폼으로 공유해 본다.
정리	■ 정리 　• AI 화면인식을 통하여 나만의 오케스트라를 지휘해서 서로 확인해 본다. ■ 차시예고 　• AI DUET을 활용하여 AI와 조화로운 연주를 해볼 수 있다.
과제	PC에서 연주 동영상을 빠르기, 볼륨, 악기를 변경하여 저장해 본다.
보충 자료	구글 클래스룸 관련 동영상 https://youtu.be/L7lxRjJvAns

인공지능과 협업 연주

학년   반   이름   모둠명

활동	활동방법 써 보기	활동 후 적용 방법
<활동 1> Semi Conductor https://semiconductor.withgoogle.com/ 접속하여 움직이는 방법 연구		
<활동 2> 팔을 움직여 가며 노래의 빠르기, 볼륨, 악기 연주하기		
체육 활동 적용 인공지능 지휘 후 느낀 점 써 보기		

6. 네이버 데이터 랩을 활용한 보고서 만들기

수업 목표

1. 빅 데이터 분석 및 AI 기술을 활용한 방법을 안다.
2. 썸트렌드 자료를 활용하여 민주주의 시민의 정치 참여에 대한 생각을 수학 비율 그래프를 활용한 구글 보고서로 만들 수 있다.

관련 교과 및 성취 기준

사회	[6사05-02] 광복 이후 시민의 정치 참여 활동이 확대되는 과정을 중심으로 오늘날 우리 사회의 발전상을 살펴본다.
수학	[6수05-03] 주어진 자료를 띠그래프와 원그래프로 나타낼 수 있다.

활용한 솔루션

- **썸트렌드 인공지능(AI) 웹 사이트** : https://some.co.kr/
- **구글 클래스** : 자료 공유 및 학생 제작 음악 공유

수업을 위한 교사 준비 사항

- 데이터 랩 간단 활용법 안내하기
- 구글 슬라이드를 활용하여 보고서 쓰기 안내
- 구글 클래스룸에 모둠별 공동과제로 같이 해결하기

[수업 지도안]

단계	교수·학습 활동
도입	■ 구글 클래스룸에 대한민국 민주주의 하면 떠오르는 단어 써보기 / 한 문서에 학생 모두 써보기 ■ 학생들이 쓴 단어들 모두 워드 클라우드 생성기(http://wordcloud.kr/)에 입력 후 학생들의 생각을 확인한다. 썸트렌드 자료를 활용하여 민주주의 시민의 정치 참여에 대한 생각을 수학 비율 그래프를 활용한 구글 보고서로 만들 수 있다.
학습 활동	■ 학습 순서 안내 <활동 1> : 썸트렌드를 활용하는 방법 알기 <활동 2> : '민주주의' 키워드로 썸트렌드의 결과 알아보기 <활동 3> : 구글 슬라이드에 썸트렌드 결과 및 민주주의 생각 정리하기 ■ 활동하기 <활동 1> 썸트렌드를 활용하는 방법 알기 • https://some.co.kr/ 접속 하여 관심 있는 키워드 입력해 보기 / 예 : 자동차 • 블로그, 뉴스 등에서 언급한 키워드 변화 그래프 와 링크로 해당 내용 확인하기 • 키워드와 관련된 연관어 / 연관어 순위 확인해 보기 • 기간 별 수정해서 그래프 변화 확인하기 • 긍/부정 분석 내용 확인하기 <활동 2> '민주주의' 키워드로 썸트렌드의 결과 알아보기 • 민주주의 검색어와 관련된 연관어를 확인하고 내용을 검색해 보기 • 민주주의에 대한 긍정, 부정적 생각을 구분해 보기 • 긍정적 / 부정적 키워드 찾아보고 이유를 검색해 보기 • 비율 그래프를 확인하여 생각을 분석해 보기 <활동 3> 구글 슬라이드에 썸트렌드 결과 및 민주주의 생각 정리하기 • 교사가 모둠장에게 제시한 구글 클래스룸 구글 슬라이드 보고서에 민주주의에 대한 의견을 정리해 본다. • 썸트렌드 결과 내용 중 캡처와 복사를 통하여 모둠장이 구글 슬라이드에서 자기 모둠원들과 의논하며 지금 현재 민주주의에 대한 의견을 정리해 본다.
정리	■ 정리 • 썸트렌드를 활용하는 법을 알고 구글 슬라이드로 정리 할 수 있다. ■ 차시예고 • 행정부에 대한 트렌드를 분석 할 수 있다.
과제	썸트렌드와 유사한 다른 사이트 찾아보기
보충 자료	썸트렌드 활용자료 https://some.co.kr/service/introduction

〈활동지 4-8〉

데이터로 의미찾기

학년   반   이름   모둠명

활동	내용
<활동 1> 썸트렌드 활용 방법	
<활동 2> 민주주의 키워드에 대한 썸트렌드 결과 - 비율 그래프 해석 방법, 민주주의에 대한 생각 분포	
<활동 3> 구글 슬라이드에 들어갈 내용	

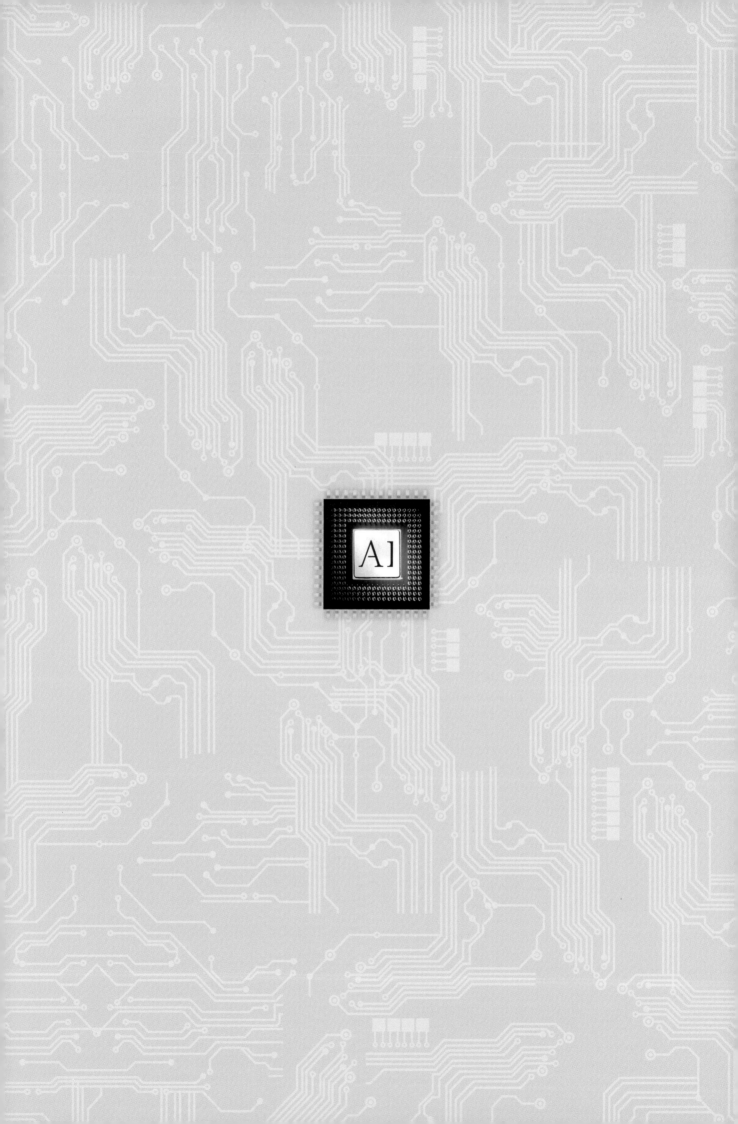

인공지능 활용하여 중등 수업하기

!

미래사회를 대비하기 위해 정부는 인공지능교육의 필요성에 대해 강조하고 있다. 이러한 필요성에 대해 초·중·고등학교에서는 학생을 대상으로 인공지능을 보다 쉽게 이해하고, 만들어보고, 활용할 수 있도록 교육을 해야 한다. 그렇다면 과연 각 교과에서 인공지능 교육을 어떻게 적용해볼 수 있을까?의 물음에 이번 장에서는 인공지능을 활용한 중등 수업에 대한 사례를 제시하고자 한다. 중등 사례의 경우 초등과 달리 프로젝트 형태로 창의적 체험 활동에서 활용할 수 있다.

1. '올바른 마스크 착용' 인공지능 모니터링 시스템 만들기

수업 목표
엔트리 프로그램을 이용하여 '올바른 마스크 착용' 인공지능 모니터링 시스템을 만들 수 있다.

관련 교과 및 성취 기준	
과학	[9과03-01] 생물의 다양성을 이해하고, 변이의 관점에서 환경과 생물 다양성의 관계를 설명할 수 있다. [9과12-01] 생물의 유기적 구성 단계를 설명할 수 있다.
사회	[9사(일사)10-02] 물가 상승과 실업이 국민 생활에 미치는 영향을 이해하고, 이를 해결하기 위한 방안을 제시한다. [9사(일사)10-03] 국제 거래의 필요성을 이해하고, 이러한 교역 과정에서 환율이 결정되는 원리를 이해한다.
AI	• (중학교)내용체계 : 인공지능의 원리와 활용 - 기계학습과 딥 러닝 • 지도 학습 : 지도 학습의 의미를 이해하고, 특징을 설명할 수 있다. • 비지도 학습 : 비지도 학습의 의미를 이해하고, 특징을 설명할 수 있다.
정보	• (정보과학-(4)-3) 문제 해결을 위해 피지컬 컴퓨팅 시스템을 설계하고 구성한다. • (정보과학-(4)-4) 문제 해결을 위해 구성한 피지컬 컴퓨팅 시스템을 제어하기 위한 프로그램을 구현한다.

차시별 요약 내용	
1	인플루엔자 바이러스의 이해
2	코로나팬데믹이 사회에 미친 영향에 대해 데이터로 살펴보기
3	기계학습(지도 학습과 비지도 학습) 이해하고 체험하기
4	라벨링과 이미지 분류
5	엔트리로 인공지능 모델 만들기

[수업 지도안 - 1차시]

이번 차시 수업 목표

- 바이러스가 우리 몸에 어떻게 감염되는지 설명할 수 있다.
- 바이리스를 이해하고 일상적 예방법을 말할 수 있다.

활용한 솔루션

- google 드라이브 - 자료공유
- youtube - 수업관련 영상

수업을 위한 교사 준비 사항

- 3-4명이 1팀이 되도록 모둠을 구성한다.
- 활동지와 색상펜 등을 준비한다.

단계	교수·학습 활동
도입	**<질문하기 & 답변하기>** • 감기가 심해지면 독감이 될까? (그렇다 vs 아니다) • 코로나는 독감의 종류일까? (그렇다 vs 아니다) 참고자료 1　참고자료 2 ※ 참고자료1 : https://www.joongang.co.kr/article/23700879#home ※ 참고자료2 : https://m.dongascience.com/news.php?idx=39589 **<학습목표 안내>** 　바이러스가 어떻게 다른지, 우리 몸에 어떻게 감염되는지, 일상생활에서 예방 방법은 무엇인지 알아봅시다.
학습 활동	**<설명하기>** • 감기, 독감(인플루엔자), 코로나는 모두 다른 바이러스입니다. 　- 에듀넷·티-클리어 교과 주제별 학습자료를 참고하여 '바이러스의 진화'에 대해 설명한다. **<설명하기> 바이러스는 어떻게 이동할까?** • 참고영상 : 진화하는 바이러스 코로나19 https://youtu.be/gEMrnJbel6E 참고영상 **<활동하기> - 활동지 사용** • 바이러스의 모양을 그려봅시다. • 바이러스의 특징을 설명해 봅시다. **<조사하기> - 활동지 사용** • 인터넷에서 독감과 코로나의 특징을 검색하여 정리한 후 발표해 봅시다.

학습
활동
	<설명하기>
	
	• 코로나는 언제쯤 끝날까? 코로나의 재확산 등에 대한 정보를 알려준다.
	
	  ※ 참고자료3 : 팬데믹 종식 멀어지나…지구촌 곳곳에서 코로나19 '새로운 확산'
	
	  ※ 참고자료4 : 코로나, 최소 5년 계속될 것…10년간 백신 필요할 수도
	
	  ※ 참고자료5 : '감기 바이러스'면역에 비춰본 '신종 코로나'의 미래– "결국 풍토병 될 것"
	
	참고자료 3　　참고자료 4　　참고자료 5
	
	<질문하기 & 답변하기>
	
	• 참고영상 : 진화하는 바이러스 코로나19
	
	참고영상
	
	<활동하기> - 활동지 사용
	
	• 바이러스에 감염되지 않으려면 어떻게 해야 할까?
	　- 마스크 쓰기, 손씻기, 예방접종하기 등
	　- 마스크를 바로 쓰는 것이 가장 중요하다고 설명한다.

정리	• 바이러스의 감염과 예방에 대해 수업한 내용을 정리한다. • [차시예고] 코로나가 우리 경제·사회에 미친 영향이 무엇인지 데이터로 알아보기
과제	코로나가 끝나면 여행하고 싶은 곳 3군데 찾아서 적어오세요.
보충 자료	<활동지 5-1> 바이러스 감염 특징 비교표(모둠활동)

| 학년 | 반 | 이름 | 모둠명 |

조사하기
바이러스의 구조를 그리고 설명해보자.

그림	설명

조사하기
감기, 독감, 코로나 바이러스의 감염증상을 비교·정리하고 설명해보자.

	감기	독감	코로나19
원인(바이러스명칭)			
유행시기			
증상발생 위치			
증상			
잠복기			
예방약			
치료약			

[수업 지도안 - 2차시]

이번 차시 수업 목표

- 코로나 팬데믹이 우리 사회·경제에 미친 영향을 설명할 수 있다.
- 관광의 변화에 대한 통계 데이터를 해석하고 예측할 수 있다

활용한 솔루션

- **멘티미터** : https://www.mentimeter.com/
- **관광지식정보시스템 포털** : https://know.tour.go.kr/
- **e-나라지표** : https://www.index.go.kr/main.do?cate=1
- **질병관리청 감염병 누리집** : https://www.kdca.go.kr/npt/biz/npp/iss/influenzaStatisticsMain.do

수업을 위한 교사 준비 사항

- 필요한 데이터를 확인할 수 있는 통계사이트의 검색방법을 미리 숙지한다.

단계	교수·학습 활동
도입	**<질문하기 & 답변하기>** 바이러스가 대유행했을 때 우리에게는 어떤 문제가 일어났나? - 핵심어로 표현하기(멘티미터) : https://www.mentimeter.com/ **<학습목표 안내>** 코로나 팬데믹이 우리 사회·경제에 미친 영향에 대해 데이터를 바탕으로 해석하고 예측해 봅시다.

학습
활동
	<과제확인>
	- 팬데믹이 끝나면 가고 싶은 곳 손들어서 발표하기
	
	<질문하기 & 답변하기>
	- 전염병 발생에 대처하기 위한 정책에는 어떤 것이 있을까?
	  · 핵심어로 표현하기(멘티미터) : https://www.mentimeter.com/
	  · 검역강화 <== 수출입 지연, 교류 축소
	
	<조사하기>
	- 교류는 어떻게 변화했는지 확인해 보자.
	  · 외국인 관광객의 입국통계를 알아볼까요?
	  · 관광지식정보시스템 : https://know.tour.go.kr/ > 입국관광통계 메뉴를 따라가서 자료를 찾아본다.

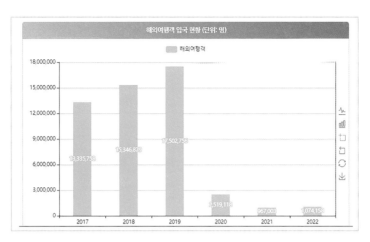

<그림 중1-2-1>

<조사하기>

· 교류 변화에 영향을 받은 · 관광·문화산업의 변화를 알아보자.
  · e-나라지표 : https://www.index.go.kr/main.do?cate=1 > 지표보기 >
  부단위기관 > 문화체육관광부 > 관광사업 등록 및 지정 현황 메뉴를 따라가서
  자료를 찾아본다.

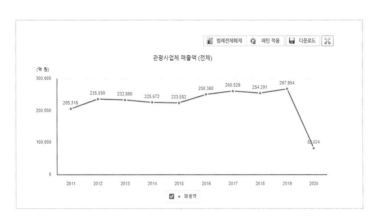

<그림 중1-2-2>

관광사업체 수, 관광사업체 종사자 수, 관광사업 매출액 차트를 확인할 수 있다.
지표를 해석해 놓은 글을 볼 수 있다.

<토의하기 및 발표하기>

· 관광지 주변의 상인들은 어떤 어려움에 당면했을까?

<조사하기>

· 전염병에서 우리가 할 수 있는 것들
  · 인플루엔자 감염병 발생 현황 알아보기
    질병관리청 감염병 누리집 인플루엔자 감염별 발생통계 보기 :
    https://www.kdca.go.kr/npt/biz/npp/iss/influenzaStatisticsMain.do

학습
활동

학습 활동	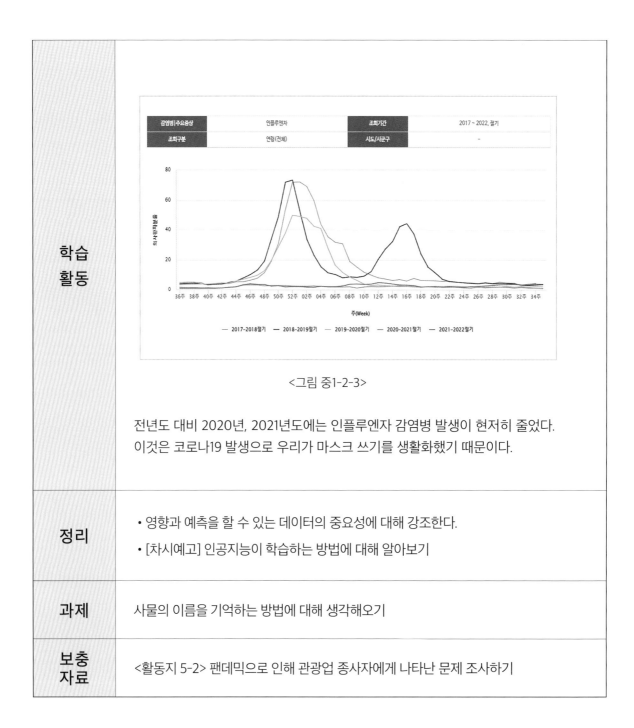 <그림 중1-2-3> 전년도 대비 2020년, 2021년도에는 인플루엔자 감염병 발생이 현저히 줄었다. 이것은 코로나19 발생으로 우리가 마스크 쓰기를 생활화했기 때문이다.
정리	• 영향과 예측을 할 수 있는 데이터의 중요성에 대해 강조한다. • [차시예고] 인공지능이 학습하는 방법에 대해 알아보기
과제	사물의 이름을 기억하는 방법에 대해 생각해오기
보충 자료	<활동지 5-2> 팬데믹으로 인해 관광업 종사자에게 나타난 문제 조사하기

팬데믹으로 인해 관광업종사자에게 나타난 문제 조사하기

학년   반   이름   모둠명

🔍 조사하기

팬데믹으로 인해 관광업 종사자에게 나타난 문제를 조사해보자.

사업 분야	설명

Chapter 05 인공지능 활용하여 중등 수업하기

[수업 지도안 - 3차시]

이번 차시 수업 목표

- 지도 학습의 의미를 이해하고, 특징을 설명할 수 있다.
- 비지도 학습의 의미를 이해하고, 특징을 설명할 수 있다.

활용한 솔루션

- youtube :수업관련 영상
- AI for Oceans https://code.org/oceans: 머신러닝 체험/

수업을 위한 교사 준비 사항

- code.org의 AI for Oceans를 미리 사용해보고, 학생들에게 생각할 내용을 제공한다.

단계	교수·학습 활동
도입	**<질문하기 & 답변하기>** • 인공지능은 어떻게 강아지와 고양이를 구별할까요? **<학습목표 설명>** • 오늘은 인공지능이 공부하는 방법인 지도 학습과 비지도 학습에 대해 알아봅시다.
학습 활동	**<설명하기>** - 영상 보여주기 • 인공지능이 학습하는 방법을 기계학습이라고 해요. • 머신러닝(기계학습) <그림 중 1-3-1> **<인간의 학습 방법을 예로 들어 지도 학습 설명>** • 여러분은 강아지, 고양이, 사자, 호랑이를 어떻게 알게 되었을까요?

부모님께서 그림책의 동물 사진과 이름을 가리키며 계속 알려주셨지요.
"이건 강아지야, 이건 고양이야" 라고요.

<그림 중 1-3-2> 강아지

<그림 중 1-3-3> 고양이

- 인공지능도 어린 아이를 가르치듯 똑같이 해요. '고양이' 이름이 붙은 다양한
고양이 사진을 보여주고, '강아지' 이름이 붙은 많은 강아지 사진을 보여주는 거예요.
그렇게 하면 인공지능은 이름이 없는 고양이 사진을 보고도 고양이로 인식하고,
강아지도 마찬가지로 구분해 내지요.

- 이렇게 답이 정해진 데이터로 학습하는 것을 지도 학습이라고 합니다.

<그림 중 1-3-4>

- 지도 학습에 대해 정리하기(동영상 보여주기)

<인간의 학습 방법을 예로 들어 지도 학습 설명>
- 여러분 어렸을 때 세모, 네모, 동그라미 도형들이 섞여 있을 때 같은 모양끼리
모아본 적 있지요?
- 인공지능에게도 섞여있는 많은 데이터를 주고 기준에 따라 모으라고 가르치는
것을 비지도 학습이라고 해요. 인공지능이 유사한 주제의 뉴스를 모아서
보여주는 것을 예로 들 수 있어요.

- 비지도 학습에 대해 정리하기(동영상 보여주기)

학습
활동

학습 활동	 <div align="center"><그림 중 1-3-5></div> **<인공지능의 학습원리 체험하기>** • AI for Oceans : https://code.org/oceans - 게임을 하면서 머신러닝의 원리를 이해할 수 있음. - 인공지능 모델로 만들 수 있는 기준과 그렇지 않은 기준에 대해서도 알 수 있음  <div align="center"><그림 중 1-3-6></div>
정리	• 지도 학습과 비지도 학습의 차이를 간략하게 정리한다. • AI for Oceans와 같이 인공지능 기술이 지구와 인간을 지키는데 사용될 수 있다는 점을 강조한다. • [차시예고] 인공지능의 학습자료인 데이터 구별하기
과제	• 자신이 사용하는 마스크 종류별로 가져오기
보충 자료	• AI for Oceans의 활용방법을 잘 설명한 영상

[수업 지도안 - 4차시]

이번 차시 수업 목표

- 지도 학습에 필요한 데이터 라벨링을 할 수 있다.
- 지도 학습으로 인공지능 모델을 만들 수 있다.

활용한 솔루션

- **멘티미터** : https://www.mentimeter.com/
- **엔트리** : https://play엔트리.org/

수업을 위한 교사 준비 사항

- 엔트리 사용법을 미리 숙지하고 수업한다.
- 예비자료로 학생들에게 제공할 이미지를 준비한다.

단계	교수·학습 활동
도입	**<질문하기 & 답변하기>** • 코로나 시국에 우리는 마스크 쓰기를 잘 실천했나? · 멘티미터(https://www.mentimeter.com/)를 사용하여 학생들의 실천도를 조사하고 통계를 살펴본다. 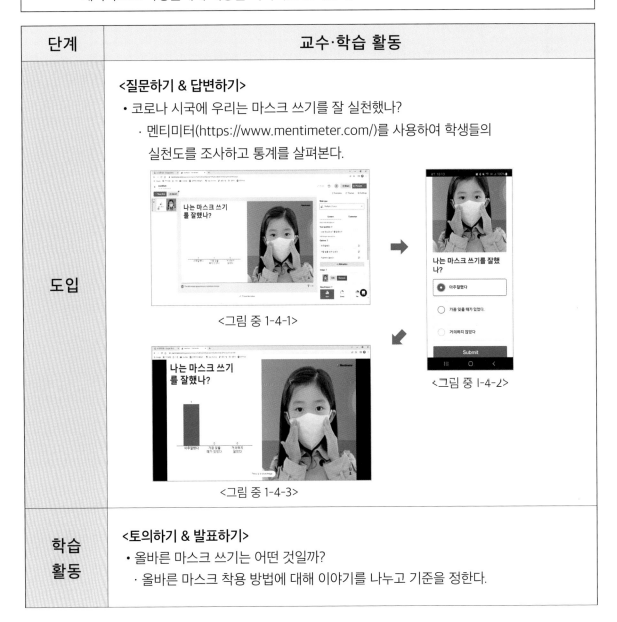 <그림 중 1-4-1> <그림 중 1-4-2> <그림 중 1-4-3>
학습 활동	**<토의하기 & 발표하기>** • 올바른 마스크 쓰기는 어떤 것일까? · 올바른 마스크 착용 방법에 대해 이야기를 나누고 기준을 정한다.

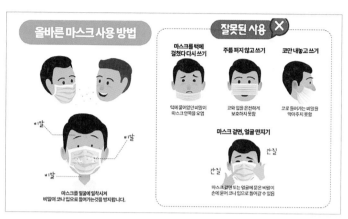

<그림 중 1-4-4>

<자료수집하기>

- 다양한 마스크 쓴 모습 이미지를 수집해서 더 정확히 알아볼까?
  - · 마스크를 쓴 모습 이미지를 직접 연출하거나 인터넷에서 수집한다.

<탐구하기>

- 이미지 분류하기
  - · 전체 이미지를 제공하고 라벨별로 폴더를 만든 후 이미지를 분류해 넣도록 한다.
  - · 첫 번째 이미지 분류 기준을 정하고(착용/미착용) 이미지를 분류한다.

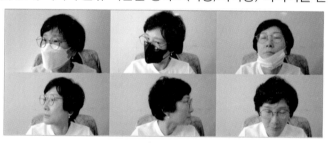

<그림 중 1-4-5>

- · 한 번 더 전체 이미지를 제공한다.
- · 두 번째 이미지 분류 기준을 정하고(착용_정상, 착용_비정상, 미착용) 이미지를 분류한다.

<그림 중 1-4-6>

<토의하기 및 발표하기>

- 어떻게 하면 더 정확하게 마스크 착용하도록 할까?
  - · 마스크 착용 점검 방법에 대해 토의한다. ==> 인공지능의 도움받기

학습
활동

학습 활동	**<실습하기>** • 엔트리에서 인공지능 모델링을 시작한다. · 인공지능 모델링 : 활동지 참고
정리	• 데이터의 중요성에 대해 정리한다. • [차시예고] 인공지능 모델을 프로그래밍에 적용하여 테스트하기
과제	• 마스크착용 이미지 더 많이 준비하기 • 엔트리(https://play엔트리.org/) 사용법 둘러보고 오기
보충 자료	[별첨] 매뉴얼_엔트리로 마스크 착용 인식 인공지능 모델 만드는 법

[별첨] 매뉴얼_엔트리로 마스크 착용 인식 인공지능 모델 만드는 법

마스크 착용 검사를 위해 이미지 인식 인공지능 모델을 만들어 봅시다.

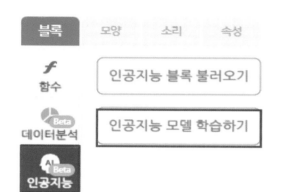

<그림 중 1-4-7>

이미지인식 기술을 사용하기 위해서는 같은 라벨로 분류된 이미지 그룹의 이미지 각각을 학습한 인공지능 모델이 필요합니다.
명령을 아래와 같이 순서대로 선택하십시오.

① [블록]-[인공지능]-[인공지능 모델 학습하기]

<그림 중 1-4-8>

② [새로 만들기]-[분류:이미지]-[학습하기]

<그림 중 1-4-9>

③ 모델 이름란에 '마스크모니터링' 입력

④ 첫 번째 클래스 이름을 '착용', 두 번째 클래스 이름을 '미착용'으로 입력

⑤ 착용 클래스에 '업로드'를 선택하고 착용으로 분류해 놓은 이미지 파일 올리기

⑥ 미착용 클래스에 '업로드'를 선택하고 미착용으로 분류해 놓은 이미지 파일 올리기

<그림 중 1-4-10>

⑦ **[모델 학습하기]**

☞ 모델 학습은 약간의 시간이 걸립니다. 학습이 완료되면 '학습을 완료했습니다.'
메시지가 나타납니다.

⑧ 학습한 모델의 결과를 확인합니다.

☞ 결과에 사용할 이미지를 카메라의 실시간 이미지로 사용하기 위해 '촬영'을 선택하십시오.
이미지 분류 결과인 신뢰도가 백분율(%)로 나타납니다.
파란색 막대에 들어있는 값을 참고하세요.

⑨ **[적용하기]**

☞ 모델을 프로그램 작성 시 사용할 수 있도록 추가합니다.

⑩ 생성한 모델이 등록되었는지
확인해 보십시오.
[나의 모델]-[마스크모니터링]

<그림 중 1-4-11>

[수업 지도안 - 5차시]

단계	교수·학습 활동
도입	**<질문하기 & 설명하기>** • 컴퓨터는 어떻게 우리와 대화할까? 　· 외국어 문서를 해석할 때의 번역기, 외국인과 대화할 경우 통역사를 예로 들어 프로그래밍의 필요성을 설명한다. <그림 중 1-5-1> <그림 중 1-5-2>
학습 활동	**<실습하기>** • 프로그래밍 도구 엔트리 기본 사용법 익히기 　· 기능별 블록의 사용법을 설명한다. 　· 교재의 엔트리 사용법 참고

학습 활동	• 프로그래밍 도구 엔트리의 인공지능 모델 활용하기 　· 기능별 블록의 인공지능 모델 사용법을 설명한다. 교재의 엔트리 사용법 참고 　· 인공지능 모델을 적용하여 마스크 모니터링 프로그램 작성 방법을 설명한 후, 　　학생들이 실습하여 테스트하도록 한다. 　· 활동지1 사용 • 인공지능 모델 수정하기 　· 두 번째 분류기준(착용-정상, 착용-비정상, 미착용) 데이터로 인공지능 모델을 　　수정한다. 　· 새 인공지능 모델을 적용하여 마스크 모니터링 프로그램 작성 방법을 설명한 후, 　　학생들이 실습하여 테스트하도록 한다. 　· 활동지2 사용 **<토의하기 및 발표하기>** • 인공지능 모델 성능 알아보기 　· 인공지능 모델이 만족한 결과를 주었는가? 　· 만족하지 못한 결과는 무엇인가? 　· 결과를 개선하려면 어떻게 해야 할까?
정리	• 인공지능의 유용성과 발전에 대해 말하고 이것에 필요한 빅 데이터의 중요성에 　대해 강조한다.
과제	
보충 자료	[별첨 #1] 매뉴얼_인공지능 모델 적용 마스크 착용 인식 시스템 만들기 [별첨 #2] 매뉴얼_인공지능 모델 확장하여 적용하기

인공지능 모델을 테스트 할 수 있는 이미지를 카메라에서 불러들일 것입니다. 이 이미지를 사용자가 확인할 수 있도록 비디오 감지 모델을 추가합니다.

<그림 중 1-5-3>

이미지 인식 기술을 사용하기 위해서는 사람이나 물건을 인식하는 인공지능 모델이 필요합니다.

명령을 아래와 같이 순서대로 선택하십시오.

① [블록]-[인공지능]-[인공지능 블록 불러오기]

<그림 중 1-5-4>

② [블록]-[비디오 감지]-[불러오기]
☞ 비디오 감지 블록을 로딩 하는데 약간의 시간이 걸릴 수 있으니 로딩 완료 메시지가 나올 때까지 기다린 후 사용하세요.

이미지 인식 인공지능 모델을 사용하여 마스크 착용 검사를 수행하는 프로그램을 작성해 봅시다.

<그림 중 1-5-5>

프로그램을 실행시킬 방법을 선택합니다.

③ **[블록]-[시작]-[시작하기 버튼을 클릭했을 때]**

사용자가 자신의 모습을 관찰할 수 있도록 이미지를 실행화면에 나타냅니다.

④ **[블록]-[인공지능]-[비디오 화면 (보이기)]**

모니터링 작업을 반복하도록 설정합니다.

⑤ **[블록]-[흐름]-[계속 반복하기]**

비디오 화면에 나타난 이미지로 학습해 놓은 마스크착용 판단 모델로 분류합니다.

⑥ **[블록]-[인공지능]-[비디오 화면을 학습한 모델로 분류 (시작하기)]**

인공지능이 분류한 결과를 착용과 그렇지 않은 경우로 판단하여 나타냅니다.

⑦ **[블록]-[흐름]-[만약 〈참〉 (이)라면 ~ 아니면~]**

〈참〉을 판단하기 위한 판단식을 만들어 넣습니다.

⑧ **[블록]-[판단]-[(10)=(10)]**

⑨ ⑧의 판단에 따라 처리할 결과를 만듭니다.

⑩ **[블록]-[생김새]-[(안녕!)을(를) (4)초 동안 (말하기)]**

[별첨 #2] 매뉴얼_인공지능모델 확장하여 적용하기

마스크 착용 모니터링을 위해 만들어 놓은 이미지 인식 인공지능 모델에 라벨을 추가하여 좀 더 정밀하게 수정해 봅시다.

<그림 중 1-5-6>

학습한 인공지능 모델을 개선하기 위해서는 인공지능 모델을 수정해야 합니다. 명령을 아래와 같이 순서대로 선택하십시오.

① [블록]-[인공지능]-[인공지능 모델 학습하기]

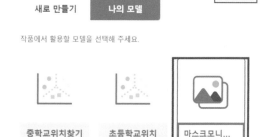

<그림 중 1-5-7>

② [나의 모델]-[마스크모니터링]-[학습하기]

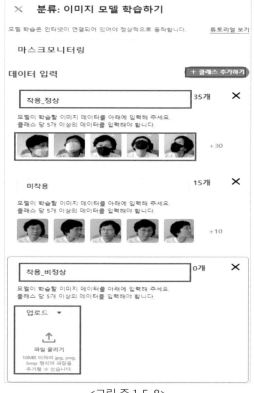

<그림 중 1-5-8>

새로운 클래스를 추가합니다.

③ [+클래스 추가하기]

④ 첫 번째 클래스 이름을 '착용_정상'으로 수정

⑤ '착용_정상' 클래스에 이미지 부분을 클릭하여
착용_정상으로 분류해 놓은 이미지 파일 업로드

⑥ 추가된 클래스 이름을 '착용_비정상'으로 수정

⑦ '착용_비정상' 클래스에 '업로드'를 선택하고
착용_비정상으로 분류해 놓은 이미지 파일 업로드

<그림 중 1-5-9>

⑧ [**모델 학습하기**] 버튼을 클릭하여 추가한 데이터로 기존의 모델을 다시 학습합니다.

　☞ 모델 학습은 약간의 시간이 걸립니다. 학습이 완료되면 '학습을 완료했습니다' 메시지가
　　 나타납니다.

⑨ 학습한 모델의 결과를 확인합니다.

　☞ 결과에 사용할 이미지를 카메라의 실시간 이미지를 사용하기 위해 '촬영'을 선택하십시오.
　　 이미지 분류 결과인 신뢰도가 백분율(%)로 나타납니다. 파란색 막대에 들어있는 값을
　　 참고하세요.

⑩ [**적용하기**] 버튼을 클릭하여 변경된 모델을 적용합니다.

수정한 이미지 인식 인공지능 모델을 사용하여 마스크 미착용 및 정상/비정상 착용 검사를
수행하는 프로그램을 작성해 봅시다.

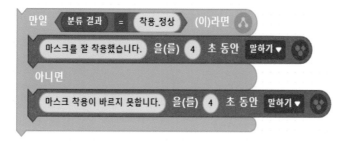

<그림 중 1-5-10>

추가된 클래스를 판단할 명령 블록을
만듭니다.

⑪ [블록]-[흐름]-[만약 〈참〉 (이)라면
　 ～ 아니면～]
⑫ [블록]-[판단]-[(10)=(10)]
⑬ [블록]-[생김새]-[(안녕!)을(를)
　 (4)초 동안 (말하기)]

⑭ 위의 블록을 삽입합니다.

<그림 중 1-5-11>

2. 생각하는 자동차의 가치: 자율주행 자동차와 미래 변화

수업 목표
자율주행 자동차와 관련한 기술을 이해하고, 관련 윤리 문제들을 살펴봄으로써 사회적 포용을 위한 가치관을 형성할 수 있다.

관련 교과 및 성취 기준	
과학	[9기가05-01] 기술의 발달에 따른 사회, 가정, 직업의 변화를 이해하고, 미래 기술 활용 및 사회의 변화에 대하여 예측한다. [9과24-02] 과학을 활용하여 우리 생활을 보다 편리하게 만드는 방안을 고안하고 그 유용성에 대해 토론할 수 있다.
정보	[9정04-02] 다양한 형태의 자료를 입력 받아 처리하고 출력하기 위한 프로그램을 작성한다. [9정05-01] 컴퓨팅 시스템을 구성하는 하드웨어와 소프트웨어의 역할을 이해하고 유기적인 상호 관계를 분석한다. [9정05-02] 센서를 이용한 자료 처리 및 동작 제어 프로그램을 구현한다.
AI	(중학교)내용체계 : 인공지능의 원리와 활용 - 기계학습과 딥 러닝 지도 학습 : 지도 학습의 의미를 이해하고, 특징을 설명할 수 있다.

차시별 요약 내용	
1	인공지능과 미래 변화
2	자율주행 자동차와 핵심 기술: 센서
3	데이터와 학습모델
4	신호등을 따라 GO! (햄스터 봇+ 엔트리)
5	장애물이 나타나면 STOP! (햄스터 봇+ 엔트리)
6	자율주행 자동차의 윤리적 이슈

[수업 지도안 - 1차시]

이번 차시 수업 목표

- 인공지능의 발전으로 인해 나에게 영향을 줄 미래변화에 대해 설명할 수 있다.

활용한 솔루션

- 구글 드라이브, 구글 클래스 등 - 자료 공유 솔루션

수업을 위한 교사 준비 사항

- 4명이 1팀이 되도록 미리 팀을 구성한다.
- 각 팀별로 교육, 생활, 의료, 미디어(영상) 카드를 뽑을 수 있도록 준비한다.

단계	교수·학습 활동
도입	**[동기유발]** - 미래사회 인공지능 기술이 삶 속에 들어온다면 편리할까? 불편할까? - 어떤 점이 편리할까? 어떤 점이 불편할까?를 고민해보기 - 미래사회에는 인공지능 기술 발달로 인간이 수행하기 힘들거나 번거로운 작업을 인공지능에게 대체시킴으로써 인간의 삶의 질은 향상되고, 생산성은 증대 될 것이다. - 실제 2021년<한국리서치> 발표자료에 의하면, 개인의 삶과 우리 사회에 긍정적 영향을 미칠 것이다 라는 응답이 86%이며 가장 기대되는 점은 생활의 편리성 및 삶의 질 증대가 1위로 꼽혔다. - 관련 기사 **[학습문제 제시]** 인공지능의 발전으로 인해 나에게 영향을 줄 미래변화에 대해 설명할 수 있다.
학습 활동	**[활동 1]** 우리 삶속에 있는 인공지능 기술은 무엇이 있을까? 시청하기 - 소프트웨어야 놀자, 인공지능 활용 - 영상을 보면서 제일 기억에 남는 기술 1가지를 작성해보고 발표해보자. <table><tr><th>기억에 남는 장면</th><th>그 이유는?</th></tr><tr><td></td><td></td></tr></table>

학습 활동	**[활동 2]** 나의 삶속에서 인공지능 기술이 적용된 서비스는 어떤 것들이 있을까? 　　　　시청하기 　• 10분 만에 알아보는 인공지능 기술의 적용 사례 알아보기, 　• 영상에서 나온 서비스 중 내가 아는 서비스가 있을까요? **[활동 3]** 산업 분야별로 인공지능 기술이 적용된 서비스는 어떤 것들이 있을까? 　　　　전문가가 되어 찾아보기 　• 인공지능 기술은 우리 삶속에서만 활용되고 있을까요? 　　인공지능 기술은 산업 전반에도 많이 활용되고 있다. 　　분야별로 인공지능 기술이 적용된 서비스는 어떤 것들이 있을까? 　• 영상에서 나온 사례 이외에 또 인공지능 기술을 활용한 분야별 　　(교육, 생활, 의료, 미디어(영상)) 서비스 사례를 찾아보자. **(팀 활동)** 　• 각 팀에 부여된 카드 4개를 각자 뽑도록 한다. 　• 뽑은 카드로 각 팀안에 교육, 생활, 의료, 미디어(영상) 전문가를 구성한다. 　• 각 전문가 집단은 모여 해당 분야의 사례를 찾아보고, 구글 드라이브에 　　내용을 작성한다. 　• 각 팀내에 교육 전문가는 모여 교육 관련 적용사례를 찾는다. 　• 각 팀내에 생활 전문가는 모여 생활 관련 적용사례를 찾는다. 　• 각 팀내에 의료 전문가는 모여 의료 관련 적용사례를 찾는다 　• 각 팀내에 미디어(영상)전문가는 모여 미디어(영상) 관련 적용사례를 찾는다. | 분야	서비스 사례 | |---|---| | 교육 | | | 생활 | | | 의료 | | | 영상 | | **[활동 4]** 팀 내에서 내용 공유하기 　• 전문가 활동을 끝내고, 각 팀으로 돌아와 전문가 집단에서 찾아낸 서비스를 　　공유한다
정리	• 전문가 집단별로 나왔던 내용에 대해 다시 한번 상기시키고, 피드백한다. • 인공지능은 미래 사회에서 우리 삶 속에, 산업 전반에 필수적인 기술임을 안내한다. • [차시예고] 자율주행 자동차에 대해 알아보자.
과제	
보충 자료	<활동지 5-2-1> 인공지능 기술이 적용된 서비스에 대해 알아봅시다.

인공지능 기술이 적용된 서비스에 대해 알아봅시다.

학년   반   이름   모둠명

활동1

영상 속에서 가장 기억 남는 기술 1가지에 대해 작성해보자

기억에 남는 장면은?

그 이유는?

활동2

영상 속에서 나온 서비스 중 내가 아는 인공지능 서비스는?

이미 알고있는 인공지능 서비스는?

실제 사용해본 경험은?

학년   반   이름   모둠명

활동3

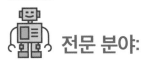 전문 분야:

서비스 사례를 작성 해 보자.

학년   반   이름   모둠명

활동4 **분야별 카드**

[수업 지도안 - 2차시]

이번 차시 수업 목표

- 자율주행 자동차에 활용된 기술 및 사용 센서에 대해 설명할 수 있다.

활용한 솔루션

- 구글 드라이브

수업을 위한 교사 준비 사항

- 국가법령정보센터를 접속하여 '자동차관리법'을 확인할 수 있도록 준비한다.

단계	교수·학습 활동
도입	**[동기유발]** • 최근 인공지능에 대한 관심이 증가하고 있는데, 왜 일까? • 빅 데이터와 클라우드 기술 발전에 따라 과거에 비해 폭발적으로 데이터가 쌓였다. • 데이터를 계산할 수 있는 컴퓨터 성능의 향상으로 데이터 처리에 필요한 계산을 빠르게 수행할 수 있게 되었다. • 데이터가 많아지고, 데이터 처리 능력이 빨라지면서 급성장하고 있는 분야에는 자율주행 자동차가 있다. • 자율주행 자동차의 자율 주행 성공 영상 시청 • 영상 속 자율주행이 가능하려면 어떤 기술들이나 센서들이 필요할까? **[학습문제 제시]** 자율주행 자동차에 활용된 기술 및 사용 센서에 대해 설명할 수 있다.
학습 활동	**[활동 1]** 자율주행 자동차란? 개념에 대해 알아보기 "자율주행 자동차"란 운전자 또는 승객의 조작 없이 자동차 스스로 운행이 가능한 자동차를 말합니다(「자동차관리법」 제2조제1호의3) 자율주행을 위해 자동차에 IT·센서 등 첨단 기술을 융합하여 스스로 주변 환경을 인식, 위험을 판단하고 주행 경로를 계획하여 운전자 또는 승객의 조작 없이 안전한 운행이 가능하도록 한 자동차를 자율주행 자동차라고 한다.(산업통상자원부 보도자료, 21.3.24)

학습
활동
	• 제시된 개념에서 눈에 띄는 중요한 키워드는 무엇일까?
	
	(키워드 예시) 운전자 또는 승객의 조작 없이 / 자동차 스스로 운행 / IT·
	센서 등 첨단 기술 융합 / 스스로 주변 환경 인식하여 위험 판단 / 주행 경
	로를 계획/ 안전한 운행
	
	[활동 2] 자율주행 기술이 접목되어 서비스하고 있는 사례를 확인한다.
	• 엘리베이터 타고 문앞까지
	  자율주행 배달 로봇 영상 시청
	
	[활동 3] 영상을 보고 스스로 안전하게 운행하려면 어떤 센서들이 필요한가 탐색하기
	• 자율주행 자동차가 안전하게 운행하기 위해서는 인간이나 동물의 사고과정이 필요
	    1. 자동차에 탑재된 센서들이 주변 환경 요소를 인식
	    2. 자동차에 탑재된 인공지능 컴퓨터는 센서에서 수집된 정보로 차량을 제어
	    3. 제어기가 자동차의 각 부품에 명령을 내리면 자동차 운행
	
	• 자율주행 자동차에 필요한 센서와 센서들의 기능을 인터넷을 활용해서 탐색한 후
	  활동지를 작성한다.
	
	<table><tr><td></td><td>기능</td></tr><tr><td>카메라</td><td></td></tr><tr><td>레이더</td><td></td></tr><tr><td>라이다</td><td></td></tr><tr><td>GPS</td><td></td></tr></table>
	[활동 4] 자율주행 자동차가 우리 삶에서 미칠 영향에 대해 생각해본다.

정리	• 자율주행 자동차 기술 단계(0~5단계)를 설명한다.
	• 현재 부분 자율주행에서 완전 자율주행으로, 또 상용화로 가기 위해서는 충분한
	  데이터가 필요하고, 이를 기반으로 C-ITS(Cooperative-Intelligent Transport System)
	  와 같은 서비스도 필요하다.
	• [차시예고] 데이터의 중요성과 정확성에 대해 알아보자.

과제	자동차 외에 하늘을 나는 드론 자율주행에 대한 사례를 탐색해보자.
보충 자료	<활동지 5-2-2> 자율주행 자동차에 활용할 센서와 역할 조사 및 미래에 미칠 영향에 대해 고민해보기

자율주행 자동차에 활용할 센서와 역할 조사 및 미래에 미칠 영향에 대해 고민해보기

학년   반   이름   모둠명

활동1

 자율주행 자동차에 필요한 센서와 그 센서들의 기능 조사

인터넷 책 등을 통해 조사에서 작성 해 보자

활동2

자율주행 자동차가 우리 삶에 미칠 영향

우리 삶에 어떤 영향을 미칠까? 고민해 보기

[수업 지도안 - 3차시]

이번 차시 수업 목표

• 인공지능 도구를 통해 학습모델을 만들어봄으로써 데이터 정확도의 중요성에 대해 설명할 수 있다.

활용한 솔루션

• 엔트리, 퀵 드로우

수업을 위한 교사 준비 사항

• 짝과 함께 혹은 3인이 팀이 될 수 있도록 책상을 정리한다.

단계	교수·학습 활동
도입	**[동기유발]** • 이세돌 9단과 알파고의 바둑 경기를 본 적이 있나요? 시청하기 • 알파고는 어떤 방법으로 학습했을까요? 딥 러닝 학습법 • 3억 4,000만번 복습, 129만번의 데이터 학습, 　결국 데이터의 양과 질이 중요 • CCTV속 미아, 범인을 찾아내는 얼굴 인식 인공지능 • 영상의 사례에서 보듯 인공지능의 성공은 　데이터의 양과 질에 달려 있다. 　그렇다면 성공적인 인공지능 서비스를 제공하기 위해서 　어떻게 해야 할까요? • 만약 잘못된 데이터로 학습을 시킨다면? 어떤 사태가 발생할까요? **[학습문제 제시]** 인공지능 도구를 통해 학습모델을 만들어봄으로써 데이터 정확도의 중요성에 대해 설명할 수 있다.
학습 활동	**[활동 1]** 지도 학습이란 무엇인가?에 대해 안내한다. • 지도 학습의 개념에 대해 설명하기 지도 학습은 인공지능을 학습시키는 방법 중 하나로 머신러닝에서 가장 많이 사용하는 방법이다. 지도 학습은 주어진 문제의 정답이 있는 훈련 데이터를 미리 제공하고 그 데이터에서 규칙과 패턴을 스스로 학습하도록 하는 방법을 말한다. 지도 학습을 통해 만들어진 모델은 새로운 데이터를 입력받으면 예상 답안을 출력하게 된다.

• 어떤 주제로 학습모델을 만들 것인지 팀 내에서 논의하도록 안내하기
• 이때 교사는 미리 제시할 수 있는 예시 주제 등을 준비하여 안내하기
  ex) 개와 고양이 판별, 웃는 모습과 찡그린 모습 판별, 색(빨강, 노랑 능) 판별 등

[활동 2] 엔트리 내에 이미지 모델 이용 방법을 설명한다
        (Ⅲ.인공지능 교육 도구 활용 참조).
• 엔트리 사용 방법 및 이미지 모델 이용 방법 안내에 맞춰 따라하기
• 엔트리 **[인공지능]** 블록 꾸러미 **[모델 학습하기]**를 클릭 후 이미지 모델 만들기

• **[새로만들기]**의 **[이미지]**를 클릭한 후 앞서 정한 제목 작성하기

• **[클래스 추가하기]**와 **[카메라 버튼]**을 활용하여 이미지를 생성하여
  [모델 학습하기] 실행하기 (ex. 사무용품)

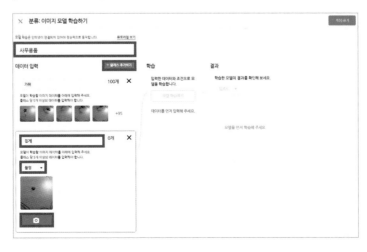

학습
활동

학습 활동	• 팀별로 간단히 테스트 후 모델의 보완 사항에 대해 이야기하기 **[활동 3]** 팀별로 선정한 주제에 맞게 학습모델을 제작해본다. 　• 학습모델 제작을 위한 데이터를 수집하거나 만들기 　　＊ 팀으로 구성된 구성원이 주제에 맞는 이미지를 찍거나 찾아보기 　• 수집한 데이터를 활용하여 엔트리로 학습모델을 제작하고 학습시키기 　• 제작한 인공지능(AI) 학습모델을 테스트하며 인공지능의 원리 및 　　지도 학습을 이해하기 　• 학습시킨 모델을 팀끼리 교환하여 모델의 정확도에 대해 팀별 평가하기 **[활동 4]** 잘못된 데이터가 입력되었을 때 어떤 결과가 나타나는지 생각해본다. 　• 잘못된 데이터로 학습을 시킨다면? 어떤 사태를 가져올지에 대해 팀별로 　　자유롭게 논의하기
정리	• 인공지능 도구를 활용하여 학습모델을 제작할 수 있다. • 학습모델을 제작할 때 데이터의 중요성에 대해 설명할 수 있다. • [차시예고] 자율주행 자동차의 작동 원리에 대해 설명할 수 있다.
과제	퀵 드로우를 활용하여 데이터의 중요성에 대해 다시 한번 이해한다.
보충 자료	<활동지 5-3-1> 학습 모델 주제 및 데이터 목록 작성지 <활동지 5-3-2> 데이터의 정확도 및 잘못된 데이터가 인공지능에 미칠 영향

학습 모델 주제 및 데이터 목록 작성지

학년 　　 반 　　 이름 　　　　 모둠명
_____

활동1

 학습 모델 주제 선정

주제 1
주제 2

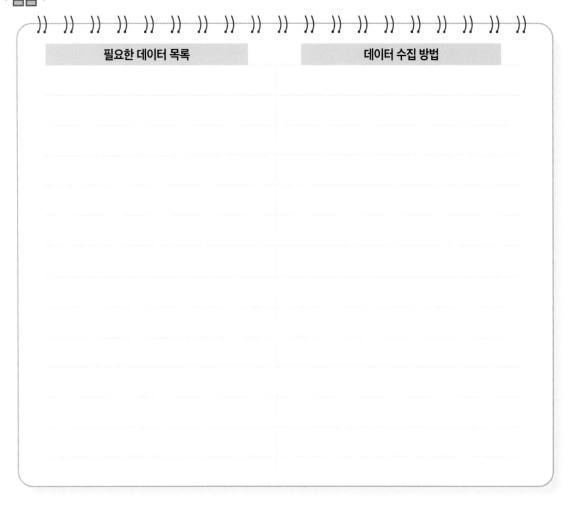 선정한 주제에 맞는 데이터 목록 및 수집방법

필요한 데이터 목록	데이터 수집 방법

<활동지 5-3-2>

데이터의 정확도 및 잘못된 데이터가 인공지능에 미칠 영향

학년   반   이름   모둠명

활동2

 학습데이터 의 중요성

	정확도
5개 학습	
10개 학습	
20개 학습	
잘못된 데이터 5개 입력	
잘못된 데이터 10개 입력	
잘못된 데이터 20개 입력	

잘못된 데이터가 인공지능에 미칠 영향

정확도를 확인하여 잘못된 데이터를 입력 했을 때 인공지능에 미칠 영향에 대해 생각해 보자

[수업 지도안 - 4차시]

이번 차시 수업 목표

• 햄스터봇과 신호등 색을 인식하는 인공지능 모델을 활용하여, 지율주행 자동차를 구현할 수 있다.

활용한 솔루션

• 엔트리

수업을 위한 교사 준비 사항

• 엔트리 사용법을 숙지하고 수업한다.
• 햄스터봇과 카메라의 설정 및 환경을 미리 테스트한다.

단계	교수·학습 활동
도입	**[동기유발]** • 자율주행 자동차는 어떻게 제작되는가? 영상 시청하기 • 현재 자동차에서도 공통적으로 갖춰져 있는 센서는 어떤 것이 있을까? • 미래 자율주행 자동차에서 꼭 필요한 센서에 대해 생각해보기 • 현재 자율주행 기술은 어디까지 왔나? 어떤 원리로 가능한가? • 상용화된 최신 자율주행 서비스 알아보기 　- 100% 자율주행 택시 서비스 웨이모(Waymo) 　- 세계 최초 자율주행 무인 식료품점 로보마트(Robomart) 　- VR기술로 실제 차량을 운전한 엔비디아(NVIDIA) **[학습문제 제시]** 햄스터봇과 신호등 색을 인식하는 인공지능 모델을 활용하여, 자율주행 자동차를 구현할 수 있다.
학습 활동	**[활동 1]** 자율주행 자동차를 만들 로봇인 햄스터봇을 소개하고, 햄스터봇의 센서 알아보기 　- 이 외에도 LED, 바닥감지용 적외선센서, 온도센서, 가속도센서, 바퀴 등이 있다.

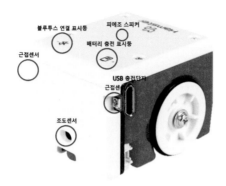

[활동 2] 자율주행 자동차에 필요한 카메라 준비하기

- 햄스터봇과 카메라를 컴퓨터와 연결하기 [자세한 방법은 별첨 #1 참고]
  - 자율주행 자동차로 햄스터봇을 작동시키기 위해 컴퓨터와의 연결이 필요하다.
  - 햄스터봇은 본체와 USB동글로 구성되어 있고, 블루투스 연결(USB동글의 역할)을 통해 햄스터봇에게 명령 전달이 가능하다.
  - RobotCoding 소프트웨어가 엔트리 명령어를 받아서 하드웨어인 햄스터봇으로 전달하고, 햄스터봇의 필요한 센서 값을 이 소프트웨어를 통해서 엔트리로 전달하는 방식이다.

햄스터봇 본체   USB동글

  - USB동글을 컴퓨터에 꽂고 햄스터봇 전원을 ON으로 스위치하여 엔트리와 연결하기

- 신호등을 인식하기 위한 카메라 연결하기 [자세한 방법은 별첨 #2 참고]
  - Wi-Fi동글을 컴퓨터에 꽂고 카메라 전원을 ON으로 스위치하여 Wi-Fi2에 연결하기
  - 양면 테이프 및 제공되는 도구 등으로 햄스터봇과 카메라 연결하기

햄스터봇과 카메라 연결(앞/옆)

USB동글과 WI-FI동글

• 인공지능 블록을 추가하고, 카메라 기본 코드 작성하기
  - [블록]-[인공지능]-[인공지능 블록 불러오기]

- [비디오 감지]-[불러오기]

- 이후 계속 활용할 카메라 설정 기본 코드 작성하기

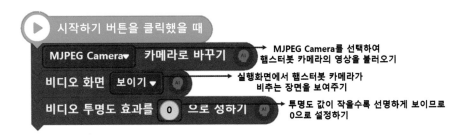

[활동 3] 자율주행 사농자를 위한 인공지능 모델 학습 및 프로그래밍 하기

• 움직이는 명령어로 햄스터봇 동작시키기
  1) [블록]-[시작]-[시작하기 버튼을 클릭했을 때]
  2) [블록]-[하드웨어]-[왼쪽 바퀴 (속도) 오른쪽 바퀴 (속도)로 정하기]

학습
활동

• 빨간색, 초록색(신호등 색)을 인식하는 인공지능 이미지 모델 학습하기

1) [블록]-[인공지능]-[인공지능 모델 학습하기]

2) [분류: 이미지]-[학습하기]
   *로그인 필수메뉴

3) 인공지능 모델명, 데이터 라벨(예를 들면, 빨간불, 초록불) 입력하기

4) 각 라벨마다 5개 이상의 데이터를 수집하고, [모델 학습하기] 클릭하기

5) [학습을 완료했습니다] 라는 문구가 나오면 실시간 카메라 영상을 통해 결과
   확인하기

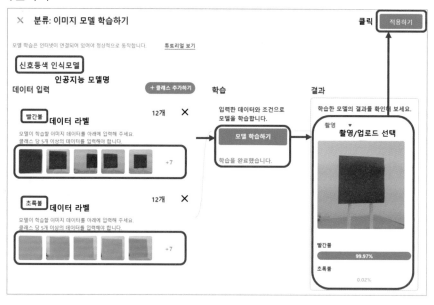

학습 활동	• 학습한 신호등 이미지 모델로 색 분류 정확도 테스트하기 • 햄스터봇에 신호등 이미지 모델을 적용하여, 신호등 색에 따라 알아서 정지 또는 출발 하도록 프로그래밍 하기 • 햄스터봇이 자율주행 중 신호등 색을 인식하여 잘 작동하는지 확인하기
정리	• 인공지능 프로그래밍 요소(데이터 수집, 인공지능 모델 학습, 출력)에 대해 정리한다. • 자율주행 자동차 이해를 위한 주행 로봇(햄스터봇)을 활용해보자. • 데이터의 중요성에 대해 생각해보자.
과제	• 카메라를 통해 수집된 이미지 데이터로 활용 가능한 차선인식에 대해 알아보기 • 엔트리(https://play엔트리.org/) 사용법 알아보기
보충 자료	• [별첨 1] 햄스터봇 컴퓨터와 연결하기 • [별첨 2] 카메라 설정하기

[수업 지도안 - 5차시]

이번 차시 수업 목표

- 햄스터봇의 근접센서를 활용하여 장애물을 스스로 피해 자율주행하는 자동차를 구현할 수 있다.

활용한 솔루션

- 엔트리

수업을 위한 교사 준비 사항

- 엔트리 사용법을 숙지하고 수업한다.
- 장애물의 역할을 할 적합한 물체를 미리 준비한다.

단계	교수·학습 활동
도입	**[동기유발]** • 자율주행 자동차의 눈, 라이다와 레이더란 무엇일까? • 라이다와 레이더는 각각 비바람이 부는 날씨, 어두운 환경 등에서 상호작용하며 기능 • 더불어 카메라, 초음파센서 등도 함께 필요 • 현재 자동차의 감지 센서 종류 및 기능은 무엇이 있을까? • 영상에서 소개한 다양한 감지 센서들에 대해 역할과 기능을 생각해보기 • 만약 센서 중 하나라도 고장이 난다면 어떤 상황이 발생할까? 중요성 생각해보기 **[학습문제 제시]** 햄스터봇의 근접센서를 활용하여 장애물을 스스로 피해 자율주행하는 자동차를 구현할 수 있다.
학습 활동	**[활동 1]** 햄스터봇의 근접센서 알아보기 • 근접센서는 앞에 있는 물체와의 거리를 측정할 수 있는 적외선센서 • 30cm 이내에 있는 거리를 1mm 단위로 측정

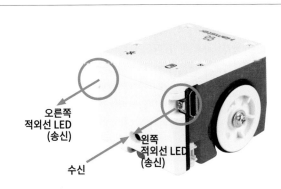

오른쪽
적외선 LED
(송신)

왼쪽
적외선 LED
(송신)

수신

[활동 2] 물체(장애물)의 거리에 따라 왼쪽/오른쪽 근접센서 값 각각 확인하기

• 물체가 센서에 근접할수록 센서 값이 커지는 것을 확인하기 (최대 약 80)

• 물체가 너무 근접하면 센서 값이 오히려 0으로 수렴하니 주의하기

<근접센서 값 테스트 코드>

<왼쪽 근접센서 예시 및 결과>

<오른쪽 근접센서 예시 및 결과>

학습
활동

학습 활동	**[활동 3]** 자율주행 자동차를 위한 프로그래밍 하기 • 신호등 색 인식 자율주행 코드에 근접센서 값을 활용하여 물체를 피하는 코드 추가하기 시작하기 버튼을 클릭했을 때 계속 반복하기 red 정확도▼ 를 (빨간불▼ 에 대한 신뢰도 x 100 의 소수점 버림값▼) (으)로 정하기 green 정확도▼ 를 (초록불▼ 에 대한 신뢰도 x 100 의 소수점 버림값▼) (으)로 정하기 시작하기 버튼을 클릭했을 때 MJPEG Camera▼ 카메라로 바꾸기 비디오 화면 보이기▼ 비디오 투명도 효과를 0 으로 정하기 비디오 화면을 학습한 모델로 분류 시작하기▼ 계속 반복하기 분류 결과가 빨간불▼ 인가? 그리고▼ (red 정확도▼ 값 > 90) 이 될 때까지▼ 반복하기 왼쪽 바퀴 10 오른쪽 바퀴 10 (으)로 정하기 만일 (오른쪽 근접 센서▼ ≥ 20 그리고▼ 왼쪽 근접 센서▼ < 10) (이)라면 왼쪽 바퀴 0 오른쪽 바퀴 10 (으)로 정하기 2 초 기다리기 만일 (왼쪽 근접 센서▼ ≥ 20 그리고▼ 오른쪽 근접 센서▼ < 10) (이)라면 왼쪽 바퀴 10 오른쪽 바퀴 0 (으)로 정하기 2 초 기다리기 분류 결과가 초록불▼ 인가? 그리고▼ (green 정확도▼ 값 > 90) 이 될 때까지▼ 반복하기 왼쪽 바퀴 0 오른쪽 바퀴 0 (으)로 정하기 • 햄스터봇이 물체(장애물)를 인식하였을 때, 물체를 피해서 자율주행하는지 확인하기
정리	• 자율주행 자동차 주행테스트 후 소감 발표하기 • [차시예고] 자율주행 자동차가 실용화될 경우 발생할 윤리적 딜레마 생각해보기
과제	• 근접센서 데이터로 활용 가능한 자동주차 시스템에 대해 알아보기 • 엔트리(https://play엔트리.org/) 사용법 알아보기
보충 자료	• [별첨 1] 햄스터봇 컴퓨터와 연결하기 • [별첨 2] 카메라 설정하기

1. 아래 링크에 접속하여 컴퓨터의 운영체제에 맞는 설치 파일 다운로드하기
   http://hamster.school/ko/download/

2. USB동글을 컴퓨터에서 분리한 상태에서, RobotCoding 설치 파일을 더블클릭하여
   설치하기

3. USB동글을 컴퓨터 USB 포트에 연결하고, USB동글의 블루투스 연결 표시등이
   파란색으로 천천히 깜빡이는지 확인하기

4. 햄스터봇 전원 스위치를 위로 올려서 전원을 켜고, USB동글의 근처에 위치시키기
   – 처음 1회 페어링을 해야 하는데, 이때는 15cm 이내로 가까이 위치시키기.
   – 정상적으로 페어링이 되었다면(이후 재연결 시에도), 짧은 비프음 '삐'소리가
     재생되는 것을 확인하기
   – 1회의 페어링 이후에는 햄스터봇과 연결 시 전원만 켜면 연결이 되며,
     15m 이내에 위치시키기
     * USB동글은 처음 페어링한 햄스터봇과 짝이 되어 해당 햄스터봇만 찾아서
       연결이 되므로, 교실 내에서 많은 수의 햄스터봇을 동시에 사용하여도
       문제가 되지 않음. 처음 페어링 시에 주의해야 하며, USB동글과 햄스터봇
       짝을 페어링 할 때 표시해두기

5. RobotCoding 소프트웨어 실행하기

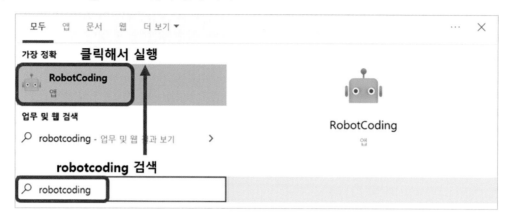

6. 햄스터봇 연결 확인하고, 온라인 엔트리 실행하기

- 엔트리 웹사이트에 접속하여 **[만들기]-[작품 만들기]** 또는 오프라인 엔트리 프로그램 접속도 가능함

* 햄스터봇을 사용하는 동안에는 RobotCoding 소프트웨어를 계속 실행상태로 두기

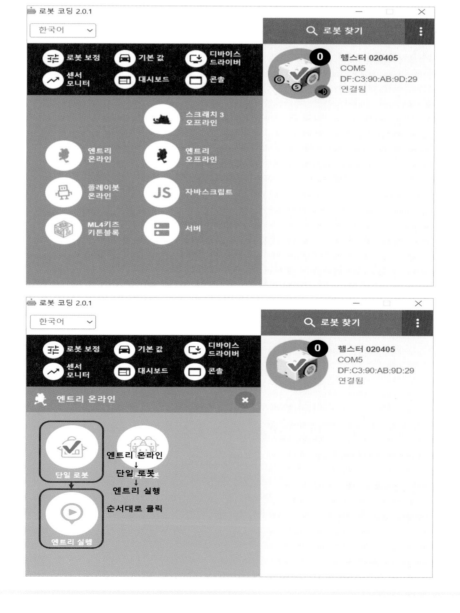

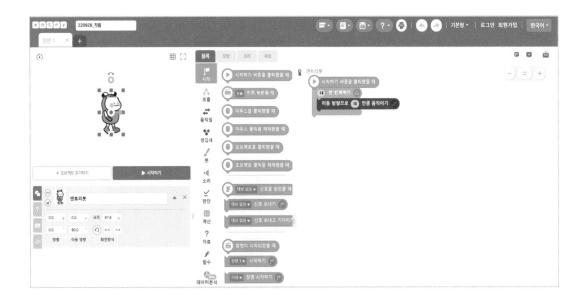

7. 카테고리 가장 하단에 하드웨어를 클릭하여 코딩블럭들이 있다면 하드웨어와의 연결이 성공한 것이므로, 이동하는 코드를 실행하여 햄스터봇의 연결 확인하기

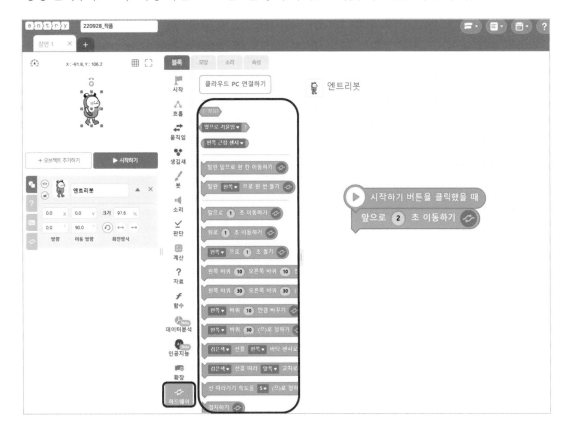

[별첨 #2] 햄스터봇 카메라 설정하기 [처음 1회 필요한 과정]

1. Wi-Fi 인터넷 연결하기 (Wi-Fi는 컴퓨터의 인터넷 연결, Wi-Fi2는 카메라 연결)
2. Wi-Fi 동글을 컴퓨터의 usb 포트에 연결하기

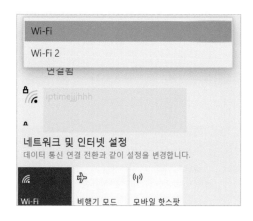 

3. 햄스터봇 카메라 전원을 ON으로 켜고, Wi-Fi2 연결하기
   - Wi-Fi2에서 햄스터봇 카메라의 ID와 동일한 이름을 선택하기
   - 네트워크 보안 키 168168168 입력 후 다음 클릭하여 연결 후 속성 클릭하기

4. 속성에서 IPv4 DNS 서버주소 드래그하여 복사하기

5. 인터넷 창을 열어서 복사한 IPv4 DNS 서버 주소를 붙여넣고 : **(콜론)**과 **9527**을 입력하여 접속하기

여 접속하기

로그인 창이 열리면 카메라 후면에 적힌 사용자이름과 비밀번호를 확인하여 로그인하기

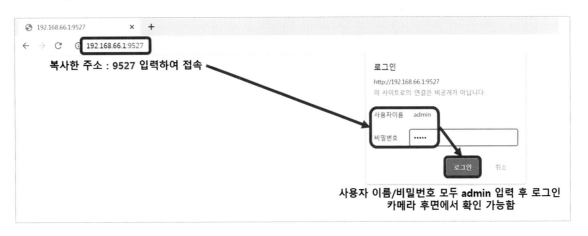

6. IPCam에 접속 후 videostream을 선택하면 카메라 영상이 나오는 것을 확인하기

7. 화면에서 영상이 나오는 부분에 마우스 커서를 두고 마우스 오른쪽 버튼을 클릭하여 이미지 주소 복사를 클릭하기

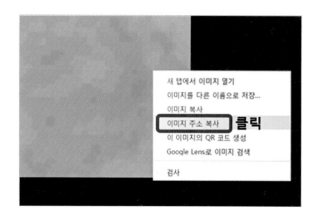

8. 인터넷 창에서 탭을 추가하고 다음 링크(엔트리에서 카메라 사용을 위해 IP카메라를 MJPEG로 변환해주는 프로그램 웹사이트)에 접속하기. 다운로드를 클릭하여 설치파일 다운로드 후 실행하여 설치하기

https://ip-webcam.appspot.com

9. 설치 후 프로그램이 실행되면, 7번에서 복사했던 이미지 주소를 붙여넣고 사용자 이름, 비밀번호를 입력한 후 적용과 확인을 순서대로 클릭하여 설정 완료하기

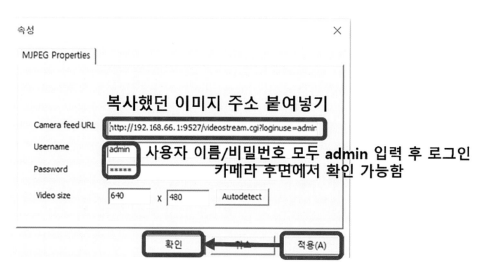

[수업 지도안 - 6차시]

이번 차시 수업 목표

• 인공지능의 윤리적 딜레마를 이해하고 인공지능을 설계하는데 필요한 논의와 합의의 필요성을 이해할 수 있다.

활용한 솔루션

• 모럴머신

수업을 위한 교사 준비 사항

단계	교수·학습 활동
도입	**[동기유발]** • 여러분은 트롤리 딜레마란 이야기를 들어본 적이 있나요? • 트롤리 딜레마에 대한 배경 설명 • 트롤리 딜레마와 관련된 영상 시청 - 세상의 모든법칙- 트롤리 딜레마, 당신의 선택은? • 영상 속에서 나왔던 상황에 대해 학생의 의견을 청취하기 • 영상 속에서 나온 딜레마 상황 이외에도 자율주행과 관련한 다양한 딜레마가 있음을 설명한다. **[학습문제 제시]** 인공지능의 윤리적 딜레마를 이해하고 인공지능을 설계하는데 필요한 논의와 합의의 필요성을 이해할 수 있다.
학습 활동	**[활동 1]** 딜레마란 무엇인가? 개념에 대해 알아본다. 선택해야 할 길은 두 가지 중 하나로 정해져 있는데, 그 어느 쪽을 선택해도 바람직하지 못한 결과가 나오게 되는 곤란한 상황을 가리킨다. 어느 한쪽을 선택하는 순간 동시에 다른 한쪽은 포기해야 하기 때문이다. 그렇다고 둘 다 선택하거나 둘 다 포기할 수도 없는 곤란한 상태를 말한다. • 제시된 개념에서 눈에 띄는 중요한 키워드는 무엇일까? 선택/ 바람직하지 못한 결과/ 곤란한 상황

학습 활동	[**활동 2**] 자율주행과 관련한 딜레마 시나리오 '모럴머신'에 대해 확인한다. • 모럴머신(https://www.moralmachine.net/hl/kr) 사이트에 대해 안내한다. • 사이트 사용 방법에 대해 안내한다. • 13가지 딜레마 상황에 대해 스스로 판단을 통해 선택하도록 안내한다. [**활동 3**] 결과를 활동지에 작성한다. • 나온 결과 중 6가지 항목에 대해 활동지를 작성한 후 팀 내에 친구들에게 공유하여, 친구들과의 선택의 차이점을 확인한다.

	선택의 이유는
내가 많이 살려준 캐릭터는?	
희생자의 숫자 중요도는?	
승객보호 중요도는?	
법규준수 여부 중요도는?	
종의 선호도는?	
사회적가치 선호도는?	

• 팀 내에서 균등하게 갈리는 몇 가지 주제에 대해 토론한다.

[**토론 주제 예**]

1. 연령이 다양한 보행자 중 자율주행 자동차는 어떤 보행자를 구해야하는가?
2. 무단횡단의 다수의 보행자와 규칙을 잘 지킨 1명의 보행자 중 자율주행 자동차는 어떤 보행자를 구해야하는가?
3. 자율주행 자동차는 자동차 내 승객과 자동차 밖 보행자 중 어떤 사람을 구해야하는가?

토론 주제 1	
토론 내용	

• 토론 주제 2가지를 작성하고, 이 중 2개의 주제에 대해 토론 내용을 정리한다.

정리	• 토론을 하면서 생각이 변화된 사람이 있었는지 확인하고, 그 이유에 대해 들어본다. • 자율주행 자동차는 기술의 발전도 중요하지만, 제도나 윤리적 문제가 반드시 고려되어야 함을 안내한다.
과제	
보충 자료	<활동지 5-6-1> 모럴머신 내 딜레마 상황에서의 나의 선택은? <활동지 5-6-2> 토론장 기입하기

모럴머신 내 딜레마 상황에서의 나의 선택은?

학년   반   이름   모둠명

활동1

모럴머신으로 본 자율주행 자동차의 윤리문제에 대한 나의 판단

	선택의 이유는?
내가 많이 살려 준 캐릭터는?	
희생자의 숫자 중요도는?	
승객보호 중요도는?	
법규준수 여부 중요도는?	
종의 선호도는?	
사회적 가치 선호도는?	

모럴머신을 통해 보여지는 분석화면 캡쳐

Chapter 05 인공지능 활용하여 중등 수업하기

토론장 기입하기

학년	반	이름	모둠명

활동 2

 2개의 토론 주제 개발

주제 1
주제 2

 **토론 주제**

토론 내용을 작성해 보자

[부록] 온라인 공공데이터 목록

분야	누리집 이름	URL	비고
전체	공공데이터 포털	https://www.data.go.kr/	
	서울시 열린데이터 광장	https://data.seoul.go.kr/	
행정	주민등록 인구 통계	https://jumin.mois.go.kr/	
	지방행정 데이터	https://www.localdata.go.kr/	
지도	국가 공간정보 포털	http://www.nsdi.go.kr/lxportal/?menuno=2679	
건축	건축데이터 민간 개방 시스템	https://open.eais.go.kr/main/main.do	
	국가 공간정보 포털	http://www.nsdi.go.kr/lxportal/?menuno=2679	
	등기정보 광장	https://data.iros.go.kr/	
기상	기상자료 개방 포털	https://data.kma.go.kr/cmmn/main.do	
관광	TOUR API	https://api.visitkorea.or.kr/#/	
농림	농림축산부	https://www.mafra.go.kr/sites/mafra/index.do	
금융	금융 빅데이터 개방 시스템	https://credb.kcredit.or.kr:3446/frt/main.do	
	금융데이터 거래소	https://www.findatamall.or.kr/	
치안	경찰청 공공 데이터 개방	https://www.data.go.kr/index.do	
문화	문화 데이터 광장	https://www.culture.go.kr/data/main/main.do	
복지	보건복지 데이터 포털	https://data.kihasa.re.kr/kihasa/main.html	
교통	국가 교통 DB	https://www.ktdb.go.kr/www/index.do	
	교통사고 분석 시스템	http://taas.koroad.or.kr/	
전기	전력데이터 개방 포털 시스템	https://bigdata.kepco.co.kr/cmsmain.do?scode=S01&pcode=main&pstate=L&redirect=Y	
기타	데이터 스토어	https://www.datastore.or.kr/	
	SKT 빅 데이터 허브	https://skdt.co.kr/	

[References]

1) McCarthy, J. et al.(1955). A proposal for the Dartmouth summer research project on Artificial Intelligence. AI Magazine, 27(4), 12-14.

2) Russell, S. & Norvig, P. (2021). Artificial Intelligence: A Modern Approach, global 4th Edition.

3) Techopedia (2022). Artificial Intelligence(AI). URL: https://www.techopedia.com/definition/190/artificial-intelligence-ai. (검색일: 2022.7.28.).

4) 정재승 (2021). 열두 발자국(큰 글자 도서).

5) Gartner (2022). https://www.gartner.com/en/information-technology/insights/top-technology-trends. (검색일: 2022.7.28.)

6) 예광호, 이서경, 김종배. (2018). 인공지능 기술 활성화를 위한 정보화사업 제도 개선 연구. 한국 IT정책경영학회 논문지, 10(3), 805-812

7) 김성민, 정선화, 정선영 (2018). 세상을 바꾸는 AI미디어AI미디어의 개념정립과 효과를 중심으로. 「ETRI Insight Insight Report」 2018-07. 한국전자통신연구원 미래전략연구소.

8) 이재호, 정소윤, 강정석. (2019). 인공지능 기술의 행정분야 활용에 관한 탐색적 연구. KIPA 연구보고서 2019-02. 한국행정연구원.

9) Benaich, N. & Hogarth, I. (2021). State of AI Report. stateof.ai.

10) Bastani, H., Drakopoulos, K., Gupta, V., Vlachogiannis, I., Hadjicristodoulou, C., Lagiou, P., Magiorkinis, G., Paraskevis, D., & Tsiodras, S. (2021). Efficient and targeted COVID-19 border testing via reinforcement learning. Nature, 599(7883), 108-113.

11) Ng, A. Y. (2021). A Chat with Andrew on MLOps: From Model-centric to Data-centric AI. https://www.youtube.com/watch?v=06-AZXmwHjo (검색일: 2022.8.4.)

12) 합계출산율 : 여성 1명이 평생동안 낳을 것으로 예상되는 평균 출생아 수를 나타낸 지표로서 연령별 출산율 (ASFR)의 총합이며, 출산력 수준을 나타내는 대표적 지표

13) 통계청(www.kostat.go.kr)

14) 통계청(www.kostat.go.kr), 한국교육개발원 연도별 교육통계연보

15) https://www.hani.co.kr/arti/PRINT/890981.html (2019-04-22)

16) https://www.itworld.co.kr/slideshow/95125 (2015.08.21.)

17) 임철일 외(2021). 포스트 코로나 시대의 스마트 학습 환경 연구 발췌 및 재인용

18) https://news.mt.co.kr/mtviewphp?no=2022083108460383284

19) "폰 갖다대면 몸속 장기가"…증강현실 티셔츠 화제 https://zdnet.co.kr/view/?no=20160303092518
고인이 된 스타 AI 로 되살리기, 윤리 문제는 없을까http://news.kmib.co.kr/article/view.asp?arcid=0924173327

20) OECD(2021). PISA 21세기 독자 : 디지털 세상에서의 문해력 개발

21) 관계부처 합동(2020. 11). 인공지능시대 교육정책방향과 핵심과제:대한민국의 미래 교육이 나아가야 할 길

22) UNESCO(2021). 인공지능과 교육 : 정책입안자를 위한 지침

23) McKinsey & Company(2018), "MODELING THE IMPACT OF AI ON WORLD ECONOMY"

24) PWC(2017). "Sizing the prize : What's the real value of AI for your business and how can you capitalise?"

25) 관계부처 합동(2020). 전국민 AI • SW교육 확산 방안

26) 임철일 외(2021). 포스트 코로나 시대의 스마트 학습 환경 연구

27) 관계부처 합동(2022. 9). 대한민국 디지털 전략

28) 전보희(2021). 중국 인공지능 산업 동향과 시사점. 한국무역협회 트레이드 포커스 2021년 23호.

29) 관계부처 합동(2020.8). 전국민 AISW교육 확산 방안

30) 관계부처 합동(2022. 9). 대한민국 디지털 전략

31) 관계부처 합동(2021.7.7.). 인공지능시대, 교육정책방향과 핵심과제 추진상황 점검 결과

32) 박병철, 전북농협 노조위원장, 중국의 인공지능 교육, 우리도 해야 한다. 전민일보, 2022.07.21

33) https://machinelearningforkids.co.uk/

34) https://teachablemachine.withgoogle.com/

[References]

35) '인공지능 기술 전망과 혁신정책 방향' (과학기술정책연구원, 정책연구 2019-13)

36) 인공지능 윤리개론, 고영상 외 10인 공저, 2021. 커뮤니케이션북스

37) https://news.mt.co.kr/mtview.php?no=2017111409570228216

38) https://url.kr/6y2zk1

39) http://www.aitimes.com/news/articleView.html?idxno=140115

40) 오토파일럿(Autopilot)'은 전기차 제조사인 테슬라의 반자율주행 시스템으로 자동차 스스로 차선 및 앞차와의 간격을 유지하는 운전자 보조 시스템 중 하나다.

41) (고등학교 기초) 학교에서 만나는 인공지능 p.201 교육부, 한국과학 창의재단, https://www.software.kr/attach/202109120148518738.pdf

42) https://spri.kr/posts/view/23469?code=data_all&study_type=industry_trend

43) http://www.aitimes.com/news/articleView.html?idxno=146968

44) 황정, 최은정, 한정혜, 2021 딥페이크 앱 활용 윤리교육 융합 프로젝트의 개발 및 적용

45) http://www.moj.go.kr/bbs/moj/189/521659/artclView.do

46) https://mksports.co.kr/view/2020/126092/

47) http://www.aitimes.com/news/articleView.html?idxno=134750

48) Carl J O¨hman and David Watson, (2009) Are the dead taking over facebook? A Big Data approach to the future of death o nline. / AI는 양심이 없다 김명주 헤이북스 2022

49) 조진숙 (2021), 대학생의 인공지능 윤리의식과 교육수요 분석, The Digital Ethics, Vol.5, No.2.

50) 홍진기 (2021), 인공지능 윤리규범과 정책의 국내외 동향 분석 및 향후 전망에 관한 연구, 고려대학교

51) 인공지능 윤리개론, 고영상 외 10인 공저, 2021. 커뮤니케이션북스

52) 조진숙 (2021), 대학생의 인공지능 윤리의식과 교육수요 분석, The Digital Ethics, Vol.5, No.2.

53) 인공지능 윤리개론, 고영상 외 10인 공저, 2021. 커뮤니케이션북스

54) https://www.korea.kr/news/policyNewsView.do?newsId=148904612

55) Polanyi, Michael(1958), Personal knowledge : towards a post-critical philosophy

56) 강양석(2021), 데이터 리터러시, AI 시대를 지배하는 힘.

57) https://www.forbes.com/sites/forbestechcouncil/2020/09/25/illuminating-dark-data-in-enterprises/?sh= 41182da0c36a

58) https://www.econovill.com/news/articleView.html?idxno=342422

59) Gartner(2018), Information as a Second Language: Enabling Data Literacy for Digital Society, pp5.

60) 강양석(2021), 데이터 리터러시, AI 시대를 지배하는 힘. pp 28.

61) INES GENERAL ASSEMBLY, 2000. pp 8.

62) OECD(2018). PISA 2021 Mathematics Framework(Draft)

63) Schield, Milo(2004). Information Literacy, Statistical Literacy and Data Literacy, the International Association for Social Science Information Services and Technology: IASSIST Quarterly. pp 7-8.

64) 김혜영(2020). Korean Journal of General Education . 12. Vol. 14, No. 6, PP. 147-159

65) 정용찬(2012). 『빅 데이터 혁명과 미디어 정책 이슈』(KISDI Premium Report 12-02). 정보통신정책연구원. pp 4.

66) 한국데이터산업진흥원(2021). 2021 데이터산업 현황조사. pp 125~126.

67) 행정안전부(2021). 공공부문 데이터 분석활용 우수사례집

68) 권순선(2020). 인공지능과 빅 데이터 기술동향, TTA 저널 187호. 2020 1/2월호 pp 40.

69) 한국정보화진흥원(2017), 2017 국가정보화백서, 2017

70) 건강보험심사평가원(2021). 파이썬을 활용한 데이터·AI 분석 사례

71) Hidalgo. D. R., Cortes, B.B, & Bravo E. C.,(2021). Dimensionality reduction of hyperspectral images of vegetation and crops based on self-organized maps. information processing in agriculture, 8(2), 310-327.)